박영교 다섯 번째 평론집

현대 시조·시 평과 감상

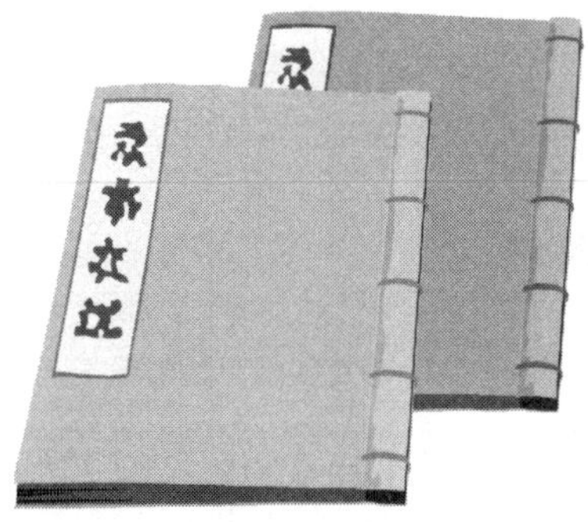

도서출판 한글

머리말

이번이 다섯 번째 평론집이다.

늘 살아있는 문인으로서 내 자신이 살아있음을 표출하는 평론집으로 세상에 내어놓는다.

제1부는 그동안 자신의 글을 들여다볼 시간이 있어서 내 자신의 글을 내가 읽어보고 쓴 평이며

제2부는 필자가 쓴 시집 해설 및 발문으로 편집되어 있다.

한 사람의 독자로서 다른 시인들의 작품을 읽고 쓴 글인데 혹여 그 시인들의 시집에 누가 되지 않기를 바라면서 조심스럽게 내어놓는다.

죽는 날까지 열심히 쓸 것이다.

2021년 5월 5일

소백산 아래에서

와남 박 영 교

목 차

현대 시조·시 평과 감상

제2부 그리움을 줍다…▶149

제1부

아직도 못다 한 말

박영교 론

안내자로서 그리는 '새 지도'

김 우 연
(평론가 ·시인)

1. 들어가며

와남蛙南 박영교朴永教 선생은 시인, 교육자, 신앙인, 농부 등 다양한 삶을 살아가고 있으나 그 중심축은 진실한 삶을 일관되게 추구하고 있다. "정도正道를 지켜 살면서/ 나는 마지막 소원을 쓴다, 이 한밤/ 불의不義를 모아/ 다 태우고 떠나고 싶다"(낙강53집(2020), 「유서 · 2」첫 수 초장, 둘째 수 종장)고 하고 있음을 통해서도 알 수 있다. 이런 정신은 독실한 기독교 신앙에서 우러나오는 것이라 본다. 그리하여 시집마다 부정을 타파하고 따뜻한 사랑이 넘쳐흐르는 세상을 지향하고 있다.

와남 선생은 1972년 등단한 이래 왕성한 시조 창작 및 평론 활동을 꾸준히 해오고 있다. 그리하여 시조의 저변 확대는 물론 문학성이 높은 작품 활동을 하도록 길을 제시해 왔다. 그러한 공로를 인정받아 제1회 경상북도문학상, 제42회 경상북도문화상(문학부문), 제10 한국문학작가상 수상(2013년) 등 다양한 상을 수상하였다.

또한 2017년 제4회 낙강문학상을 수상하였는데 수상작은 「첫눈 · 1」, 「다산茶山의 촛불 · 2」,「권농일기 · 4」,「권농일기 · 5」,「부석사浮石寺 미소」 등이었다.

2019년에는 제56회 한국문학상을 수상하였다. 이 상은 한국문인협회에서 수여하는 상 중에서 가장 권위 있는 상으로서 문단경력 45년 이상된 시인에게만 수여하는 문학상이다. 이 상은 심사위원들이 시조집「우리가 산다는 것은」(태학사,2019)의 작품성을 높이 평가한 때문이다. 박영교 시인의 작품이 가장 무르녹아 있는 작품집이라 하겠다. 수상작으로는 「첫눈·1」,「다산의 촛불·1」,「인사동 거리」,「아내의 잠」,「문무대왕 수중릉·1」,「사마천의 눈물·2」등 6편이다.

2020년에는 제5회 조운 문학상을 수상하였다. 수상작은 「첫눈·1」,「다산의 촛불·1」,「청개구리」,「북한의 탄도미사일」,「사마천의 눈물·2」등 5편이다. 이 상은 조운 선생을 기리기 위해서 제정된 상이라서 사설시조에도 주안점을 두고 있는데, 사설시조 「청개구리」의 풍자성을 높이 평가하였다. 이 외에도 「첫눈·1」, 「다산의 촛불·1」을 주목받았다.

2021년에는 제3회 탄리문학상을 수상하였다. 이 상은 경기도문인협회와 한국작가협회에서 주최 주관하는 상이며 문학 불모지인 성남문학의 발생지인 탄리를 기념하기 위해서 제정한 상이다. 이 상을 수상한 와남 선생은 그동안 어느 특정 지역이나 동인에만 얽매이지 않고, 문학을 위하여 평생 헌신한 공로를 인정받았다는 것이 큰 의의가 있다.

수상작으로는 「첫눈·1」, 「울릉도·8」, 「징鉦」, 「우체통 앞에서」, 「다산의 촛불·1」, 「창槍」, 「청개구리」, 「북한의 탄도미사일」, 「사마천의 눈물·2」, 「돌구비 농장에서·5」 등 10편이다.

2017년 제4회 낙강문학상, 2019년 제56회 한국문학상, 2020년 제5회 조운문학상, 2021년 탄리문학상 등을 수상하였는데 와남 선생의 작품이 독자들에게도 크게 주목받고 있음을 알 수 있다. 4대 큰 상 중에는 「첫눈·1」이 모두 선정된 것이 주목된다.

첫눈 오는 날

우리 선생님*은 /모든 것 용서하라 하신다

하늘은 하얗게

하얗게 덮으라 한다

밤 내내

어둠을 덮고
봄빛 기다리라 한다.

「첫눈 · 1」 전문

이 작품은 겉으로는 모든 것을 용서하라는 정운 이영도 선생의 말씀을 되새기면서 속으로는 눈처럼 어두운 모든 것을 덮고 '용서하라'는 독실한 기독교인으로서 원숙한 삶의 경지를 노래하여 독자들에게 감동을 주고 있다. 또한 시인으로서 길을 걷게 한 정운 이영도 선생님을 한없이 존경하는 그 마음은 후배들에게 귀감이 되고 있다.

이 글은 「박영교론」이라고 하였으나, 실은 2016년에 펴낸 『아직도 못다 한 말』에 대한 서평을 계간 『현대시조』130호(2016 겨울)과 『낙강 · 50』(2017)에 게재한 글이다. 다만 지금까지의 수상에 관한 내용을 다시 정리하여 덧붙인 것이다.

와남 선생에 대한 전반적인 면을 살피지 못한 것을 밝혀두는 바이다.

평을 하기 위한 인용 시조들을 필자의 글보다 더 크게 썼다. 이것은 불가佛家에서는 전통적으로 경문은 크게 쓰고 주석은 작은 글씨로 써 왔다고 한다. 필자의 부족한 서평 안목이지만 와남 선생의 시를 공경의 마음으로 크게 썼음을 밝힌다.

와남 박영교 시인은 "시는 그 시인의 인격인 동시에 그 사람의 자존심이다.[1)]"라는 신념을 가지고 있다. 1972년 자유시 3회 추천 완료(김요섭)하였으며, 1973~1975년 『현대시학』에 이영도 시인을 스승으로 하여 3회 추천을 완료하였다. 원고를 가지고 이영도 선생을 찾아가면 꿇어앉아서 작품마다 엄하게 선생님의 질책과 칭찬을 받았다고 한다. 그래서 그는

1) * 정운 이영도 선생님 / 박영교, 『창(槍)』(책만드는 집, 2002), 머리말

한 작품마다 정성을 다하여 작품을 쓰는 태도는 후일 후배 시인들에게도 모범이 되고 있다. 또한 이영도 선생은 원고지를 함부로 버리지 않고 가위로 오려서 퇴고하는 글자 위에 한 칸 한 칸 오려 붙이는 모습을 보고 느낀 바가 많아서 모든 일에 최선을 다하는 자세를 보여주고 있다. 그래서 그의 시집 『창』(2002) 뿐만 아니라 이번에 발간한 시집 『아직도 못 다 한 말』(도서출판 천우, 2016)의 머리말 끝에서 "죽는 날까지 열심히 쓸 것이다."라고 다짐하고 있다.

오랫동안 왕성한 창작과 함께 평론을 병행한 그의 끊임없는 노력에 존경과 함께 감탄하는 바이다. 특히 이번 시집은 자설自說을 싣고 있어 박영교 시인의 근황과 생각이 구체적으로 드러나고 있다. 그의 왕성한 글쓰기의 원천은 이번 시집의 자설에서 찾아볼 수 있다.

"세월이 흐른 뒤 우리 세대들은 후손들에게 무엇을 어떻게 나누어 줄 수 있을까? 열심히 하려고 노력하는 그 사람은 모든 부를 가진 이보다 그리고 큰 힘을 가지진 사람보다 더 많은 일을 할 수 있다고 한다. 우리는 후인들에게 노력하는 길을 가는 안내자가 되면 충분할 것으로 믿는다."라고 하면서 한 알의 밀알이 죽어서 많은 열매를 맺듯이 노력하는 모습을 보이고자 하는 강렬한 의지를 가지고 있음을 알 수 있다. 자설(自說)에서 직접 언급한 말로는 "마음 놓고 건강하게 살아갈 수 있는 이 땅 위에서 마음에 느껴지는 진실한 노래를 마음 놓고 부를 수 있다는 것은 우리의 최대의 행복이며 즐거움이 넘쳐 시심이 솟구치는 원동력이 되는 것이다."라고 하며 우리나라 우리사회를 긍정적으로 바라보고 있는 것이 시심의 원동력이 됨을 생각해 볼 수 있다. 그것은 「시편을 읽으며」 등의 작품과, 자설에서 "항상 하나님을 신뢰하고 있음을 되새긴다."는 말처럼 어떤 고난도 극복하면서 살겠다는 신앙심이 바탕이 되고 있음을 추측해 볼 수 있다. 그래서 그는 진실을 노래하겠다는 것이다.

2. 자연의 순리

소백산 아래 살아왔고 살아가는 와남은 사계절 산과 더불어 살아왔다. 그리하여 그의 삶에는 등산登山이 인격 수양의 중요한 수단이기도 하였다. 즉 자연의 순리를 깨닫고 자연을 닮고자 하였으며, 현실의 혼탁한 삶일지라도 자연을 본받고 자연으로 돌아간다면 모든 사람들이 화합하며 살아갈 것이란 믿음을 엿볼 수 있다. 사계절의 변화와 함께 우리의 삶도 봄에서 시작하여 겨울로 끝날 것이란 것을 자연스럽게 체득하였다.

그래서 그는 자연의 순리를 배우면서도 자연에 도피하지는 않는다. 자연의 아름다움에 묻혀서 순수한 자연으로 돌아가는가 하면, 자연을 보고 자아성찰을 하여 더 나은 자신이 되고자 하고 있으며, 더 나아가 아름다운 사회를 꿈꾼다.

한편 분단된 국토의 아픔, 양극화의 그늘에 있는 사람들, 더 나아가 여행지에서는 화려한 역사 유물 뒤에는 많은 눈물과 목숨이 들어 있는 것을 직시하는 건강한 시선을 유지하고 있어 현대시조가 걸어가야 할 모범을 보이고 있다. 다양한 시선으로 세상을 바라보고 있다.

그러나 자연과 분리해서 그의 삶을 생각할 수 없듯이 소백산의 가을단풍과 일대의 사과를 비롯한 과일 등이 열매를 맺고 있지만 가을이라서 그렇다는 것을 알고 있다. 그도 어언 가을의 고개에서 한 알이라도 더 알찬 열매를 맺고자 끊임없이 노력한 결과 이번 시집을 발간한 것을 알 수 있다. 그의 이번 시집 발간에 박수를 보내며 이번에 발간한 시집 『아직도 못 다한 말』(도서출판 천우, 2016) 작품을 간단히 살펴보고자 한다.

3. 공동체 화합 정신

이번 시집에는 자연의 순리를 본받고자 하는 시들이 여러 편 보인다. "박영교 시인은 전통적인 시의 작법 곧 시적 대상과의 동일성을 추구하는 서정 양식의 모형을 우리에게 보여주고 있으며, 과격한 형식 실험보다는 안정된 시형 속에 자신의 생 체험과 진솔한 정서를 담고 있다."[2]고 한 말에 비추어 보면 이것은 그의 일관된 경향임을 알 수 있다.

나무는 다투지 않고 겨울을 살아간다.

그리운 곳 가지 뻗어
낮은 곳으로 뿌릴 내려

한 마음
꽁꽁 묶어서
땅을 얼지 않게 한다
때로는 바람 불어
그리움 헝클어놓고

서로 부딪치게 하여 아픔을 불러오지만

스스로
아픔을 풀어
안개 자욱이 덮는다

「나목裸木의 숲들」 전문

첫째 수 초장에서 "나무는 다투지 않고 겨울을 살아간다"며 주제를 먼저 제시하고 있다. 나무들이 다투지 않듯이 우리 인간들도 다투지 말고 화합하면서 살아가기를 기원하고 있다. 그 방법으로 중장에서 "낮은 곳으로 뿌릴 내려"야 한다고 한다. 동서양 성현들이 우리에게 강조하고 있는 것이 겸손이 아닌가. 우리 인간 사회에서는 남을 짓밟고 올라가는 삶의 현장도 겨울이라는 계절처럼 멀지 않아 죽는 존재인데도 그것을 자각하지 못하고 있음을 안타깝게 여기고 있는 것이다. 종장에서는 나무들은 겨울이 오면 함께 잎을 떨구어서 숲속의 나무들이 겨울을 함께 견딘다는

2) 유성호, 「'전신의 목소리'로 건너는 '시간의 강(江)', 박영교, 위의 책, 해설에서.

것이다.

그러나 둘째 수에서는 때로는 바람이 불어 나뭇잎들을 헝클어놓는다고 하였다. 그러다 보면 잎이 더 많이 몰리는 곳이 있어 불평이 나올 수도 있다. 인간 세상에도 다 함께 잘하자고 굳게 맹세하지만 공동체가 큰일을 치르고 나면 누군가는 불평이 나올 수 있는 것을 연상시킨다. 예부터 논공행상에 불평으로 새로운 내부 분쟁의 역사가 얼마나 많이 되풀이 되어 왔는가. 그러나 겨울 나목들은 둘째 수 종장처럼 "스스로/ 아픔을 풀어/ 안개 자욱이 덮는다"며 그 아픔을 겨울의 숲은 그 아픔을 스스로 감싸 앓으며 겨울을 견뎌간다고 한다. 우리 인간 세상에서는 평생 몸담았던 공동체에서 조금만 서운하면 '못 먹는 밥에 재를 뿌리자'는 심정으로 행하는 사람들을 볼 수 있다. 공동체에서 한 명이라도 지나치게 불평한다면 공동체의 화합이 깨어지는 것을 얼마든지 볼 수 있다. 시인의 가을을 건너 겨울을 바라보는 숲들을 보면서 자연에서 인간 세상의 불화와 고통을 이겨내는 지혜를 깨닫고 있다. 세상 사람들도 때론 아픔이 있지만 그래도 함께 시련을 이겨가는 지혜가 있었으면 기원하고 있다.

이 작품 외에도 "설산의 한 구석 말없이 서 있는 넌/ 그대로 한평생 이승을 마감하고/ 떠날 땐/ 침묵을 배워 그 백언白言을 참는다"(「설해 목雪害 沐」 세 수 중 둘째 수)라며 언젠가는 설해 목처럼 우리의 육신은 영원한 것이 아님을 노래하고 있다. 또 "푸른 잎/ 지는 낙엽 속/ 허기진 바람이 인다"(「입동立冬을 앞에 놓고」두 수 중 첫째 수 종장)라며 푸른 잎들이 겨울을 앞두고 마지막까지 푸르고자 하는 의욕을 가지듯이 시인은 마지막까지 글을 쓰겠다는 다짐을 여기서도 볼 수 있다.

「입동立冬·2」, 「가을 엽서 한 장」, 「노을」, 「겨울 산을 믿다」, 「청량사 오르는 길」, 「명호 북곡리 내려가며」, 「눈꽃」 등의 많은 작품에서 이런 경향의 시들이 다수 나타나고 있다. 이것은 자연의 순수함처럼 시인이 그렇게 살고자 하는 염원이 담겨 있음을 알 수 있다. 그것은 자연 속에서 자연처럼 살아가는 삶 속에서 몸에 배였으며 그렇게 살아오고 있음을 느낄 수 있다. 결국 그의 시는 손끝에서 만든 시가 아니가 온몸으로 쓴 시들이기에 자연에 동화되고자 하는 시들이 탄생된 것이다.

4. 창과 같은 말

순백에는 작은 것에도 물 들 듯이 순수한 사람일수록 사람들 사이에 상처가 큰 것이다. 그 중에서도 말로 인한 상처는 큰 법이다. 불가에서는 죄를 짓는 큰 길을 신·구·의身口意 삼업이라 하여 입으로 짓는 죄가 크다고 한다. 그래서 와남은 「창槍」[3]에서 상대에게 상처를 주는 말은 그 말이 또한 더 날 선 창이 되어 상대를 꽂는다고 노래한 바 있다. 스위스 속담에 "말은 꿀벌과 같아서 꿀과 침針을 가졌다."고 한다. 상대에게 상처를 주는 말은 삼가야 한다는 게 시인의 생각이다. 이번 시집에서도 상대방에서 상처를 주는 말에 대한 경계가 나타난 시가 보인다.

마음에 못을 치면 울림만도 아픈 거다//
못 자국에 녹이 슬어 벌겋게 물이 들면//
피눈물
흰 가슴 한 폭
다 적시고도 남는다

얼마나 살다 간다고 그리 참지 못 하는가//
순리로 물 흐르듯 남은 이야기 흘러 보내고//
정겨운
이웃들 만들어
함께 젖어 보내고 싶다

「못 자국」 전문

---

3) 박영교, 위의 책, "내 혀를 잘라 들고/ 날 선 창을 만들고 있다./밤마다 무수한 창을 가만가만 날려 보낸다/ 가벼운/ 상처도 없이 상대방이 쓰러진다.// 하나 둘 넘어지면서/ 그들도 날을 세운다./ 무너지던 사람들이 하나하나 일어서고/탄탄한 밧줄을 끊고 더 날 선 창을 꽂는다.//가만히 들어보면/ 미움 더욱 익어 가고/사랑 더욱 멀어져 않는 우리들 사는 언덕배기/ 가득한 우수를 밟으며 마주하고 또 살란다."(「창」 전문)

와남 박영교 시인은 첫째 수 초장에서 "마음에 못을 치면 울림만도 아픈 거다"라고 하였다. 못 박히는 부분만이 아니라 못을 박는 그 '울림'만으로도 아프다고 하였다. 살다 보면 말하는 사람은 재미로 하지만 맞는 사람은 졸도 아니면 사망하는 경우가 있다. 인터넷 세상에 사이버 언어폭력이 자살을 불러오기도 한다. 타살하는 셈이다. 연못에 노는 개구리가 재미로 던지는 돌에 아무런 영문 모르고 맞아죽는 경우와 비슷하다. 하물며 상대방에게 깊이 상처를 주는 모진 말의 못은 결국 상처를 만들고 벌겋게 녹이 슨다. 종장에서 '피눈물의 붉은 빛'과 '흰 가슴 한 폭'을 대비시켜 그 상처를 선명한 색채감각을 드러내고 있다.

둘째 수에서는 시인의 직서적인 생각을 드러내고 있다. 입동 무렵에 산들을 바라보듯이 인생의 가을을 넘어 입동으로 가는 계절 앞에서 유한한 존재, 백세까지 산다고 해도 짧은 인생에 왜 그리 못 참는가라고 질책하고 한탄한다. 그러면서 "순리로 물 흐르듯 남은 이야기 흘러 보내"라고 권한다. 결국은 "정겨운/ 이웃들 만들어/ 함께 젖어 보내고 싶다"는 시인의 소박하고도 아름다운 사회를 꿈꾼다. 그것은 마음만 먹으면 가능한 일이라는 인식에 바탕을 두고 있다. 상대방을 배려하고, 상대방에게 모진 말을 하지 않는다면 이 세상은 살만한 곳이라는 인식을 엿볼 수 있다.

와남 박영교 시인은 정이 많은 분이다. 그래서 이 시처럼 정겨운 세상을 염원하는 노래가 독자들에게 감동을 주고 있다.

5. 자아성찰

자연에서 순리를 본받고, 또 아름다운 사회를 만들기 위해서는 상처를 주는 말을 삼가자고 권하기도 하지만 사실은 자신에게도 하는 말이기도 하였다. 그래서 자기 자신을 깊게 들여다보면서 자아성찰을 하는 작품들이 여러 편 눈에 들어온다.

참되게 산다는 일 기약 없이 어려운 것//
이대로 어디까지 살아가게 되는 걸까//

한 소절
육자배기로
사투리를 식힐까

눈물을 보일 것이라면 속울음도 토해놓고//
통째 삼키지 못해도 온몸을 용트림하여//
아직도
설익은 몸짓
내 지도를 그리고 있다

「새 지도」 전문

첫째 수 초장에서 "참되게 산다는 일 기약 없이 어려운 것"이라고 하여 삶의 지향점을 바로 밝히고 있다. '참되게' 살고자 하는 와남 말은 어느 순간 완성될 일이 아니고 죽는 순간까지도 실천해야 할 것이라는 것을 말하고 있다. 그래서 "아직도/ 설익은 몸짓/ 내 지도를 그리고 있다"고 한 것이다. 자아성찰이 부족한 사람이라면 모든 면에서 최선의 노력을 끊임없이 해 왔다고 자만할 수도 있을 것이다. 이처럼 그는 겸손하기에 끊임없이 더 큰 호수로 물을 담아가고 있는 것이라 본다.

거울을 보던 나는
그 속에서 나무였으며//
골짜기 흘러내리는 바람소리 물소리였다//
휘감겨
함께 내리는
잔잔한 안개였다

지금도 나는 섬으로
외롭게 떠 있으며//
그림자 깊게 뿌리내려 움직이지 못하는 길목//
산울림/ 메아리로 솟다가/
허옇게 무너지는

파도
파도

「윤회로 태어나면」 전문

이 시는 가정으로 이루어졌는데 첫째 수에서는 '나무', '바람소리', '물소리'처럼 순리를 따르겠다는 것이다. 그리하여 그것과 함께 내리는 '안개'와 같은 존재가 되겠다는 것이다. 자연과 나, 남과 나가 하나가 되는 세상을 노래하고 있는 것이다. 그러한 세계는 평화롭고 정겨움이 가득한 세상일 것이다. 둘째 수에서는 "지금도 나는 섬으로/ 외롭게 떠 있으며"라고 나와 세상이 분리된 것을 노래하고 있다. 그래서 종장에서 "산울림/ 메아리로 솟다가/허옇게 무너지는/ 파도/ 파도"라고 노래한 것이다. '무너지는 파도'에 시달리는 섬이지만 그래도 다시 태어나면 어떤 고난이 따르더라도 좀 더 따뜻한 세상을 만들고자 하는 마음을 보이고 있다. 그것은 지금은 '섬'이지만 서로가 소통한다면 그러한 세상이 올 것이라 본다.

자아성찰의 시로 「시편을 읽으며」, 「에밀레종」, 「사색의 길목」, 「푸른 꿈 산하」, 「때론 섬으로 앉고 싶어」, 「사람 향기」 등 여러 편이 있다.

6. 어머님 생각

나이가 들수록 가족이 그립고 부모님이 그리운 법이다.

낡은 의자에 앉아서도 푹신하다고 한 어머니//
구멍 난 양말 신고도 시원하다던 겨울 나들이//
이제는 따뜻한 방 안에서도
너무 춥다
떨고 있다

한밤 내 덮고 자던 버석거리는 오리털 이불//
바람구멍도 없는 따뜻함 구멍 숭숭 난 한겨울 밤//
떨리는
그리움이 앉아

밤을 보내는
어머님 생각

「걱정스럽다·2」 전문

애절한 사모곡思母曲이다. 어머니는 가장 성스러운 말이다. 영원히 자식의 울타리가 되어줄 것 같던 어머니도 늙고 병들게 마련이다. 첫째 수에서는 더 이상의 설명이 필요 없다. 정말 눈에 선하도록 사실적으로 표현하였다. "따뜻한 방 안에서도/ 너무 춥다/ 떨고 있다"는 장면을 바라보는 아들의 심정은 오죽 아플 것인가. 그래서 둘째 수에서는 지금도 물질이 풍부하여 이불이며 옷이며 양말이며 한겨울에도 추위를 모르고 살고 있는 세상이다. 그러나 시인은 어머님 생각을 하면 이러한 따뜻함 속에서도 어머님이 추위에 떨던 모습을 연상하면 한겨울 밤 추위가 몰려오는 듯 추위에 떨고 있다. 어머니에 대한 간절한 그리움이 표출되었으며 아무리 나이가 들어도 그 간절함은 변함이 없다는 것을 보여주고 있으며 읽는 이들로 하여금 공감을 주는 작품이다.

이 밖에도「가을빛 하루·2」에서는 "오늘밤/ 보름달 뜨면/ 어머니 기도 모습/ 환하다"며 항상 기도하시던 어머니를 그리워하고 있다. 오늘날 행복하게 사는 것도 다 어머니의 기도와 사랑이었음을 노래하고 있는 것이다.「물러나 앉으면서」에서도 "어머니/ 온전한 내 몸 앞/ 부르고 싶은 대명사"라며 애타게 어머니를 부르고 있다. 또한 아버지에 대한 노래가 어찌 없을 것인가.

아버지 편찮으실 때 자주 가지 못한 걸음//
아이들 가르치는 일 바쁘다는 핑계로//
아프신
자리끼도 한 번
떠 올려드리지 못한 죄

밤늦도록 엎드려 울다 돌아와 보는 자리엔//
새벽의 훤한 여명이 나 다시 깨워놓고//
고향 집
아버님 생각
소낙비 내리는 소리

「소낙비 깨우다」 전문

사부곡思父曲이다. 멸사봉공滅私奉公으로 인하여 편찮으신 아버지를 자주 찾아뵙지 못한 안타까움과 불효를 노래하고 있다. 아버지에 대한 그리움에 밤새도록 잠을 이루지 못하는 모습이 눈에 선하다. 그러다가 깜빡 잠 들었는데 다시 깨어나 아버지 생각에 잠긴다는 것이다. 둘째 수 종장에 "소낙비 내리는 소리"는 소낙비에 잠이 깨어서 아버지를 그리워한다고도 볼 수 있고, 아버지 생각을 소낙비처럼 사무치게 한다고 해석할 수 있어 중의적으로 볼 수도 있다.

아버지가 직접적으로 드러나 있지 않지만 "축 처진 어깨// 쓰러 올린 옛집에서// 한 시대 반가의 몰락된 족보를 들고// 모습만// 갖추고 앉아 // 호통치는 // 저 모습"(「다 쓰러져가는 고가古家」 전문)은 고가의 모습을 그리고 있지만 엄한 아버지의 모습이 그려지는 작품이다.

시의 화자는 어머니나 아버지나 늙고 병든 모습을 떠올리면서 좀 더 잘 해드리지 못한 안타까움을 노래하고 있다. 어려서부터 효성스러웠음을 느낄 수 있다.

당신의 검은 머리도 흰 머리가 보입니다//
늙지 않는 바위로 앉아 한생을 보낼 것 같은//
젊음도
연륜 앞에서는
통곡하는 빛바램

자고 싶어도 잠 못 드는 독서의 하늘 속으로//

외로운 그늘들을 접어올린 내력 앞에//
온몸이
꽃잎 지듯이
무거운 짐 벗습니다

「아내의 잠」 전문

잠이 든 아내의 모습을 바라보니 검은 머리가 흰 머리카락이 보인다. 영원한 젊음이란 없다는 것을 "젊음도/ 연륜 앞에서는/ 통곡하는 빛바램" 이라고 하며 늙어가는 아내의 모습에 아픈 마음을 노래하였다.

둘째 수에서는 "자고 싶어도 잠 못 드는 독서의 하늘 속으로"라고 하여 잠 못 이루면서 독서하는 모습을 보이고 있다. 종장에서 "온몸이/ 꽃잎 지듯이/ 무거운 짐 벗습니다"라는 것을 보면 독서를 마치고 피곤함에서 벗어나는 것을 보고 안도하면서도 안쓰러운 마음을 표현한 것이다. 자설에서도 아내는 피곤해도 하루 독서 목표량을 다 읽어야 잠을 자는 성격이라고 밝히고 있다.

또한 자설自說에서 "나의 내자內子는 오늘 죽어도 천국 갈 사람이다. 팔불출에 속한다고 나무라도, 하고 싶은 말은 해야 하는 내 성향性向이다. 몸을 사리지 않고, 자신의 심신을 남을 위해 아끼지 않고 산 사람이 나의 아내이다.//특히 부모님께, 그리고 남편에게, 우리 아이들에게는 목숨도 내어 주고 싶은 사람이다. 손가락의 지문이 다 닳아 없어져도 모르고 살아온 사람이다. 당신의 검은 머리가 귀밑머리에 먼저 하얀 서리가 앉고 시력도 좋지 않은 것을 느끼면서 내 눈시울도 젖어 내린다"며 아내를 소개하고 있다. 현모양처賢母良妻의 전형적인 모습을 보인다. 이문열의 소설 『선택』은 여성의 가장 큰 행복은 자식을 낳아 기르는 것이라고 말하고 있다. 페니미즘 문학에서는 자식에 대한 사랑마저도 남성이 만든 이념의 노예적 사랑이라고 하지만 진정한 행복이 무엇인가 돌아보게 한다. 아내에 대한 사랑의 노래이지만 자설에서 말한 "특히 부모님께, 그리고 남편에게, 우리 아이들에게는 목숨도 내어 주고 싶은 사람이다."라는 말을 보면 며느리, 아내, 어머니로서 훌륭한 여성임을 알 수 있다. 그런 가정에 어찌 복됨이 없을 것인가. 온 가정에 행복이 넘쳐흐를 것이라 본다.

7. 함께 잘 사는 세상

한 가정으로 행복으로만 끝난다고 해도 누가 나무랄 사람은 없다. 그러나 시인은 사회 현실에 크게 관심을 갖고 있다.

어둠이 저녁에게 준//
전쟁보다 더 무거운 침묵//
그림자 깔아놓고//
깊은 수렁으로 도망가다//
뼈아픈//
역사의 그늘//
헤아리며 떠난다

「민통선」 전문

분단된 우리민족의 현장을 살펴보고 쓴 시이다. 민통선에 어둠이 내리면 "전쟁보다 더 무거운 침묵"이라고 노래하고 있다. 휴전선 철책 근무를 해본 사람들은 알 것이다. 겉으로는 평화로운 것 같은데 팽팽한 긴장감이 감돌고 있으며 어두운 밤이면 더욱 긴장감이 높아진다. 이런 상황을 표현한 것이다. 종장에서는 "뼈 아픈// 역사의 그늘// 헤아리며 떠난다"라며 분단된 현실의 고통을 노래하였다. 지금은 북한의 고통을 이기지 못하여 탈북자가 이어지고 있다. 고위층과 노동자를 막론하고 이어지기 시작하는 탈출을 보면서 대비책이 절실함을 느낀다. 독일이 통일한 데도 동독에서 넘어오는 사람들을 다 수용한 것이 바탕이 되었다고 한다. 우리도 준비를 서두를 때라고 본다. 이산가족들의 눈물을 우리는 생생하게 보지 않았던가. 이 기막힌 분단의 현장을 살펴보면서 우리 민족의 나아갈 길을 생각한 것이다.

갈 곳을 잃고서
떠나지 못하는 맘//
고향 철길만 봐도 두 줄기 눈물뿐인데//
탄광촌
검은 레일 위로
빗물 사정없이 쏟네

삶이 그대 눈물일지라도
울고 싶을 때 울게 하리//
고단한 발자취는 소주잔에 부어 삼키고//
떠나는
맘 붙잡아 앉힌
얼룩진 잠자리 눈물

「노숙자의 마음으로」 전문

시인은 우리 사회의 분단이라는 거시적인 문제와 함께 노숙자라는 개인에게도 관심을 보인다. 노숙자 개인을 노래하지만 이 사회의 문제이기도 하다. '정겨운 세상'을 추구하는 시인의 마음이 여기에서도 나타나고 있는 것이다. 현실을 바라보는 건강한 사회의식을 가지고 있음을 알 수 있다. 현대시조가 현대사회에 관심을 보이는 것은 바람직한 일이다.

시에서 노숙자는 한때 우리들에게 가장 소중한 연탄을 제공하는 막장에서 일했던 노동자였다. 그러나 지금은 연탄 대신 기름을 난방으로 사용하게 되면서 결국 직장을 잃고 노숙자로 전락한 사람이다. 이런 노숙자에게 따뜻한 시선을 보내고 있다.

"고향 철길만 봐도 두 줄기 눈물뿐인데"는 아주 실감나는 독창적인 표현이다. 경북 북부지방 및 강원도가 탄광지대였다. 그곳으로 가는 수단은 모두 철로였다. 이런 철길을 두 줄기 눈물이라고 한 것은 고향은 있지만 돌아가지 못하고 아득히 멀리 있음을 '두 줄기 눈물'이라고 한 것이다. 거기다가 "빗물 사정 없이 쏟네" 라며 처참한 분위기를 더욱 고조시킨다.

둘째 수에서는 "삶이 그대 눈물일지라도/ 울고 싶을 때 울게 하리"라며 따뜻한 마음을 보이고 있다. 양극화 현상으로 부익부빈익빈富益富貧益貧이 가속화되고 있다고 한다. 모두가 지혜를 모아야 할 때임을 보여주는 작품이다.

이밖에도 「만리장성」에서는 "인파속/ 젖은 울음소리// 들려오는 만리장성"(「만리장성」종장)이라며 웅장한 만리장성을 찾는 여행객들의 인파 속에서 축성 당시에 있었던 수많은 사람들의 희생을 떠올리고 있다. 비단 만리장성일 뿐이겠는가. 화려한 역사의 뒤안길에 힘없는 이들의 목숨과 피와 눈물이 있었음을 시인은 노래하고 있는 것이다. 흔히 기행시에서 감흥에 겨워 찬탄으로 끝나는 시는 별 감동을 주지 못한다. 누구나 볼 수 있는 것을 설명해 본들 무슨 의미가 있겠는가. 같이 보면서도 남들이 보지 못하는 진실을 바라보는 눈을 가졌기에 감동을 주는 것이다. 사회 현실을 냉철히 바라보는 안목을 갖고 있음을 알 수 있다. 이밖에도 「상소문·1」외 사설시조 4편에서는 현실비판 의식을 강하게 말하고 있다. 오늘날 가장 심각한 병인 '치매' 환자를 다루고 있다. 이처럼 사회 문제를 다양하게 관심을 가지고 있음을 알 수 있다.

8. 나오며

와남蛙南 박영교 시인의 이번 시집 『아직도 못다한 말』(2016.8)을 간단히 살펴보았다. 소백산 아래 영주에 살면서 자연의 영향을 받고 있음을 알 수 있었다.

시의 대상인 자연처럼 순리에 따라 살고자 하고 있으며, 끊임없이 자신을 돌아보면서 반성하고 순수성을 간직하고자 하였다. 어머니, 아버지, 아내에 대한 그리움을 노래하였다. 또한 시인으로서 분단된 현실을 비롯

하여 양극화 등 현실 문제를 직시하여 건강한 의식을 지니고 있음을 알 수 있었다.

특히 열심히 노력하는 안내자로서의 역할을 하기 위해 참되게 살기 위한 '새 지도'를 끊임없이 그리고 있다. 모든 이들이 본받아야 할 일이다. 그의 시들은 진실에서 온몸으로 쓴 시기에 시마다 감동의 폭이 크게 울리고 있다.

자서自序에서 "남이 나를 알아주지 아니하여도/ 내 길을 잃지 않고 꾸준히 그리고/ 열심히 길을 걸으면서 자신을 다듬어 가겠다"고 하면서 "눈물 묻은 언어로 시를 쓴다"고 하였다. 이 시집을 읽으면 읽는 이로 하여금 눈물을 흘리게 하는 것은 눈물로 썼기에 감동과 참회의 눈물을 흘리게 하는 것이리라.

"죽는 날까지 열심히 쓸 것이다"라는 이 한마디는 자신에게 하는 말이지만 후배들에게도 무디어지는 가슴에 날카로운 침이 될 것이다. 이러한 와남 박영교 시인은 틈만 나면 도서관으로 향하고 있음을 알 수 있다. "책은/ 네 마음 달궈내는/ 그건 너에겐 풀무 불이야"(「도서관에 앉아」[4]에서)라고 하듯이 그는 오늘도 책을 통하여 자신을 달구고 있음을 알 수 있다. 앞으로도 '새 지도'를 끊임없이 그리기를 바란다.

---

4) "책은/ 네 마음 달궈내는/ 그건 너에겐 풀무 불이야// 말없이 터져 나오는/봄싹들의 이야기 속에서도// 수천 길/ 낭떠러지 같은/ 두려움이 서성일게다// 풀면 풀수록 오묘한 진리의 샘// 하루하루 그 두려움을 숲처럼 헤쳐 나가면// 가을볕/ 따사로운 일들만/ 큰 길처럼 열릴 것이네"-「도서관에 앉아」 전문

The Culmination of Love Manifested in a Religious Spirit

-Park Seong-Cheol's World of Poetry Park, Young-kyo (Poet)

1.

Park Seong-Cheol is a poet with strong roots. Even a colossal tree will get knocked down by a gust of wind if it has week roots. Strong roots not only indicate Park's solid experience and background in poetry but also refers to his ability to always keep his roots wet in that soil of his poetry. His poetry is not a dance danced with minor leaves, but a song sung with an entire body with an eye towards the truth.

A poet's world of poetry is the culmination of the circumstances of their entire life, namely, the temporal and spatial assemblage of the spiritual and practical aspects of their life. After publishing his first collection "Hyangyeon"in 1981, Park Sung-Chul introduces his second collection. As with his calm, composed personality, his collection, like an undisturbed lake, attracts readers with densely woven pieces of the art of language.

If compared with a fire, Park's poetry is neither a full-blown flame fuelled by gasoline or diesel, which seems as if it could burn the whole sky, nor a wildfire burning with no sign of stopping. The fire in the concept of his poetry is like a fire burning on a patch of grass in early spring ,whose flame is almost invisible and inaudible, but leaves its completely burned, dark trace. Each piece of his poetry may not contain verses that immediately sparkle to the reader′s eye, but it certainly produces a flavor that can be more appreciated, the more it is tasted. His poems may not provide a stinging taste, but they are like the songs that your grandfather or grandmother would sing to you, very calm and subdued. The reader will also notice the importance that the poet places on poetic rhythm and the relaxation that he offersneither excessive tension nor idle complacency in conveying his sincerity and inner world to the reader with easy, simple language in a slow, gentle manner. The reader should, however, keep in mind that Park′s poetry, despite its simple language, contains sharp blades in engagement.

A poet′s words are not just words but those of emotion and inspiration, not those of the past but those of the present and future.

2.

In his serial poem, ″Gunjo (flock of birds),″ Park tries to suggest, ″searching for the right image of the individual and human society.″ In ″Gunjo,″ Park conveys three messages: pursuit of the fundamental true form of life, social critique of history and civilization, and the absolute truth originating from a religious spirit, the consciousness of alienation from the absolute, and light and love of the savior.

The bird in Park's poem represents mankind who suffer and struggle in the midst of conflict and the civilization headed towards alienation. If the most important thing in the bird's life is said to be the source of power, hope, and ability to fly high in the sky, then it may well be considered as not only being "alone" but also being part of society in a broad sense.

(poem)

Flying over a nest,
Birds return from their hunt for prey,
Bragging their encounter with Jonathan Livingston Seagull,
Grinding their beaks
And chirping that
They heard of something more precious than living
Shaking their weathers, the birds make a fuss

Saying that flying is
More precious than
Eating and living
On this earth

Flying in the sky
Higher,
Farther,
Faster
Flying beautifully just like the sunlight,

The birds bring their beaks together

-From 〈Gunjo 1〉

When we read this poem carefully, the poet highlights the precious value of mankind by offering advice in a naturalistic manner.

Obviously, ontologically speaking, eating and living are important to human existence, but spiritually speaking, they may not, especially when we, insignificant creatures, ask ourselves what we should leave behind in our lives. Park provides us with the fundamental hope, behavior, and language that we need to live on, by contemplating human life in "Gunjo."

(poem)

Snow/snow/snow is falling from that sky/The river of idea/From across the time/Birds fly in.

A bird flies over to the river/Another bird flies to the sea/Another bird to the mountain/Another bird to the city

A bird follows another bird/Another bird follows another bird/That sky/The origin of awareness/From across the time/The birds become snow/Become clouds/Become wind/Become a ray of light/Flying all over the world.

-From 〈Gunjo 10〉

In the poem above, the poet tries to look at the fundamental aspects of life as a single one, as a whole. The reader can notice the poet's attitude toward life and ideals in pursuing the fantastic world of fantasy, where snow is falling from the sky, birds are flying high from the river of idea and from across the time, scattering all over the river, sea, mountain, and city, and a flock of birds become clouds, wind, and light.

In his poem, Park tries to show that the images that the metaphors convey have the single purpose, which is the accumulation of the images of light, man, and life. These images become the foundation of the fundamental, true form of life, constitute the true aspect of his humanistic life and religious thought, and become finally elevated to the level at which he pursues the absolute truth.

(poem)

On a snowy day,
I will place an vacant chair
Under an oak tree .

If you do not come and sit on it
An idle wind of whistling will rest on it and go away.
Or snowflakes will lie on it,
Falling lightly
Through the branches of naked shrubs.

Or a mountain bird comes flying to it
And modulate its clear voice, calling its lover.
If you really do not come and sit on it,

The falling snow will melt
The long and tiresome solitude taking up space
On an empty chair,
Which is placed under an oak tree.

Then I'll realize that the whisper of snow is
The beautiful song of the country where you live,
Because that whisper is your voice saying:
Live in the heart of the white snow,
And it is your whisper
To live in the heart of the white snow.
At last I will know
My life is full of your love.

-From 〈Gunjo 25〉

Among the lyric poems by Park about the true image of humanistic life and religious faith, this poem is one of the most crucial examples. It shows the poet's attempt to correct his attitude, his sacrifice, pursuit of truth, and pillar of life.

There is a verse in the Bible, "It is easier for a camel to go through the eye of a needle than for a rich person to enter the kingdom of God."Problematic is the nature of phenomenality of "rich man," "camel," "kingdom of God," and "eye of a needle." In the Buddhist Scripture, there is also a passage, "Just as raindrops leak into the house which is not well covered with a perfect roof, greed enters the mind unless it is well taken care of."The poem offers an answer to the problems posed regarding the phenomenality of the "greed" entering the mind.

Park divides his poem into a physical vessel and spiritual content. In explaining the road to God, the poet compares a body to "an empty chair" and insists upon returning to an innocent child, filled with love. Unless, asspiritual existence, we have God (You) present in our empty mind, only when snow where wind, snow flakes, the tired solitude of a bird with a clear voice pile up wears off can we realize that the whisper of and the white eyes of the snow are 'your' song and 'your' voice that we live with a white mind. Therefore, through the whisper of white snow, as we hear 'your' voice that we discard greed and desire and live innocently, we realize that we are filled with 'your' love. The voice of a prayer seeking the truth, and the believer's piety and awe, represent Park's attitude toward life. His voice is not oratory or outcry, but quiet and deep sound of water in an autumn stream, a song that comes from the bottom of the heart.

"Gunjo 52" offers different thoughts from the poems previously introduced.

Dear blind sisters praying with fingers crossed,
Lying on stomach in the cold shade
Of the underpass stair
With an empty can
Filled with tears.
Have you heard the sound of the bugle in the Book of Revelation?
Dear the prophet of brutal God,
You are not the poor man.
It is us who are the poor men.

Not tossing a coin of Caesar,
Tucking in those we consecrated to God's altar
Insisting upon the economy of the rich man,
Moving out of the sky in a cold wind,
We are the blind poor men.

-From 〈Gunjo 52〉

Subtitled "In an Underpass of Jonggak," through the two sisters begging with an empty can in front of them in a Jonggak underpass, the reader can hear the poet's sharp voice, from the sound of the bugle in the Book of Revelation to that of the prophet of brutal God, of the coin of Caesar, of the economy of the rich man, and of us, the blind poor men. In a low, calm tone, the poet paradoxically conveys the resounding pain of reality that courses through the reader's heart. The poem reminds the reader of the cold reality where warm hearts fail to reach out to poor people, greedy companies that exploit labor, and Jesus' answer to the Pharisees who cornered him, "Give Caesar what belongs to Caesar." It is also a work of advice and accusation directed at religious beings who steals the tithe of other believers.

Other poems like "Gunjo 6," "Gunjo 46,"and "Gunjo 47"also speak of disconnect from the absolute truth, conversations with the absolute, the savior's light and love, etc. Park is the poet that always contemplates the most basic, fundamental life that a human being can ever have. "Gunjo 12" 〈To Seoul 1, To Seoul 2〉 is a seminal example of this:

In a busy train
People look at each other, expressionless,
But whose cloths did the Spanish needles
That were on my pants move to?
The Mt.Cheoltansan starts falling in my heart,
Turning into cement, and then into bricks.

In the midst of insecurities of depression, people
Cough looking through evening newspapers,
Like colored wooden dolls, love struggling
In the midst of inflation looking like money,
Becomes a mouth that cannot make a sound,
That cannot call the names of snipes, ducks and wild birds,
Let alone the name of a missing person
The name of my hometown,
The rooster in my heart cannot even hear the sound of water of the Seocheon.

Whose clothes did they go to, those Spanish needles?
Will they move from clothes to clothes, and finally return to the earth of the Cheoltansan?

In a place where those who deserted their hometowns
Where they cannot love their neighbors,
The sound of water dies,
The earth dies,
Love dies,
And the poet suffers from illness.

-From 〈Gunjo 12〉
-To Seoul 2

In "Gunjo 12 To Seoul 1," the reader can form a certain

image in their head from "In front of Cheongryangri Station," "earth stuck to the shoes," "hot soles," "fruit in the basket of a street vendor," or "Sulfuric acid gas and noise."Then the subway line stretching from North to South, the cherished dream and train ticket, and missing a hometown or longing for somewhere far while sitting on a bench and waiting for a train, and lastly, getting pushed into a huge tube (train) that finally arrives. These images produce the intentional meaning of overcoming the reality close to barren urbanization, mechanization, and dehumanization in the age of colossal mechanisms. When those images are combined in "To Seoul 2," the poet's attachment to the primitive, basic is brought back to life. The Cheoltansan (hometown, the origin) collapses and its earth (the earth stuck to the shoes) gets piled up in the form of cement and concrete walls and becomes a building, in which brick after brick, every grain of sand becomes hardened, loses life, and cannot go on in a cycle, derailing from its original trajectory. In such civilization, the poet laments, "the earth dies, love dies." The Spanish needles that used to be stuck on my pants move to other people's bodies, but Park hopes that they return to their origin of longing. He argues that Nature (the sound of water, earth, love for hometown) becomes deserted and sick because those who deserted their hometown forget all about it and do not love their neighbors.

Therefore, the poet wishes to remind the reader that in

the name of development. Nature is getting destroyed, and the destruction will lead to human destruction.

Do you know the summons to life
A ray of light
Breaking the darkness
Do you know the will of a sprout
Breaking the ice in early spring

Do you know the green hope
Of young leaves budding on barren branches
Of a bulging tree.

Do you know the force of life standing up with warm light
Breaking the closed despair
Of a stone where moss grows

Do you know that the blue breath of that sky
Just like the huge moving sea
Filled with life as if it is empty
Like the sigh of reeds
Is the force of life of you and me
Do you know that force of life is love

-From "Gunjo 44"
—Love

The reader will find "Gunjo 44" more poetic and structurally unique than any other work by Park. While the poem has a great degree of lyricism, it also provides the sharp needle of reality and brings to the fore the persistent pain of contemporary life covered in subtle colors.

Although it is a work of engagement, it reaches a positive conclusion where sharp blades of engagement do not surface. Park concludes the poem with the word of love and provides everyone who lives in this cold, dark reality with the message of God's Providence and agape love. The poem rhymes every five line with expressions that lead to the dept of thoughts.

There are other works with the theme of agape love, such as "Gunjo 26." In "Gunjo 17," Park heavily draws on painting techniques. Looking at the three-dimensional canvas of Chagall, the poet combines pain of the time, which is expressed through the onset of winter (when it starts getting cold), with the hardship, despair, and pain of a family, the mother's gray hair, the youngest brother's thin arms and legs, and the wrinkles on my forehead.

It is a poet's spirit that they should never get contaminated by the world, wish to live a clean life free of pollution, a bright life like a candle shining in the darkness, remain a ray of light, never compromise their integrity, never come to terms with social injustice, and live to cultivate their body, even if they are forced to live in rags in the winter. If the poet surrenders to injustice, the blue sky begins to decay; if the poet's spirit is contaminated, the law of Nature becomes contradictory; and the earth where the poet's heart is destroyed becomes decayed, filled with darkness and the smell of decayed hair.

In the civilization of jeans,
Women were collapsing slowly
In front of the store windows on Myungdong street,
Women's frugal wallets were collapsing
Under the glaring bright light, moths were singing freedom
Eve was dancing with the snake.

Women were collapsing.
In front of advertising pictures and photos at the opening theaters
Their firm castle was collapsing
The lock of ethics made in angles
Started opening slowly with no one realizing it.
In the midst of the collapsing women,
Adam was falling deeper and deeper

-From "Gunjo 18"
—Jeans

In this collection, Park published 15 works that criticize history and civilization, and the poem above is an outstanding parody full of imagination.

Seagulls on the coast/Stifled cries/Are they the sorrowful spirits of Joseon women/The body well washed in the color of water is beautiful/Towards the evening mist/Approaches a dark island/From a blinking lighthouse/The wicked eyes of Toyotomi Hideyoshi were shining. (1)

In the Imperial Palace quiet in the rain/ My heart fluttered at the sound of waves of the East Sea/As if unable to sleep under the dark clouds above the Pacific/The Imperial Palace of the samurai lost in reminiscence/The old conspiracies were drinking in raindrops slowly. (2)

In the yard of the Castle of Osaka/Teardrops were falling on the bodies of Imjin Waeran/I became the prince of the country in ruins, soaked in sorrow/Joseon soldiers running away in Dongrae-seong and Joryeong, the white people being trampled all over/The fragments of the history that were torn up with the Joseon Dynasty/All become pain all over my body (3)

This collection contains five poems that Park wrote during his trip to Japan. The poems above are the three of them.

Conventional wisdom is that one becomes a patriot after leaving one's country even for a while, but I believe that this series of poems where Park strongly expresses his patriotism will leave a firm imprint in the reader's heart.

Religiously realized, Park's patriotism consists of the sorrows and sadness of life and the resentment of the nation. The reason his spirit is strongly expressed in his poems is that he has reached "Know Destiny" through the nation's suffering, famine, and the consequences of war.

Work (1) is the first line of "Gunjo 20" about the Port of

Shimonoseki, work (2) is the last line of "Gunjo 21" in the Imperial Palace, and work (3) is the last line of "Gunjo 42" in Osaka.

In work (1), the speaker is listening to seagulls crying while walking around in Shimonoseki, and the cries of women in the Joseon period represent the sorrow of the past. The poet offers a vivid description of Toyotomi Hideyoshi's wicked eyes through a blinking lamp, showing his own patriotism. Work (2) is the poet's recollection of the Imperial Palace in Tokyo on a rainy day. In it, Hiro Ito was said to have been sitting since a long time ago, and the raindrops in the river that the poet listened are the tears of the Joseon (Korean)people, the outcry of Gojong, and the beads of blood of martyrs. He expresses them in "Revive in the chants of Yu Gwan-Sun, and the voices of Lee Sang-Hwa, Lee Yuk-Sa, and Yun Dong-Jo."

In the last line, the speaker reveals that the Imperial Palace of the samurai and the old conspiracies were drinking in raindrops.

In the first line of work (3), "I climbed to Osaka/I become a Joseon person in white," the speaker contemplates the war of justice as if he became King Seonjo, Kim Si-Min, Gwon Yul, and Yi Sun-Sin, watches over the castle of Toyotomi Hideyoshi. In the last line, looking around the castle, the poet imagines himself as the prince of the country in ruins, leaving the traces of his painful patriotism: the teardrops secretly shed on the bodies during Imjin Waeran, Joseon soldiers scattered all over Dongrae-seng and Joryeong like a flock of birds, the people being trampled all over, and the fragments of the Joseon Dynasty.

The poem contemplates how we overcome the distorted part of our history and become powerful in the world.

(1)

On the Namhan River where snow is falling, solitude is piling up.
The quiet river as if it were in the Ice Age
The frozen river as if it were the land of the South Pole
Like a snowstorm in the Himalaya MountainsIn the midst of a blizzard that falls heavily on the deserted winter land
Like me, who cannot stand SeoulThe smoke of a chimney in Gangchon village is running away in panic
And solitude is piling on the Namhan River covered with snow.

-From "Gunjo 13"
—Snow Falling on the Namhan River

(2)

When the night comes in Mugyo-dong
The Han River soars to the sky and becomes a galaxy
Becomes the goddess of stars dotted in black
Seoul becomes the sea of liquor
The festival of Dionysus begins
Liquor is poured all over the washing rituals of the gods
Soaking the greed of human sons
The spirits are floating in the liquor
The chests that burst

The ears that got torn
The eyes that lost focus
The mouths that lopsided
The tongues that got bruised
Filled the streets of Babylon.
Dionysus, finally drunk,
Embraces his naked stomach
Collapsed in the shape of the Big Dipper
Spending the night with the sore body.

-From "Gunjo 31"
—A Night in Mugyo-dong

Park is one of those who do not want to live in Seoul because he hates the chaos of life, the complexity of air pollution, smoke, sulphurous acid gas, and the taste of water in the Han River. He makes clear in his poems that his spirit is firm, honest, and his heart is innocent but determined. Park never shakes to any strong gust of wind, and even if he does, he can always stand upright again, without compromising his integrity. Such personality of his has won over many people who personally know him.

At first glance, work (1) seems to provide a lyric glimpse at the Namhan River covered with snow, but when looked at carefully, it speaks of the aspects of Seoul that the poet cannot endure. This poem appreciates the solitude that he feels in the midst of a crowd and the mental isolation that contemporary people suffer from. When will spring come in Seoul in Ice Age, and in the frozen Han River.

Work (2) glorifies an alley in Mugyo-dong, Seoul where

people are drunk and staggering as the festival of Dionysus and the Han River shining with colorful lights as a galaxy.

Aside from that, in ″Gunjo 8,″ the poet compares the pain of the past and the desperate dispersion of the Koreans during Korean War to a flock of birds scattering. Through a handkerchief, ″Gunjo 34″ illustrates the painful life of the modern age through the tears and sneezes caused by tear gas, and through the sound of the bells, and suggests that we mourn and cry from the bottom of our heart, with the heart that is willing to forgive.

As seen in his serial poems, ″Gunjo,″ and as mentioned in the very beginning, Park S대ng-Cheol′s world of poetry can be summarized as pursuit of the fundamental true form of life, social critique of history and civilization, and the absolute truth originating from a religious spirit, the consciousness of alienation from the absolute, and light and love of the savior. However, the fundamental spirit of the poems should be called the culmination of agape love, which permeates his religious spirit.

The fundamental dream is planned and brought to realization by God, from which time, light, and love emanate. It can be recognized through the law of Nature and all kind of change, and when looked through the eye of the heart, innocence and a truer self can be found. Park′s aesthetics is a combination of the elasticity of language with a controlled poetic accent, strongly embodied images, the flexibility of rhymes, a calm, soothing poetic tone, and the speaker′s clear, authentic voice. All his poems are expressed in a simple language and sentences and can thus be easily read by all. Still, Park′s ideological depth, contemplation, and critical engagement in contemporary society as sharp as a rose′s thorn, as well as imagination, are also thoroughly expressed in his serial poems.

I would like to congratulate Park for publishing ″Gunjo,″ his second collection of works that have been written for 9 years since his debut collection ″Hyangyeon,″and I hope that his poems will leave an everlasting mark in the hearts of all readers.

(Translated by Park, Seong- Cheol)
December 1989

『우리가 산다는 것은』 시집 해설— 김용범 (시인 · 한양대학교 교수)

박영교 시인의 시를 읽는 세 가지의 독법讀法

Ⅰ 들머리

한 달이면 두 세권씩 집으로 날아오는 글벗들의 시집을 받으며 첫 페이지를 열기가 두렵다. 그래서 가까운 지인으로부터 한권의 시집이 도착했을 때 나는 조심스럽게 책을 펴들며 가능하면 시집 한권에 담긴 그 시인의 시속에 함몰 되지 않으려고 하는 평정심을 작용시킨다. 천칭天秤처럼 균형을 잡고 냉정하리라 마음을 다지며 시를 읽으며 애써 태연하려고 하여도 나 역시 같은 길을 걷고 있는 시인이기에 시를 읽으며 최초로 작심했던 평정심은 사라지고 사물을 바라보는 새로운 시각에 대한 시샘과 내가 쓴 시와 내심 비교해 보며 펼처든 시집 속에 숨거있는 번뜩이는 발상과 그것을 시로 녹여내는 유연한 수사修辭 그리고 그 시인이 세상을 향해 무심無心하게 툭 던지는 경구警句의 투척으로 인해 발동한 까닭 없는 마음의 상처를 감내하기가 쉽지 않다.

시집을 읽는다는 것은 마음의 평안을 위해서인데, 나 역시 시를 쓰는 동업同業의 시인인지라 타인의 시집을 받아들고 평정심을 잃지 않으려 애를 쓰면 쓸수록 그 것으로 인하여 부글대는 질투를 감당하기 힘들어 지는 게 당연한 일일지 모른다. 최근 시집 한권을 묶어 내고 나서 글밭이 황량하던 차에 내게 날라 온 박영교 시인의 시 한 묶음은 일종의 폭탄과 같았다. 게다가 부담 없이 해설을 부탁한다는 강권强勸까지 붙어 있는지라 첨부 파일을 열기가 여간 두려운 일이 아니었다, 그럼에도 불구하고 두려움 반 호기심 반, 박영교 시인 시집을 열어 단숨에 읽었다. 시집 한 권을 통독하고 나서 나는 서둘러 파일을 저장했고 막막한 심정으로 한동안 뜬구름 만 바라보았다.

마음의 평정심을 얻기까지 참 여러 날 걸린 것 같았다. 나는 마음의 부담감에서 벗어나기 위해 카메라를 둘러메고 국립박물관에서 전시중인 영월 창령사 터에서 발굴한 〈오백나한 전展〉을 드나들며 사진을 찍었다. 그냥 우리 이웃 장삼이사張三李四 같은 아라한阿羅漢들의 표정을 카메라에 담으며 며칠간 나의 선부른 결정을 후회 하며 바탕 화면에 저장 된 그의 시를 애써 외면外面했다. 일주일 후 겨우 마음을 추스르고 나서야 박영교 시인의 시 묶음을 다시 풀어헤칠 수 있었다. 만일 그것이 집으로 날아온 시집이었고 보내준 사람과의 평소 친분을 생각하며 시집을 펼쳐 들었다면 평안하게 시를 즐기며 샘내며 읽을 수 있었겠지만 해설을 부탁 받은 입장이니 문학평론가도 아닌 내가 무애无涯 양주동 선생의 말씀대로 눈빛으로 종이의 뒷면을 꿰뚫어야 하는 '안광眼光이 지배紙背를 철徹함'을 감당할 수 있겠는가. 그러다 문득 나는 카메라로 담았던 수천 장의 아라한 중 두 컷의 사진을 건져 올렸다, 그 하나는 시인 박영교의 시를 은밀하게 엿보고 있는 나의 모습이고 경북 영주에 사는 박영교 시인과 한 치도 틀림없이 닮은 아라한의 모습이었다. 이런 자세로 시를 보자라고 작심했다.

독법 ㅣ 심독心讀, 박영교의 시는 정형定型시이다

시를 읽는 가장 보편적인 방법의 하나는 묵독默讀이다. 입을 닥치고 눈으로 시를 읽는 것. 시집을 펼치고 교과서를 책을 읽듯 눈으로 읽어 내려가는 묵독은 나를 포함한 대부분의 독자들이 선택하는 가장 일반적인 방식이다. 또 하나의 방법이 낭독朗讀이다. 소리 내어 시를 읽는 이 방법은 시낭송가가 아닌 이상 보편적으로 시를 읽는 방식이 아니다. 세 번째가 심독心讀인데 마음의 눈으로 시를 읽는 것이다. 나는 아직 심독의 방식을 터득하지 못하여 머리로 만 생각을 하고 있는 터였다.

박영교 시인이 새 시집에 실릴 시를 묵독으로 읽은 한 뒤 페이지를 덮으며 내가 새삼스럽게 각성한 것은 그가 시조를 쓰고 있다는 것이었다. 그러나 첫 페이지를 열고 마지막 작품을 읽을 때 까지 나는 그의 시를 한 번도 시조라 전제하지 않았다.

단언컨대 박영교시인의 시는 정형시 시조이다. 정형의 틀이 있음을 말한다. 시에서의 정형이란 시행의 음절수는 장단 또는 단장短長 등의 규칙을 지키는 시를 말한다. 한시에서 절구나 율시 및 배율. 또는 독일 및 영국의 음질音質을 중심으로 이루어지는 시와 달리, 우리의 시조는 음보수를 스캔션(scansion)할 수 있어야 하는 정형이 아니라 음수율만을 지키는 고유의 정형시. 그것은 한국어의 운율적 속성과 연결되어 있고 5분에서 7분의 시조창이란 노래 형식과 하나 되어 있던 당초의 포맷(format)과 분리되어 시문학의 정형으로 자리 잡은 독창적 시형식이다.

박영교 시인의 시집 한 권의 묵독을 끝내고 '아! 이것은 정형시지'하며 새심스럽게 각성覺醒했다. 그런데 왜 시를 읽이가는 동안 한 번도 그것을 각성하지 못했을까. 오히려 그것이 더 의아疑訝했다. 그런 뒤 다시 그의 시를 소리 내어 읽었다. 그제야 나의 의문이 풀리는 듯했다. 나는 즉시 박영교 시인의 시 세 편을 임의로 골라 행과 연을 허물어 보았다.

✱ 사람이 산다는 것 꼬불꼬불 그 고비마다 벗어날 수 있다는 희망. 오르고 또 오르고 고갯길 또 앞을 막아서도 오르고 또 오른다. 비슬산琵瑟山 하염없이 걸어 오르는 저 사람들 색깔 잃은 단풍처럼 바람을 맞았는가. 잡목 길 갈잎까지 헤치며 오르고 또 오른다.〈삶·3〉

✱ 때로는 잊고 싶은 일 지우고 싶은 심정일 게다. 비슬산 정상에 서서 아찔한 낭떠러지 떨리는 마음을 안고 눈 아래 세상을 본다. 살면서 염원 하나하나 돌이 되고 탑이 되어 산정山頂에 올라앉아 마음을 두드린다. 단단히 마음 되잡고 감사하며 살라한다.〈삼층석탑 앞에서〉

✱ 길을 가다 갑자기 멈춘 나는 어디로 가야 할지 잊어버리고 선다. 객처럼 왔다갔다가 길거리를 헤맨다. 잠깐 사이 돌아온 정신, 일상으로 가볍게 돌아 오늘도 가던

길. 또 다시 걷고 있다. 오일장 장돌뱅이처럼 돌고 돌다 떠난다.〈삶 · 8〉

의도적으로 구분된 행과 연을 허물고 나니 그의 시조는 자유시(시조가 정형시라면 자유시는 비정형시인가? 왜 자유시 상대적 시의 명칭이 존재하는지 이유는 모르겠지만) 그는 그의 시 어느 곳에서도 의도적이거나 작위적(artificial)으로 애써 정형을 유지하려 한 어떤 인위성이 존재하지 않았다. 정형定型과 비정형非定型의 구분이 사라진 지점. 이것을 관성(慣性, inertia)이라 한다. 관성은 어떤 물체에 작용하는 힘이 없거나, 작용하는 힘들의 합이 0일 때 물체가 운동 상태를 그대로 유지하려는 성질을 말한다. 끊임없이 새로운 것을 추구하려는 원심력과 굳게 문학적 전통을 지키려는 구심력. 이 두 힘이 균형을 이루었을 때의 지점. 기실 원심력(遠心力, centrifugal force)이란 구심력처럼 실제로 작용하는 힘이 아니라 단순히 물체의 운동을 표현하기 위한 겉보기 힘을 말한다. 흔히 사람들은 구심력과 원심력이 서로 대응되는 힘으로 알고 있거나 작용·반작용의 관계로 이해하고 있는데, 이는 잘못된 개념이다. 원심력과 구심력은 크기가 같고 방향은 반대이지만, 구심력은 실제 작용하는 힘이고, 원심력은 가상의 힘이다. 그 두 힘이 0인 지점. 그것이 관성이다. 원심력과 구심력이라는 상대적인 두 가지 힘이 하나가 되면서 원운동으로 돌아가 고요한 가운데 광명으로 빛나는 문학적 관성을 나는 비로소 확인한 것이다.

그런데 이는 뜻밖에도 낭독과 통하고 있었다. 나에게 그의 시는 그냥 시였다. 자유시도 시조도 아닌 시詩. 어떤 형식적 편견으로 나뉘어져 있는 각각의 장르가 아닌 모국어의 어법으로 씌어진 시였을 뿐이었다. 나는 시를 소리 내어 읽어본 뒤 에야 비로소 무애无涯. 시와 시조의 정형과 비정형의 경계가 사라진 있는 그대로의 시를 보았다. 그에게서 정형이란 걷기 편한 구두. 편안하게 발에 길들여진 구두 같은 게 아니었을까. 그의 시는 정형시지 라는 각성 후 세 번째로 그의 시를 묵독했다 시조란 정형을 전제하고 세 번째 읽은 그의 시는 시조의 정격政格이었다. 억지로 틀을 부시려는 실험이거나 파격破格이 아닌 술이부작述而不作. 있는 그대로 기술할 뿐 새로 지어내지 않는다는 진체眞體를 만난 것이다.

만일 내가 그의 시에 사족을 붙여야 하는 해설을 쓰겠다고 나서지 않았다면, 그리고 묵독默讀하며 시를 읽기만 했을지 모른다, 소리 내어 박영교 시인의 시를 읽고 나서 나서야 인위적으로 나뉜 행과 연을 허물어 보는 궁여지책이 없었다면, 또한 그런 뒤 정형의 틀을 전제하고 세 번째 묵독을 하지 않았다면, 나는 박영교 시인의 전화에 '참 좋은 시 읽었습니다. 시집 보내주셔서 감사 합니다'라는 영혼이 없는 상투적인 문자 메시지를 달랑 남겼을 것이 분명하다.

독법 II 서정抒情을 넘어 서사敍事를 보다

서사시를 작심하고 쓰지 않는 한 단장斷章의 시로서 서사를 그려낼 수는 없다. 서정시의 한계이다. 연작시라는 궁여지책이 없는 것이 아니나 그것은 서정시의 연작連作일뿐 서사를 그려낼 문학적 틀이 없다. 그런데 그 형식이 담시譚詩나 산문시散文詩가 아닌 시조라면 어떠하겠는가. 그 빈 틈을 찾아낸 기가 막힌 작품 몇 편을 나는 이번에 내게 전해진 박영교 시인의 시집 속에서 찾아낼 수 있었다. 박영교식 레토릭은 신기하거나 새로운 실험이 아니었다. 그는 장구한 서사 내러티브를 단지 몇 개의 시어로 간단히 처리했다. 상징과 암시라는 고전적인 레토릭이 아닌 단 몇 개의 어휘만으로 서사의 영역을 열고 있었던 것이다. 귀동냥으로 얻어들은 몇 단어의 소재가 아니라 그가 섭렵하고 있는 인문학적 자산을 압축하고 있는 핵심어의 도출로 서사 영역의 단초를 풀어내는 것.

이번 시집에 실린 박영교의 시에서 우리를 멈칫하게 하는 시 한 편을 먼저 소개해 본다. 바로 〈하피첩〉이다 .

절명絶命의 힘 앞에선 예절이 필요하다

지난 일들 속에서 만난
저녁놀 치마 색 보며

가난한
양심 담아놓고 노을빛 생각해 본다.

수추首秋*가 든 강진 마을
마음씨까지 창창하지만

* 수추首秋 : 붉은 빛 바래진 올실 낡은 치마 자락

「다산茶山의 촛불·1」 — 하피첩霞帔帖

이 시는 다산 정약용의 〈하피첩〉에서 시상詩想이 유발된 작품이다. 노을하, 치마 피 . 붉은 노을색 치마. 이 시에서 시인 박영교는 뜻밖의 시어 하나를 꺼내 각주를 단다. '수추首秋' 그리고 그는 친절하고 무덤덤하게 수추는 음력 칠월'을 달리 이르는 말. 이라 사족을 달았다. 그저 그렇게 읽으면 그뿐인 각주 하나가 이 시의 핵심이다.

이 어휘는 인터넷에서 하피첩을 검색어로 입력하면 어김없이 튀어나오는 수많은 정보들 속에 숨어 있는 것이었다.

이 '수추'란 말이 불쑥 튀어나온 하피첩 서문의 전문(全文)을 보자,

余在 耽津謫中病妻 寄敝裙五幅 蓋其嫁時之纁袡 紅已浣而黃 亦淡政中書本. 遂剪裁爲小帖 隨手作戒語 以遺二子. 庶幾異日覽書興懷 挹二親之芳澤 不能不油然感發也. 名之曰 霞帔帖 是乃紅裙之轉隱也. 嘉慶庚午 首秋 書于 茶山東庵 籜翁.

(내가 강진에서 귀양살이를 하는 중에 병든 아내가 헌 치마 5폭을 보내왔는데 대개 그것은 시집올 때 가져온 훈염(활옷)으로 붉은 색이 이미

씻겨나가 황색이 돼 서본書本으로 쓰기에 알맞았다. 그래서 마름질을 해 작은 첩을 만들어 손 가는 대로 훈계의 말을 적어 두 아들에게 남긴다. 바라건대 훗날 이 글을 보고 감회를 일으켜 두 어버이의 자취와 손때를 생각한다면 뭉클한 마음이 일어나지 않을 수 없을 것이다. 이름 지어 하피첩이라 하니 이는 붉은 치마가 전용된 말이다. 가경 경오년(1810년) 초가을에 다산 동암에서 탁옹.)

그 해는 1810년(순조 10) 7월이고 다산이 마흔 아홉 되던 해다. 홍군(紅裙·다홍치마)의 전용된 말이라 부연 설명했다. 원래 '홍군' 다홍치마가 아니라 붉은 노을빛 치마 군이 '하피'라 표현했다. 부인 홍씨가 시집올 때 입고 온 색 바랜 붉은 색의 치마를 '하피'라 한 것이다. 이미 하피라 하는 순간 세월에 빛바랜 붉은 치마는 이미 시詩다. 다산이 유배되던 1801년 19살과 16살이던 아들 둘은 어느덧 28살(학연)과 25살(학유)이었고 여덟 살이었던 외동딸은 18세. 〈하피첩〉엔 유배 중이던 다산이 두 아들에게 보낸 편지 26편이 실려 있다. 이것이 창작과 비평에서 박석무의 번역으로 펴낸 〈유배지에서 보낸 편지〉이다. 다산은 〈하피첩〉을 만들고 3년 뒤인 남은 치마폭을 오려 딸을 위해 그림을 그렸다. 〈매조도〉 매화꽃 핀 나뭇가지에 참새 두 마리. 다산은 그림 아래쪽에 시 한 편을 적었다.

저 새들 우리 집 뜰에 날아와	翩翩飛鳥
매화나무 가지에서 쉬고 있네	息我庭梅
매화향 짙게 풍기니 그 향기	有烈其芳
사랑스러워 여기 날아왔구나	惠然其來
이제 여기 머물며	爰止爰棲
가정 이루고 즐겁게 살거라	樂爾家室
꽃도 이미 활짝 피었으니	華之旣榮
주렁주렁 매실도 열리겠지	有蕡其實

이어 그 옆에 그림을 그리게 된 사연도 함께 써넣었다.

강진에서 귀양살이한 지 몇 해 지나 부인 홍씨가 해진 치마 6폭을 보내왔다. 너무 오래 되어 붉은색이 다 바랬다. 그걸 오려 족자 네 폭을 만들어 두 아들에게 주고, 그 나머지로 이 작은 그림을 그려 딸아이에게 전하노라(余謫居康津之越數年 洪夫人寄敝裙六幅 歲久紅渝剪之爲四帖 以遺二子 用其餘爲小障 以遺女兒)

하피첩에 얽힌 구구절절한 서사를 시인 박영교는 친절한 각주 '수추' 한마디로 생략해 버린다. 그리고 '붉은 빛 바래진 올실 낡은 치맛자락'으로 시를 끝낸다. 이것이 바로 박영교식 서사이다.

이 시를 이해하기 위해서는 이 시가 거느리고 있는 장구한 서사의 전모를 읽어야 한다. 그는 앞뒤의 팩트를 삭제했으므로 이것은 이 시를 읽는 독자의 몫으로 남겼다. 참으로 뻔뻔하고 무책임한 처사이다. 나 역시 〈수추〉란 각주가 달리지 않았다면 빛바랜 노을빛 치맛자락에 휘감겨 있었을 것이다. 참으로 절묘한 선택. 나는 내친 김에 능내로 돌아온 다산으로 사유의 폭을 넓혔다. 그 후 다산은 어찌 되었을까. 그는 유배에서 풀려나 고향인 양주군 능내로 돌아온다. 그리고 호를 여유당으로 바꾼다. 여유與猶)는 노자老子의 '도덕경' 15장에서 따온 말이다. "겨울에 시내를 건너는 것처럼 조심하고與, 사방 이웃을 두려워하듯 경계하라(猶) 여혜약동섭천與兮若冬涉川 유혜약외사린猶兮若畏四鄰" 비방을 자초하지 않고 조심조심 살아가겠다. 천주학으로 박해를 받은 유학자 정약용이 노자의 도덕경에서 삶의 지향을 바꾼다는 것까지 생각의 스펙트럼을 넓힌 독자가 있다면 시인 박영교의 서정을 넘은 서사의 지평에 비로소 도착한 것이리라.

시는 서사를 꾸려나가는 장르도 아니다. 더군다나 팩트의 진술도 아니다. 박영교식 레토릭에 나는 항복했다. 그리고 그가 내준 숙제에 한동안 골몰汨沒했다. 힘은 이런 것이다. 그리하여 그가 펼쳐 놓은 빛바랜 저녁노을의 스펙트럼에 함몰해 있어야 했다.

또 다른 작품 하나를 보자.

사람은 살기 싫어도
살아가야 하는 법이다.

너그럽지 못한 상사들이 세상을 뒤흔들어도

삶이란
역사를 바르게 쓰는
내일 향한 오늘일 뿐

권력을 잡았다고
휘두르는 칼자루 앞에

고개 빳빳이 쳐들고 바른 말할 사람 있나?

지금도
궁형을 자르는
황제가
있을지 몰라.

「사마천의 눈물·2」

사마천은 섬서성陝西省 하양현夏陽縣서 태어났다. 자는 자장子長. 아버지 사마담司馬談은 한 무제 치세 초기에 천문과 달력을 기록하는 부서의 장인 태사령으로 재직했다. 일찍이 아들의 총명함을 확인한 사마담은 고대 문헌들을 구해와 사마천에게 읽히며 학문의 기본을 다진다. 기원전 135년 사마천은 아버지를 따라 장안으로 왔고, 그곳에서 본격적으로 고대 문헌들을 접한다. 기원전 126년 사마천은 학업을 일시적으로 중단하고 아버지의 조언에 따라 중국 각지를 유람하며 각 지역의 사회 분위기, 지리, 풍토 등 다양한 문화를 체험하면서 견문을 넓힘과 동시에 과거의 사건들을 연구하고, 역사 자료를 수집하기 시작했다. 기원전 118년 돌아온 그는 낭중이 되어 벼슬살이를 시작했다. 그러나 기원전 110년 아버지 사마담이 병사했다. 거의 30년간을 사관으로 재직했던 사마담은 생전에 자신이 《사기》를 쓰려고 계획했지만 이를 이루지 못하고 죽게 되자 임종을 앞두고 아들 사마천에게 자신의 과업을 완성하라고 아들에게 당부하며 눈을 감았다. 기원전 108년 사마천은 죽은 사마담의 뒤를 이어 태사령에 부임했고, 아버지의 유언을 받들어 《사기》 집필의 사전 작업에 착수한다. 그때 마침 흉노가 세력을 펼치기 시작하자 무제는 휘하의 유능한 장수 이릉李陵에게 군사 5천을 주고 애첩의 오빠인 이광리李廣利를 도와 흉노족을 토벌할 것을 명했다. 그러나 이광리는 전투에서 대패했고, 이릉은 흉노족 8만을 상대로 용감히 싸웠으나 결국 투항하고 말았다. 무제는 이릉을 왜 선택 했을까? 이릉李陵의 할아버지 이광李廣은 천하에 이름을 날린 신전수神箭手였다. 이릉도 할아버지의 재능을 이어받아 그의 오천 보병은 고르고 골라 능력이 뛰어난 '신전수군단'이었다. 이릉의 부대가 승승장구할 수 있었던 이유는 활에 의존한 것이다. 그러나 연속 8일간의 생사를 넘나드는 교전으로 이미 이릉이 가지고 있던 화살은 모두 바닥이 났다. 대세는 기울었고, 이 정보를 들은 흉노선우는 즉시 군대를 이끌고 이릉을 맹공한다. 이릉이 군대를 이끌고 반격해 보았지만, 화살이 다 떨어지고 나니 더 이상 계속 싸울 수가 없었고 한나라로 다시 도망칠 수조차 없었다. 결국 이릉은 부대를 이끌고 흉노에 투항한다. 수하 5천 용사 중 4백 명이 남았고, 나머지는 대부분 전쟁터에서 죽었다. 이릉이 투항했다는 소식이 장안에 전해지자, 한무제는 격노한다. 어찌 적에게 투항하여 구차하게 목숨을 구걸한단 말인가? 조정의 신하들은 모두 황제에게 이릉을 서인으로 강등시키고, 이씨 일가를 멸문시키고, 뼈를 갈아서 뿌림으로써 후대에 경계를 삼게 하라고 요청한다. 이 논의가 계속되는 동안 사마천은 침묵한다. 태사령인 그가 한 마디 말도 하지 않는 것을 보고 있던 무제는 물었다.

"태사령, 너는 어찌 한 마디도 하지 않는 것이냐. 너는 이 일을 어떻게 생각하느냐?"

황제가 묻자 사마천은 입을 열어 직언을 시작한다. 이릉은 다시 얻기 힘든 국사國士이다. '국사란 나라에서 가장 우수한 인재가 받을 수 있는 영예이다. 그러므로 설사 이릉이 투항을 했다고 하더라도 이전의 공로를 감안하여, 잔인하게 그를 처벌해서는 안 된다고 주장한다. 그리고 이릉은 5천 보병을 이끌고 8만 흉노주력과 8일 밤낮을 격전을 벌였으므로 비록 패배하고 투항했지만, 그는 한나라의 위풍을 높였고 이 같은 전공이 있으니 공으로 과실을 상계해야 한다. 이런 직언에 이어 마지막으로, 사마천은 말한다.

"이릉의 일관된 행동을 보면, 그가 이번에 투항한 것은 어쩔 수 없이 택한 거짓투항일 것이므로 목숨을 남겨두어 그가 적의 내부에서 책동을 한 후 공을 세워 죄를 갚도록 하는 것입니다."

이렇게 당당히 이릉을 변호 하는 사마천의 직언에 주위는 숙연해진다. 그러나 누구도 사마천을 옹호하지는 못한다. 결국 그는 궁형宮刑 거세를 당하고 만다. 그는 사관史官이었고 비록 직언으로 거세를 당했지만 역사에 부끄러움이 없었다.

시인 박영교는 이러한 역사의 진실을 '고개 빳빳이 쳐들고 바른 말할 사람 있나?'란 반문反問 한 줄로 처리하고 있다. 이 시 어디에도 한무제도 흉노선우도 이릉의 이름 한 줄 거론 되지 않는다. '사람은 살기 싫어도 살아가야 하는 법이다.' 고개 빳빳이 쳐들고 바른 말할 사람 있나? 단 두 줄의 시행으로 오늘의 현실에 빗대어 소위 촌철살인의 경구警句를 우리에게 던진다. 날카롭고 매서운 사회비판이다. 단 두 줄로 처리된 시의 힘을 보여주고 있는 것이다.

Ⅲ 독법 3 종장의 옮매듭.

시인들이 시를 쓸 때 제일 중요하게 생각하는 부분이 바로 어떻게 끝을 맺느냐이다.

시를 읽는 재미중 하나가 그 시의 맨 마지막 행 읽기이다. 시의 마지막 시행에는 시인의 총량이 담겨 있기에(독자들은 누구는 제일 첫 줄이라고 말하는 사람이 있기는 하지만 첫 행은 동기의 유발. 착상. 어느 날 문득 내게로 온 전혀 뜻밖의 어휘임에 반해 그 다음 줄부터는 그 첫 행으로 인하여 도발挑發된 스펙트럼의 전개란 공식(formula) 있다.) 그리고 시인은 종내終乃 자신이 펼쳐 놓은 시행들을 스스로 매듭져야 하는 책임이 있다. 그래야만 시가 끝나는 것이기 때문이다. 더군다나 그것이 시조라면 시조의 종장이 지닌 〈3.5〉라는 준엄한 제약의 원칙에서 자유스럽지 못하다. 〈3.5〉 + 종결어미로 끝을 내야 한다. 이것이 바로 시와 시조가 구분되는 지점일 수도 있고 정형시의 준엄한 제약을 즐기는 기쁨일 수도 있다. 그런데 문제는 우리 모국어의 종결어미이다. 현행 국어에서는 대표형태의 어간에 평서형 종결어미 '-다'가 붙은 활용형을 기본형으로 설정한다. 종결어미란 한 문장을 종결되게 하는 어말 어미를 말하는데, 동사에는 평서형 · 감탄형 · 의문형 · 명령형 · 청유형이 있고, 형용사에는 평서형 · 감탄형 · 의문형이 있다. 평서형 종결어미에는 '-다', '-오', '-ㅂ니다. 감탄형 종결어미에는 '-구나', '-도다'. 명령형 종결 어미에는 '-아라/-어라/-여라. 의문형 종결어미에는 '-(ㄴ/는)가', '-(느)냐', '-(으)니'. 청유형 종결어미에는 '-자', '-자꾸나', '-세', '-읍시다' 등이 있는데 시를 위한 문법이 따로 존재하지 않는 한 시의 끝도 여기서 자유스러울 수 없다. 이들 중 하나를 선택하는 것. 그것이 시의 끝 행이다. 아동문학가 이오덕은 한국어 서술어의 평서형 종결어미를 '-다'의 독재에서 해방시키고 싶어 했다. 그러나 그것이 어찌 쉬운 일이겠는가. 평서형 종결어미 -다의 독재는 산문의 경우 입말체를 써서 이야기하듯 마무리 지을 수 있지만 서사시나 담시譚詩가 아닌 서정시에서는 그럴 수 없는 것이 국어정서법의 원칙이다. 그런데 -다의 독재를 손쉽게 간단하게 벗어난 시가 있다.

머언 산 청운사靑雲寺
낡은 기와집

산은 자하산紫霞山
봄눈 녹으면

느릅나무
속잎 피어나는 열두 굽이를

청노루
맑은 눈에

도는
구름.

「박목월 청노루」

이 얼마나 간단명료한 해방인가. 시인 박영교는 목월의 수사법을 원용하고 있다. 앞서 술이부작述而不作이라고 박영교가 정격正格 시조의 정형 형식을 준수하고 있음을 적시했다. 그는 시의 끝 행을 목월풍木月風의 명사 종지의 스스럼없이 수용하여 몇 편의 시들을 끝맺음으로써 아취雅趣를 드러낸다. 이 역시 술이부작述而不作이다. 나는 이것을 박영교식 옮매듭이라 이름 붙인다.

웃음꽃
하얗게 피는
봄빛 같은
말소리.

「우체통 앞에서」

만추晩秋 · 1

보아도
들어도 깊은 한숨 뿐

물음 같은
풍경
소리.

침묵·1

산중 산
큰 중심을 잡고

늘 떠 있는
푸른 별

초췌한
심신에 배어 있는 냄새

진한 바다 빛
얼굴.

「탐라 바닷가」

지금도
강설 외나무다리

푸근히 내려 덮인
적설.

「청량산 그림」

서술형 종결어미 -다에서 해방된 박영교 시의 옭매듭은 거듭하여 우리에게 한 장의 풍경화를 펼쳐 보여준다. 시란 '언어로 그리는 그림이다.'

이것은 CD루이스의 말이다. 그의 몇몇 시는 끝행을 역시 -다로 끝내지 않고 명사 종지란 목월풍의 수사법을 사용하여 독자들을 그 풍경 속으로 끌어 들인다. 또한 시를 끝내며 무심無心하게 오브제 하나를 제시할 뿐 -다로로 매듭진 종결어미를 가장한 끝 행으로 자신의 생각을 강요하지 않는다. 그리하여 독자들의 상상력이 작동할 공간, 독자의 몫을 만들어낸 것이다. 시를 읽고 나서 우리는 시인 박영교가 우리 몫으로 남겨 둔 저녁노을빛 여운餘韻에 한동안 휘감긴다. 그것은 온전히 독자의 몫이다. 이게 심독心讀이다. 나는 그의 시와 교감한 것이다.

이것이 내가 시인 박영교의 시집을 묵독하고 다시 낭독한 뒤 그 둘을 합쳐 심독心讀해 본 독후감이다. 이제 남은 일은 영주로 영교 형을 찾아가 메밀묵 누룽지를 긁어주는 구수한 묵밥집에서 밥을 사달라고 조르거나 앞으로는 나는 시를 쓰는 시인이지 비정형시 자유시를 쓰는 시인이 아니란 사실을 한번 더 강조하고 그럼에도 불구하고 스스로 시조시인이라 우기면 나는 74년에 〈심상〉으로 데뷔했으므로 문단은 내가 1년 선배임을 명백히 밝힐 셈이다.

제5회 조운문학상 수상시조집 해설—박영교 (시인 · 한국문인협회 이사)

詩의 감성·풍자적 이해와 詩人의 사명

평생을 살아가면서 좋은 인연, 좋은 이웃으로 살아간다는 것은 누가 보아도 멋진 삶, 부러운 삶이지 않은가?

나는 '시인', 이 한 마디를 얻으면서 가정도 자식도 살뜰하게 챙기지 못했다. '나는 시인이다' 여기에 초점을 맞추고 살아왔다. 아내가 가정사를 거의 모두 군말 없이 처리하기에 남들도 모두 그렇게 사는 줄로만 알았다. 나는 항상 분주했다. 시조를 쓰고, 평론을 쓰고, 후학을 기르고, 서예를 하고, 모임에 참석하고, 그리고 어디든 스스럼없이 오가고, 가정으로부터 물질과 정신적인 자유를 누리며 살아왔다. 정년을 하고 난 후 가족을 챙기려고 애를 쓰고 있다. 가정주부의 일은 자질구레해 보여서 대수롭지 않게 생각했는데 손이 많이 가는 성과도 보이지 않는 궂은일이었다. 나이가 올라갈 때마다 '나는 누구인가? 어떤 삶을 살아왔는가?'를 자주 생각하게 된다. 가족, 일가친지 모두에게 그저 미안할 따름이다.

우리가 창작활동을 한다는 것은 어떤 일보다 어려운 일이다. 어떤 창작활동도 마찬가지이지만 어느 한 장르에서 훌륭한 창작물이라고 할 수 있는 작품은 독자의 공감을 얻어내게 되고, 그 공감이 한 시대, 한 사회의 이슈(Issue)가 되거나 풍류의 기반이 되기도 하고 역逆으로 한 작품 속에는 그 시대의 사상과 배경을 녹여내는 풍미風味가 있어야 된다.

시조는 시로서 형상화되어야 하면서 시조로서 율격이 맞아야 하기 때문에 시조를 창작하는 시인은 이중고二重苦를 겪을 수밖에 없다. 현대시조에서는 그 율격이 자수율뿐 만아니라 음보율音譜律도 함께 병행하는 시인들도 있다. 또한 시조의 외적 표현 방법 면으로 보면 각 장章마다 한 줄로 표현하여 3장章 3행으로 표출하는 시인이 있는가 하면, 각 장마다 2줄씩 6행으로 나타내는 시인들도 있고, 또 각 수首를 줄글로 표현한 시조도 있다. 시조를 전문적으로 창작하는 시인들도 시조時調인지 시詩인지 쉽게 구분하기가 어렵다고 한다. 이렇게 현대시조는 다양화 방식으로 표현되기도 한다.

조운曺雲문학상 수상 작품은 「첫눈·」, 「다산茶山의 촛불·1」, 「청개구리」, 「북한 탄도미사일」, 「사마천의 눈물·2」 등 다섯 편이 위주가 된 듯하다.

사설시조는 여러 가지 특성을 지니고 있는 시형식으로서 오늘날 현대인들의 다양한 체험과 복잡한 감정 상태를 표현하는데 가장 잘 맞는 시형식이기도 하다. 그런데 현대 사설시조에 이르러 '이야기'시로서의 서사구조를 서정시화하면서 이미지 제시나 담론적 논리시를 지향함으로써 서민적인 저항의식과 비판정신이 사라지고 흥취와 쾌락, 정화의 미적가치도 찾아보기 어렵게 되었다. 그러나 무엇보다 사설시조를 사설시조답게 하는 특성은 풍자와 해학의 속성일 것이다.

수상작들은 이런 관점에서 중요한 의미를 지닌다. 박영교 시인의 「청개구리」는 비가 오려 하면 나뭇가지에 올라 울고 울어 홍수를 나게 하여 농토와 살림을 망치게 하는 부정적인 생리현상을 인간사에 비유하여

"그 입에 발린 울음으로/ 이승을 다 적시고 있다."(초장)

"지금은 그 잘나가던 기업들도/ 다 떠내려가고 없는 땅"(종장)

으로 풍자하고 있다. 인간들의 입에 발린 허튼 소리(언사)가 불신사회를 조장하여 마침내 피폐한 현실의 공허함을 초래했다는 인간들의 부정적 행위를 비판하고 있는 풍자시(김제현 교수님 심사평)

조운문학 대상 수상작으로 박영교 시인의 2019년도 발표작품 중에서 「첫눈·」과 「다산의 촛불·1」, 「청개구리」 작품에 주목하였다.

단시조의 특징적 면모가 잘 드러나고 있는 「첫눈·」은 '첫눈'이 갖는 의미를 간명하면서도 진솔하게 담아내었다. 특히 욕심을 내지 않고 순진함에 기저하고 있다는 것이 작품의 격을 높이고 있다고 판단된다. 작품에 힘을 들이지 않으면서도 강렬한 메시지를 던지고 있는 것은 여기에서 연유한다고 볼 수 있는데 이것은 오랜 시작의 결과라 판단한다.

「다산의 촛불·1」은 '하피첩霞帔帖'이란 부제가 있는데 '霞帔帖' 주지하다시피 다산 정약용이 전라남도 강진에서 유배생활을 하던 1810년(순조 10)에 만든 서첩이다. 부인 홍씨가 유배지로 부쳐온 '바래고 해진 붉은 치마(紅裙)'를 잘라 만들었다고 전해진다. 다산은 부인 홍씨와의 사이에서 6남 3녀를 두었으나 네 아들과 두 딸이 대부분 천연두로 사망하여 이 서첩을 만들 당시에는 장남 학연學淵과 차남 학유學游 그리고 셋째 딸만 남아 있었다. 그 중 두 첩의 서문에 각각 '가경 경오년 수추(首秋: 음력 7월)'과 '가경 경오년 국추(菊秋: 음력 9월)'로 기록되어 1810년 7월과 9월에 제작되었음을 알 수 있다. 시인도 이점에 유의하여 여름과 가을의 변화를 미세하게 잡아내고 있다. '절명絶命의 힘 앞에선 예절이 필요하다'는 진술적 표현은 이 하피첩의 내용과 관련된 부분을 축약하고 있는 것으로 보인다. 이 하피첩에 수록된 내용이 선비가 가져야 할 마음가짐, 남에게 베푸는 삶의 가치, 삶을 넉넉하게 만들고 가난을 구제하는 방법, 효와 우애의 가치 등을 담고 있기 때문이다. 유배를 하는 어려움에 있더라도 삶의 가치나 예절을 강조하는 그의 정신을 초장의 도입부에서부터 강렬하게 시사하고 있는 것이다. 「청개구리」는 자만과 자기애에 도착된 현대인들의 모습을 질타하는 사설시조 작품이다.

'그 입에 발린 울음'만으로는 이 세상을 구제할 수 없다는 것을 알아야 하는데 실제의 세상은 너무 안이하게 흘러가고 있다는 것이다. 진정한 뉘우침과 반성을 하지 않고 말로만 잘못했다 말하면 무슨 소용이 있겠는가. 그냥 단순히 앞에 보이는 것만이 아니라 '잘나가던 기업'도 확고한 지역과

나라도 한순간에 무너질 수 있는 것이다. 한때는 한류열풍을 만들어내더니 코로나19가 급속도로 확산되는 지금엔 코리아포비아(koreaphobia)로 몰아가고 있으니 무엇을 호언장담하며 무엇을 절대적이라 말할 수 있겠는가. 자신을 겸손하게 낮추고 이웃을 손 대접하는 시대를 넘어서는 혜안이 있어야 함을 시인은 경계하며 보여주고 있는 것이다.(이지엽 교수님 심사평)

다음 수상시조집 작품을 보자

사람은 살기 싫어도
살아가야 하는 법이다

너그럽지 못한 상사上司들이 세상을 뒤흔들어도

삶이란
역사를 바르게 쓰는
내일 향한 오늘일 뿐

권력을 잡았다고
휘두르는 칼자루 앞에

고개 빳빳이 쳐들고 바른 말할 사람 있나

지금도
궁형을 내리는
황제가
있을지 몰라.

「사마천의 눈물·2」 전문

우리가 살아가는 세상에는 동서양을 막론하고 정권을 잡고 있는 사람들의 행패行悖는 그 차이가 있을 뿐 거의 하나같다고 아니할 수 없다.

황제의 권력 앞에 어쩔 수 없는 선택의 여지는 눈물을 머금고 받을 수밖에 없었던 궁형을 내리는 형벌, 목숨을 부지하기 위해 눈물을 흘려가면서 하늘이 무너지는 아픔을 참고 받은 형벌인 것이다.

사마천(司馬遷, 기원전 145~약 기원전 90년)은 서한시대의 역사학자로 태사령이란 벼슬에 있던 사마담(司馬談, ?~기원전 110년)의 아들로 태어났다. 사마천이 살았던 시대는 한나라의 전성기이자 중국 역사상 몇 되지 않는 전성기인 무제 때였다. 사마천은 사관 집안으로 아버지가 죽기 전 남긴 유언, 즉 역사서 완성을 필생의 사명으로 물려받았다.

사마천은 『사기』 곳곳에서 세상의 부조리를 개탄하고, '믿음을 보여도 의심하고 충성을 다해도 비방한다.'며 억울한 심경을 솔직히 표출했다. 그는 부당한 억압을 딛고 통쾌하게 복수한 인물을 편입시켰고, 역사의 흐름에 영향을 주거나 대세를 바꾼 사람이면 누구든 기록에 넣어 그 역할을 확실히 각인시켰다. 부당한 권력을 비판하고 약자를 옹호했다. 『사기』는 영원히 보통 사람의 편이 되었고, 역사의 주역이 따로 없다는 소중한 역사의식을 고금을 막론하고 사람들 마음 깊이 아로새겼다.

비둘기 떼 날아와서
땅콩 밭을
거덜내고

고라니가 밤새 와서
고구마 밭
뒤엎어도

내자內子는
다 함께
먹고살자고

혹여 목마를까
물까지 떠 놓고
간다.

「둘구비 농장에서·5」 전문

우리 내외는 정년을 한 후 농부가 되었다. 농사일을 하면서 내 자신이 모르던 것들을 많이 배웠다. 농사일은 심은 대로 거두고 노력한 만큼 얻는다는 진리도 배웠다.

농사가 호락호락한 것은 아니다. 씨 뿌리고, 잡초 뽑고, 물주고 가꾸는 것도 문제지만 주위 짐승들의 저지레도 보통은 아니다.

서툰 농부인 내자內子의 마음은 이웃이든 동물이든 함께 먹고 살기를 좋아한다. 그게 또 세상사는 이치라고 생각는다. 그 마음이 귀하고 아름다웠다. 나의 서툰 농사짓기로 내 몸에 구안와사具眼瓦肆를 앓게 되었다. 지금은 하는 일에는 별 지장이 없고 거의 다 낫다고 볼 수 있으나 예전 같지는 않다.

울고 싶어도 울지 못하는
그의 눈물은 핏방울이다

생각보다 깊은 한숨을 내뱉고 떠나고 싶어도 떠나지 못하는 그의 툭 불거진 눈알과 갈라진 배 다 아물 때까지는 길을 떠나지 못하리. 눈을 감지 못하는 그리움 하나로 온 산천이 울음바다 화엄경華嚴經의 깊은 법문과 반야심경般若心經을 두고 강이든 바다든 벌로 떠나지 못하겠네

울먹인
굵은 눈망울 속
그의 눈물은 피멍울이다.

「부석사 목어木魚」 전문

부석사는 소수서원과 함께 《유네스코 세계유산》으로 등재된 곳이다. 부석사 무량수전無量壽殿은 우리나라 최고最古의 목조건물로 손꼽히고 배흘림기둥으로도 유명하다. 부석사 첫 건물인 《봉황산 부석사》 현판이 걸린 건물 범종루 안에는 목어가 걸려 있다. 목어는 물속에 중생을 제도하는 역할을 한다고 알고 있다. 목어의 울먹이는 굵은 눈망울 속에 그리움이 고여 있다. 떠나고 싶어도 떠나지 못하는 그의 툭 불거진 눈알과 갈라진 배를 보고 다 아물 때까지는 길을 떠나지 못하는, 그는 눈을 감지 못하고 그리움 하나로 온 산천이 울음바다로 떠돌고 있다고 했다. 바다에 대한 그리움이 피멍울이 됐다. 목어는 하늘을 바다삼아 누각에 달렸지만 그 책임은 바다보다 크고 무겁다.

바람 부는 양 어깨에/
촛불을 메고 간다/
어디서 보더라도/
일렁이는 어려운 삶/
지금의/
묵묵한 저항/
내일을 버텨낼/
희망/

「오늘」 전문

사람이 살아가는 데 어찌 근심걱정이 없겠는가? 그러나 지금처럼 국가, 사회, 가정이 걱정거리로 온통 휩싸일 때는 그리 흔한 예가 아니다. 어찌할 수 없는 일렁이는 삶 그 속에서 버텨내고 희망을 찾는 것이 오늘을 사는 우리가 해야 할 일이다. 위기 속에서도 내일이 있어서 오늘을 살아갈 수 있는 것이다.

너 없는 내 마음속은
텅 빈 백자 달 항아리

갑자기 하늘 아래
광풍소리 요란해도

환하게
웃는 네 얼굴
마음대로 그린다

떨리는 생각들은
마음대로 그리는데

고개를 쳐들어대는
그리움은 못 그린다

한없는
그리움 모두
항아리에 담는다.

「백자 달항아리」 전문

누구를 그리워해본 적이 있는가? 환하게 웃는 그의 얼굴을 늘 떠올려 본 적이 있는가? 어찌 연인만 그립겠는가? 23년간 미국 생활을 하는 고향의 한 제자가 떠올려지고, 국제 변호사를 하겠다고 미국으로 건너간 제자도 백자항아리에 가득하다. 눈앞에 없는 이는 다 그리운 대상이 된다.

내 어릴 때 등을 돌려대고 어부바해 주던 세상을 뜬 누나가 떠올려지고, 돌아가신 부모님 얼굴이 떠올려지고, 자식 손자까지 그리워진다. 달빛 아래서는 그리움이 더욱 간절하다. 언제나 달이 되어 앉아 있는 달 항아리는 그리움을 가득 담고 있는 것이다.

소백산 아래의 땅 온천까지 두 곳인 땅 영주

일천 이백 미터 땅 아래서 올라오는 약알칼리성 천연 암반수巖盤水 온천랜드 뜨끈한 물에 온몸을 담그면 두 눈이 저절로 환하게 뜨인다. 몸에서 마음까지 씻고 나면 온갖 번민이 물빛 속에 스르르 녹아난다. 아이들의 조잘조잘 퐁당퐁당 웃음소리 가득하고, 잘난 이도 못난이도 하나같이 알몸으로 구석구석 살펴가며 때를 민다. 처음 보는 이웃인데 격 없이 말을 걸고 세상 돌아가는 이야기도 한참 한다. 정감록에 제1 승지, 참으로 평등한 곳

사랑이
사과처럼 익는 소백산 아래 축복의 땅 영주

「축복의 땅」 전문

옛날에는 전쟁이 일어나도 피할 곳을 찾아서 떠나는 사람들이 많았다. 그래서 태백산·소백산 아래 십승지를 찾아서 6.25한국전쟁 당시 북한에서 내려오는 사람들은 풍기 금계동을 십승지 중 제일승지로 알고 찾아든 사람들이 많았다.

영주의 소백산은 36.5도라는 우리 사람들의 몸 온도와 같은 위도상의 숫자다. 첫째가 공기 좋고, 물이 좋고, 인삼, 산삼이 많이 나면서 사과와 각종 약초가 잘 자라나는 곳이기도 하다.

유황온천으로 유명한 '풍기온천'과 영주시내 속에서 알카리성 온천 물이 펑펑 쏟아지는 '영주 온천랜드'가 자리 잡고 있어서 좋다. 부석태(콩)와 부석사과 즉 영주사과가 가을을 풍성하게 하고 있다.

결혼한 큰딸아이
임신에 울컥 울음이 받친다

못난 세상 결혼해도 애기 못 갖는 신혼부부 많아 아내는 내 자식 사람구실에 눈물이 나고, 나라에 일조하니 눈물이 나고, 할미가 되니 또 눈물이 난다고

무거운
평생의 내 짐
이제서야 벗는구나.

「소식」 전문

요즘 시대에는 자녀들이 결혼을 빨리 하면 자식이 효자라고 한다. 그 옛날에는 20대 자식이요 30대 재물이라는 말을 어른들에게서 들어왔다. 요즘 젊은이들은 30대에도 결혼할 생각을 못하고 있어 부모님들의 걱정이 이만저만이 아니다. 물론 경제적인 사정으로, 결혼문화가 전과 달라졌기 때문이라고들 한다.

정치권의 부동산 정책 실패로 젊은이들은 평생 가도 서울시내 집 한 채는커녕 전셋집도 못 얻는다고 하니 한심한 노릇이다.

결혼을 해도 임신을 못하는 젊은이들이 많다고 하니 내자는 두 자녀들이 결혼하고 임신하여 아들을 둘, 또 하나를 얻었으니 내 자식 사람 구실을 하니 좋고, 나라에 일조하니 좋고, 인생의 짐을 벗는다고 생각하니 좋은 것이다.

당신이 오신다는 날은 도대체 언제입니까?

할머니 할아버지
부모님도 다 돌아가시고

지금은
나와 내자內子가 갈 차례

오시는 날 기다립니다.

「주일 날」 전문

우리 나이 때 되면 살만큼 살아온 나이기 때문에 남은 날을 기다리면서 살아가는 사람이 많을 것이다. 자주 보이던 친구들이 어느 날 갑자기 보이지 않으면 이 세상을 하직했다는 말을 전해 듣고 있다.

필자는 교회를 나가는데 항상 3부 예배에 참례하고 온다. 어느 날 교회에 가는데 잘 아는 친구가 "박 교장 살아있네."라고 외치면서 내 손을 붙잡고 기뻐하는 모습을 보았다.

지금은 내 앞에 할아버지, 할머니 다 가시고 아버지, 어머니도 가셨다. 가는 순서는 없지만 나와 내자內子가 갈 차례라고 생각하면서 쓴 작품이다.

가을이 좋다 하여
단풍물색에 감탄하지만

난 산을 오르며 그 높이만큼 헐떡여도

겨울 산
흰 눈 높이보다

깨끗한 젊음이 더 좋다.

「설산雪山 행」 전문

코로나19로 인해 요즘은 어디든 갈 데가 없어서 산에 올라간다고 한다. 중국 우한코로나에서 시작한 이 병을 발생시킨 중국은 정작 조용한데 우리나라는 코로나19 확진자가 확산되고 있어 온 국민이 걱정한다. 세계가 온통 코로나 팬데믹 위기 속에 있다.

요즘 우리나라 사람들은 산행을 하면서 건강을 되찾으려고 노력한다. 산은 가을 산이 좋다고 하지만 사람들의 성향에 따라 겨울 산행을 즐기는 사람들도 있다. 겨울 산은 더 시원하고 젊은 사람들이 더 많다고 한다. 젊음을 찾으려면 겨울 산행이 더 좋을 것 같다.

우둔한 대답소리
그대 말씀 언저리엔

노을이 다 내리고 어둠까지 깔려 있는

두꺼운
옷매무새에
벌겋게 밴 노을빛

자주 잘 보이다가
몇 날 동안 안 보이면

그날로 소식 없이 이 세상을 떴다 한다
떠난 뒤
적조한 서툰 필로
부쳐 보는 저승 편지.

「친구에게」 전문

작품 「친구에게」도 작품 「주일 날」과 같은 생각에서 쓴 작품으로 아주 절친은 아니지만 그는 고향에서 누릴 것 다 누리고 살아온 친구이다. 그는 군청 총무과장과 읍장까지 한 친구인데 어느 날 서예실에 찾아와서 만나보고 그 길로 간 후에 연락이 왔다. 문상도 못하고 부의만 우편으로 부쳤다. 슬픈 일이다.

그 친구는 화산이 씨로서 베트남 왕족의 후손으로 나와는 오랜 친구였다. 사람이 산다는 것은 살아 있어야 사람이지 죽으면 몇 년 안 가서 다 잊어버리고 그때 그런 일이 있었던가? 하는 생각뿐이다.

전등사 대웅보전 지붕을 받쳐 이고

평생을 그렇게 살라
도편수의 노여움 소리

퇴색한
단청을 펼쳐 든

찡그린
그대 얼굴

사계를 내려다보며 아픈 중생을 생각하는

늙은 스님 염불소리
범종은 잠 깨어 울고

사바의
생명 줄 놓고

쓸쓸한
맨몸으로 살다.

「전등사 나부상裸婦像」 전문

전등사傳燈寺는 인천광역시 강화군 길상면에 있다. 381년 진나라에서 온 아도阿道가 창건하였다고 한다. 그리고 전등사라 부르게 된 것은 고려 충렬왕忠烈王 때 정화궁주貞和宮主가 옥등玉燈을 시주한 데서 비롯되었다는 설이 있다. 1614년에 화재로 전소되어 광해군이 화재로 소실된 대웅전을 다시 짓기 위해 전국의 목수들을 불러들였다. 그 중 도편수였던 목수는 절 밑 마을 주막에 머물며 절을 지었다. 그 도편수는 주모와 정분이 났고 사랑에 빠져 들었다. 절이 완공되면 주모와 함께 고향에 가서 살림을 차릴 생각이었다.

주모는 또 다른 남정네와 눈이 맞아 도편수가 벌어서 모아둔 모든 것을 가지고 도망을 쳐 행방을 감추었다. 도편수는 사랑을 배신한 주모를 증오했고, 주모를 발가벗겨 평생 고행을 하면서 살아가라는 뜻으로 목각 인형을 만들어서 4개의 마녀 목각인형은 여성 같은 분위기는 없으나 4개의 기둥을 타고 올라가면 두 개는 양손으로 사래 밑에서 지붕을 받치고 있고, 다른 두 개 중 하나는 왼손으로 다른 하나는 오른 손으로 지붕을 떠받쳐 이고 있는 형상이 있다.

그 자리에서 자신이 지은 죄를 회개하라는 뜻으로 대웅전에서 아침저녁 이어지는 스님들의 예불 소리를 듣게 하였다. 그래서 전등사 대웅전 처마 아래에다 나부상裸婦像을 만들게 되었다고 한다. 이 설화에서는 인간에게 욕심에 대한 경계를 담고 있다고 한다.

도살장에서
흘러나온 울음소릴 듣고 있다

곧 이어 고정된 눈과 두 뿔 함께 실려 나오고
내장은
쉴 새 없이 곧장
탑 차에 오른다.

어릴 적 우리 집
팔려가던 황소울음

어디쯤 그 울음이 실려 가고 있을까

지금은
어느 고을 어느 집에서
그리움을 씹고 살아갈까?

「황소 韻」 전문

우리 농촌에서는 황소를 한 식구와 함께 살아가는 것이 황소이다. 그런데 어느 날 도살장에서 좋은 고기를 싸게 살 수 있다는 정보가 있어 그 도살장으로 찾아갔다. 그 장소에 도착하니 황소의 울음이 들려오고 이내 사람들이 소고기를 들고 나오는 것을 보았다.

제일 먼저 나온 것이 두 뿔이 달린 황소 뿔이 실려 나오고 이어서 그 소의 내장이 쉴 새 없이 탑 차에 실리고 있었다.

그때 난 내 어릴 적 우시장에서 팔려가던 우리 집 황소의 뿔과 굵은 두 눈이 마음속에서 잊어지지 않고 떠오르게 된다. 그 황소는 벌써 도살장에서 모든 것들을 다 인간에게 주고 없어졌을지도 모른다는 생각도 해 본다. 그러나 내 생각 속에는 아직도 인심 좋은 주인을 만나 맛좋은 여물을 씹고 살아갈 것을 생각해 본다.

한강변 내려다보이는

확 트인 집 한 채 사려고

평생 뛰고 또 뛰어도

나보다 더 빨리 뛰는 시세時勢

아파트*
그늘도 밟지 못하고

강물은 벌써

떠나고.

「뛰는 위에 나는」 전문

* 2020년 8개월 만에 6억이 뛰었다고 한다.

세상이 이렇게 빠르게 뛸 수가 있는가? 서울의 집값이 이렇게도 천정

부지로 막 뛰어올라갈 수 있을까? 젊은이들이 취직해서 서울에 전세도 못 얻는 실정에 와 있는데도 정부의 부동산 정책은 실패에 실패를 거듭하고 있다.

그것과 관련해서 젊은이들은 결혼 적령기를 놓치고 30대 후반정도 되어도 결혼 못하는 젊은이들이 많이 생기고 있다. 집이 있어야 결혼을 할 수 있는 시대상으로 변형되다 보니 결혼 적령기가 되어도 결혼을 못하고 혼자 살려고 하는 이들이 늘어나고 있으며 결혼한 부부들은 딩크족이 생기게 되고 경제적 여건으로 딸 아들 관계없이 하나만 낳으려고 하는 부부들도 나타나게 되었다.

류윤형 화백 화폭에는
눈 덮인 영양 산골짝 그림

골 깊은 산골마다 가득가득 내린 화필

넘치는
폭설 앞에서
기가 차서 넘친다.

굴러가는 시간 사이로 찌든 내가 흘러가고

그리움 가득 안고
떠나는 화가의 뒷모습

죽어도
죽을 수 없는
그림만이 살아남다.

「폭설 화폭」 전문

"인생은 짧고 예술은 길다"

이런 말이 생각난다. 류윤형 화백의 그림 속에는 영양 골자가 그림의 주 무대라고 해도 과언이 아니다. 그의 그림 속에는 눈이 하얗게 덮인 산골짝의 그림이 많은 편이다. 류윤형 화백의 그림은 현실화법이다. 우리 집 거실에 걸린 퇴계의 산山인 청량산 그림 한 폭이 걸려 있는데 그 산 꼭대기의 구름을 그리는데도 그 구름이 정산頂上에 올 때까지 기다렸다가 그리는 수법을 쓰고 있는 화백이다. 지금은 유명幽明을 달리한 친구이지만 내 맘 속에 그리움이 쌓여 있는 화백畵伯이다.

낡은 의자에 앉아서도 푹신하다고 한 어머니

구멍 난 양말 신고도
시원하다던 겨울나들이

이제는
따뜻한 방안에서도

너무 춥다 떨고 있다
한밤 내 덮고 자던 버석거리는 오리털 이불

바람구멍도 없는 따뜻함
구멍 숭숭 난 한겨울 밤
한恨스런
그리움이 앉아
밤을 보내는 어머님 생각.

「걱정 · 2」 전문

아버지도 어머니도 다 72세까지 사시다가 돌아가셨다. 그 두 분의 임종을 못한 집안 장남이었다. 함께 사시면서 어머니는 치매까지 살짝 와 있어서 가끔씩은 시의 내용과 같이 말씀하시고 식사도 많이 잡수시고도 안 준다고 하신다.

하루는 시내 중앙파출소 소장님께서 전화가 왔다고, 수업을 하는 중에 전해 왔다. "선생님, 고생 많으십니다. 저의 어머니도 그랬습니다." 하면서 모셔가라는 전갈이었다.

이 시를 읽으면 지금도 눈물이 앞을 가린다.

살아 있음이 무한한 행복임을 깨닫는 순간
넌 항상 감사하며
베풀 수 있는 마음 열라

누군가
그 기쁨 알고 자라는 촉 틔울 거다

언행을 조심하라는
아내의 신실한 당부
오늘 하룰 출발하여 밤길을 걸어가지만

참담한
굽은 길 앞에서는 한참 동안 생각게 한다.

「나에게·1」 전문

누구에게나 살아가는 데에는 장점이 있는가 하면 결점도 있는 것이 보통이다. 오직 좋은 점만 가지고 살아가면 그것은 신이지 사람은 아닐 것이다.

외출할 때에는 항상 내자內子가 나에게 당부한다. 누구 앞에서나 언행을 조심하고 겸손과 배려를 잘하도록 당부한다. 내 자신이 생각해도 잘하고 있는데도 나갈 때마다 당부하는 것을 본다.

인간은 살아 있을 때에 사람이지 죽으면 잠깐 있다가 사라지는 아침 이슬과 같은 것이다. 사람은 죽어서 이름을 남기고, 마음을 남기고, 오래도록 잊어지지 않는 정을 남겨야 한다는 것을 아내는 잘 알기 때문일 게다.

물굽이 둘러친 마을을 바라보다가
외나무 곤드라운 다리를 보고 있다

아찔한
순간순간들이 지나며
오늘 이 어려움을 생각한다

다리를 건너면서 오늘을 생각하니
우리가 살아가는 일도 외나무다리인 걸

떨리는
외나무다리에 서서
세상을 살아가는 일이다.

「무섬마을」 전문

무섬마을은 우리 영주지방에서도 전통 한옥마을이다. 이 마을 이름은 수도리 마을로 강물이 마을을 안고 한 바퀴 돌아서 나가는 마을이다.

그 어려운 시대에 강물을 건너다니는 길이 외나무다리이다. 그 외나무다리를 따라 걷다 보면 그 어려운 때의 삶을 살아나온 그분들의 아픔도 함께 느낄 수 있어서 그 외나무다리를 건너는 사람에게는 많은 생각을 주게 하는 다리이다.

경칩 지나도 입 못 떠는
코로나로 병든 벙어리

온 세상 가슴을 막고
돌아서니 나도 아프다

말세엔
울고 싶지만
울지 못해 아픈 언어

몇 날 며칠 끄무레한
하늘을 바라보면서

오늘도 취업 못하는
젊은이들 아픈 상처

하소연
깊은 한숨 없어
입을 떠고 싶은 오늘.

「청개구리·2」 전문

작품 「청개구리·2」와 「그믐밤」은 현실 비판의 작품이다. 이십사절기 중 경칩이 지나면 개구리가 입을 열고 소리를 내는 때인데 올해는 왠지 경칩이 지나도 개구리는 나오질 않고 개구리소리도 듣지 못하는 상황을 비유한 작품이다. 왜 그럴까? 미래의 주인공들인 젊은이가 취직도 못하고, 결혼도 못하고, 전셋집도 못 얻는 상황에 미래가 불투명한 것을 생각해 보았다.

결혼을 못하니 우리나라 출산율이 낮아지기 마련이다. 어찌하겠는가? 가슴 아프다. 그것도 많이 아프다.

시인은 스스로 빛을 만들어내며 살다가, 죽어서는 광채를 발하는 별과 같은 존재이기 때문에 이름을 남기는 시인은 항상 절차탁마切磋琢磨하는 자세로 세상을 살아나가는 것이다.

또 시인은 세상이 어지러울 때 깨끗한 정신력을 발휘하여 시대를 평정해 나가는 동시에 질서와 자리를 정리 정돈할 수 있는 힘을 표출하고, 자생할 수 있는 능력을 만들어 나가는 훌륭한 지혜와 청렴, 정체성(Identity)을 펼칠

수 있는 인재人材 또한 시인이며 문인들이다.[5)]

우리가 살아가는 데에 없어서는 안 될 필수적인 것이 무엇인가를 생각해 보면 생필품에서 의·식·주의 모든 것들이며 정신적 양식인 책과 여러 가지 것들이 없으면 교양 있는 삶을 살아갈 수 없는 것이다. 그래서 옛날부터 말하기를 '책이 없는 궁전에 살기보다는 책이 있는 마구간에 사는 것이 낫다.'라는 말을 한다.

사람은 다른 동물과 달라서 사고하며 생활하는 동물이기 때문에 약육강식 하는 힘 센 동물과는 구별이 되는 것이다. 요즘 항간에서는 동물과 같이 생활하는 기업가들도 있다고 하지만 잔인하게 살점을 찢어발기는 인간들도 있다는 옴부즈맨들의 이야기를 들으면서 미국이나 다른 선진국들의 기업인들이 자신의 자산을 사회에 환언하여 빛나는 삶을 영위한다는 말을 들었을 때 우리나라의 기업인들도 사회에서 번 돈을 사회로 조금이나마 환원해 주며 산다면 우리나라가 얼마나 좋은 나라가 될 것인가를 생각해 본다.

5)(박영교, , 『시의 운율과 미학』 도서출판 천우..서울 .p237

2016년 박영교 시집 『아직도 못다 한 말』 해설

밀 한 알이 되고 싶은 소망—박영교(시인)

요즘 남은 시간을 여유롭게 그리고 보람되게 보내기 위하여 밭에다가 농작물을 심어서 기르고 그 파릇파릇한 싹들의 힘찬 생동을 보면서 세월을 보내고 있다.

우리가 살아가는 데에 가장 필요한 것이 무엇인가를 어떤 문인이 말씀을 해주는 것을 기억하고 있다. 문학이니, 운동이니, 서예니 하는 것들은 다 액세서리(accessory)이고 가장 중요한 것은 '육신의 건강'이라고 했다. 그 건강을 다 잃어버리면 세상을 뜨는 철새가 되고 마는 것이라고 했다.

그러나 자신이 할 수 있는 것은 자신이 해내주어야 된다는 말도 있다.

'자식을 낳아서 키워 가르치지 않으면 그 부모의 잘못이고, 엄하게 가르치지 않아 잘못되면 그것은 스승의 태만이요, 부모가 가르치고 스승이 엄한 데에도 학문을 이루지 못한다면 자신의 죄이다.'

라고 사마온공司馬溫公은 말하고 있다. 우리의 삶이 그렇게 긴 삶이 아닌데도 요즘 젊은이들은 인생의 길이를 고무줄로 생각하는지 사고하는 그 자체가 달라도 너무 다르다. 조금만 어려워도 살아가기 싫어하는 상황을 보면 앞으로 어떻게 될까? 하는 의구심이 앞서는 것은 어쩔 수 없다.

시대가 바뀌어 살아가는 패턴도 많이 변했다. 우리 시대에는 고생스럽고 어려운 생활 속에서도 함께 힘을 모아 살아가려는 정신적 지주가 되는 것이 부모님의 말씀이었고 받들어 순종하는 삶이었다.

옛날부터 '순천자順天者는 흥興하고 역천자逆天者는 망亡한다'는 순리를 가정교육에서 밥상머리교육으로 받고 살아왔다. 어려움도 어려움으로 여기지 않고 살아왔었다. 그러므로 아무리 어려운 일도 이겨낼 수 있었고 훌륭한 삶을 영위할 수 있었던 것이다. 즉 부모님의 말씀이 곧 하늘이기 때문에 거역하지 아니한 데서 미래를 내다볼 수 있는 눈을 키워나갈 수 있었다.

신문 사회면 기사나 순간순간 방송되는 뉴스를 들어보면 너무나 어마어마한 우리가 상상할 수도 없는 상황이 벌어지고 있는 것을 볼 때 어떻게 말해야 할지 어안이 벙벙할 때가 있다. 아무리 자유가 난무한 현실이라 할지라도 할 말을 잃고 있을 때가 허다하다. 자식이 부모를 시해하고, 사람이 사람의 목숨을 파리 목숨처럼 가볍게 여기고도 버젓이 살아갈 수 있다는 것이 얼마나 끔찍한가? 법이 인권과 맞물려 피해자의 것인지 가해자의 것인지 누구를 위한 것인지도 모를 때가 있다.

요즘 외국인이 우리나라에 와서 눌러앉아 살고 있는 경우가 늘어나고 있다. 그들은 우리나라가 밖에서 보면 위험한 나라이지만 들어와서 보면 세상에서 제일 살기 좋은 나라란다. 총기사고도 없고 기후조건도 좋을 뿐만 아니라 범죄도 일어나는 빈도도 훨씬 낮고 외국인을 보는 시각도 다른 나라에 비해 따뜻하고 산물도 풍부하기 때문이다.

우리의 삶이 풍요롭고 즐거우며 건강하게 잘 살 수 있는 곳이라면 그곳이 우리가 살아갈 수 있는 제일의 적지이고 호흡하며 살아갈 수 있는 본향인 것이다. 마음 놓고 건강하게 살아갈 수 있는 이 땅 위에서 마음에 느껴지는 진실한 노래를 마음 놓고 부를 수 있다는 것은 우리의 최대 행복이며 즐거움이 넘쳐 시심이 솟구치는 원동력이 되는 것이다.

시집을 편의상 5부로 나누어 놓았다. 제1부에서는 「불면증」 외 18편, 제2부에서는 「화장터 불빛」 외 19편, 제3부는 「에밀레종」 외 18편, 제4부는 「상소문」 외 17편, 제5부에서는 「물러나 앉으며」 외 19편 등 도합 96편의 작품을 싣고 있다.

요즘 길거리 나가면/

겨울 빙판보다 무섭다/
질주하는 자동차 물결/
쏟아지는 매연가스/
움직이는/
CCTV 머리/
독사보다 더 무섭다.

「불면증」 전문

집에 있으면 불면증이 심해져서 커피 한 잔도 못하는 내자內子가 오늘은 친구와 함께 어딜 다녀와서 한 말이 있다.

"아무데도 못 나가겠네. 내가 모르는 감시자가 군데군데 얼마나 쫓아다니는지 모르겠네요."

길거리에서도, 길모퉁이에서도, 골목길에서도, 공원에서도 또록또록한 눈동자들이 돌아가고 있단다. 사람 사이 법을 가리는 소리 없는 염탐꾼으로 자리하고 있다고 한다.

세상을 잘못 살아가는 사람이 있다면 하루도 못 살고 붙잡히게 마련이며 범법자는 삽시간 내에 잡혀가는 상황이지만 그 범법자가 사회를 불안하게 한다. 좋은 일이 밀알이 되어 걱정 없이 살아가려면 우리 스스로가 가슴마다 CCTV를 간직하고 반성해 가는 자세가 필요하다.

어디서 봤는지는/
기억도 없으면서/
처음 보는 얼굴인데/
날 보고 씩씩 웃다가/
내 팔목/
덥석 잡으면서/
웃고 또 웃는다.

「안동병원에서」 전문

나이가 들면 가장 무서운 침입자가 치매 현상이며 이것을 예방하기 위해 화투를 치거나 그림공부를 하거나 여러 가지 소일하면서 보낸다. 우리는 평생을 팔팔하게 살다가 삶을 계산하시는 분이 부르시면 이삼일 아프다가 하늘나라로 가는 삶이 최고라고 한다.

병원에서 생전 처음 보는 알지도 못하는 사람이 나를 보면서 웃고 웃다가 다가 와서 손을 덥석 잡고 웃는다면 놀라지 않을 수 없을 것이다.

우리 인간에게 가장 큰 형벌은 나환자와 치매환자라고 한다. 하늘이 내리는 형벌이지만 '나는 아니야'라고 장담할 수 없는 것이 인생의 황혼길이다. 쇠로 만든 모든 물건은 사용하지 않으면 녹이 슨다. 우리 인간의 머리도 쓰지 않으면 녹이 슬고 치매가 오는 법이다. 서로 어울려 사는 좋은 만남이 조금이나마 황혼의 평안을 가져오리라 믿는다.

마음에 못을 치면 울림만도 아픈 거다/
못 자국에 녹이 슬어 벌겋게 물이 들면/
피눈물/
흰 가슴 한 폭
다 적시고도 남는다

얼마나 살다 간다고 그리 참지 못 하는가/
순리로 물 흐르듯 남은 이야기 흘러 보내고/
정겨운/
이웃들 만들어
함께 젖어 보내고 싶다.

「못 자국」 전문

위의 작품은 정말 마음이 아픈 시이다.

손자병법에 '지피지기知彼知己는 백전불태百戰不殆'라는 말이 있는데 '나를 알고 상대를 알면 백 번 싸워도 위태롭지 않다'는 뜻이다. 이는 전장에서도 그렇겠지만 일상생활에도 그대로 적용되는 말이다. 우리가 생활을 하다가 보면 타의에 의해 자기 자신을 헤아리지 못하고 자기도취에 빠져서 자기 자신을 분간 못하는 때가 있다. 이때 생기는 일이 바로 패배의 고배를 마실 수 있다. 그렇다고 상대방 조직에 들어가서 자기 마음대로 안 되는 일을 바로 고칠 수도 없는 일, 그것이 마음 아픈 일이다.

조그마한 일에도 시험이 들면 마음에는 피눈물 나는 아픔이 쏟아지게 된다. 그것이 평생 아픔으로 남게 될 뿐만 아니라 스스로 마음에 매듭을 매고 살아가게 되는 것이다.

행서나 초서체로 눕혀놓은 언어들이
목질이나 목 결을 따르지 아니하고
사체 결
맨발로 짚어 나가며
이 한밤을 지세우리

밤마다 우는 칼날 파고드는 체본들이
구름 속 그림자 안고 쫓아오는 가쁜 숨결
가문의
숨소리까지
문장 속에 스며든다

한 문중 꿈을 풀어 열리는 햇살 따라
두드리는 장문 사이로 진한 묵향 일면
발자국
침묵을 펴고
높푸르게 펼친 하늘.

「목판본木版本·3」 전문

안동에 있는 '한국국학진흥원'이라는 데 가면 각 문중에 있는 목판본을 모아놓았다. 그것을 연구하고 각 가문에서 목판본을 종이에 탁본을 해서 책으로 엮어 자손들의 공부를 위해 만든 목판본이 이제는 세계문화유산 보존회에 등재된 큰 보물이 되었다.

목질에 따라 한밤을 지새우면서 목판을 칼날로 파서 가문의 숨소리까지 그 문장 속에 심어 넣는다. 한 문중의 꿈을 풀어서 진한 묵향으로 가문의 내력을 침묵의 발자국으로 찍어서 푸르게 높푸르게 세계 속에 빛내 가고 있다.

요즘 내 고향에 가면
알아보는 이 아무도 없다

친구들 살아 있어 볼 수 있는 시절 아쉬워

힘든 몸
옛집을 돌아
살구나무 고목 아래 선다

눈물도 힘이 있을 땐
흘릴 수 있겠지만

조용한 이방인 되어 골목길 돌아 나와도

컹컹컹
짖는 개들만
기웃대는 나를 본다.

「고향에 가면」 전문

타향에서 오래 살다가 고향을 찾아가면 너나할 것 없이 모두 이방인이다. 아무도 아는 사람이 없고 돌아보면 알 듯도 할 것 같은 사람인데도 모르는 사람이고 아는 집인데도 다른 사람이 살고 있을 때 허무하다. 혹여 아는 이를 만나면 그것은 매우 반가운 삶의 한 장면일 게다.

요즘 고향에 가 보면 살아 있는 친구들은 한 사람도 없고 대처의 자녀들과 함께 다 떠나고 없다. 조용한 이방인이 된 슬픈 나그네가 골목길을 돌아 나오는데 못된 개가 '컹컹'거리며 고향마을에 기웃대던 발걸음마저 쫓아 버린다.

지금은 묵향이 짙은/
그림 한 점 그리고 있다/
바람 강하게 부는/
묵죽墨竹을 치면서도/
머무는 /
마음속에는/
바람 한 점 일지 않는다

「묵죽도墨竹圖) · 1」 전문

사람들은 시간을 쪼개어 여유를 즐긴다. 수묵화나 서예에 대한 보폭도 넓혀가면서 어렵게 작품들을 만들 때도 있다. 조용하면서 마음에 내키는 그림을 그리다 보면 함께 마음도 같이 종이에 붙거나 칼바람이 불 때도 있다.

풍죽을 치는 동안은 마음이 바람에 쓰러지는 느낌을 받지 않으면 대나무 그림의 잎에도 바람이 일지 않는다. 종이가 붓이 사람 마음을 빤히 안다.

심부재언心不在焉이면 시이불견視而不見하고 청이불문聽而不聞하고 식이부지기미食而不知其味라6) 마음속에서 우러나야 모든 것들을 관심 있게 하고 모든 것이 손에 와 닿을 수 있는 법이다. '마음에 없으면 보아도 보이지 아니하고, 들어도 들리지 아니하고 먹어도 맛을 느끼지 못한다.'는 말이다.

풍죽을 칠 때에는 마음속으로 바람이 불어오는 쪽을 정해야 하고 그 바람의 강도는 어느 정도인가를 생각하지 않을 수 없다. 그런 후에는 먹물의 농도를 알맞게 맞추어서 그림을 시작하게 된다.

---

6) 大學 正心章 편

잎맥이 줄줄이 살아 있는 오늘 보며
지난날 거짓마음을 팔던 너 육신들
이제는
몰골이 되지 않는 불쌍한 역사의 흐름

설산의 한 구석 말없이 서 있는 넌
그대로 한 평생 이승을 마감하고
떠날 땐
침묵을 배워 그 백언白言을 참는다

한밤이 올 것을 알고 있는 그대 앞에
한없이 무릎 꿇고
앉아 보는 마음 하나
절절한
호소를 들으며 바람에 백발을 감는다.

「설해 목雪害 沐)」 전문

'한 역사의 흐름을 보는 듯하다'는 고사된 주목을 보던 어느 한 시인의 말을 생각한다. 태백산을 오르거나 소백산을 올라서 보면 주목의 군락지를 볼 수 있다. 그것은 살아 천 년, 죽어 천 년이라는 말을 안고 살아간다. 그들은 계절에 따라 변화무쌍하다. 설산의 한구석에 서서 말없이 그 삶의 어려움을 침묵으로 항변한다. 도도한 목소리만은 감춘 채 현실을 직시하고 있는 것이다.

앞으로 한밤이 올 것을 알고 말없이 준비하지만 세월을 이기는 생명은 없어 계절 앞에 무릎을 꿇고 앉아서 빌어 보는 마음 하나로 그대의 호소를 들으며 바람에 백발을 맡기고 살아가는 마음이다.

나는 아직도 내 길을
포장하지 못하고 산다

흙먼지 허옇게 뜬 자동차 달리는

괴로움
때때로 깔리는
포플러 노랗게 지는 길

비온 뒤 질퍽거리는
내 젊은 날 그 길 가면

송아지 똥냄새 강아지 오줌 냄새

아직도
포장 못한 흙길
꿈을 키우며 걷는다.

「고향 친구」 전문

그 옛날로 돌아가서 어릴 적 그 친구들을 만났을 때 생각을 한다. 아직도 가끔 포장되지 아니한 흙길을 걸으며 흙먼지 허옇게 내리는 자동찻길 지엠씨 꽁무니에 매달려서 등하굣길을 가던 생각을 한다. 휘발유 냄새조차 구수하게 맡아가며 위험도 즐겁게 따라가던 그 길, 그 친구들을 생각해 본다.

비온 뒤 질퍽거리는 그 길에 물장구치며 옷을 버리면서도 좋다고 장난을 하던 고향 친구들, 송아지 똥냄새며 풋풋한 꼴 냄새, 그리고 밀 서리 감자 굿을 하던 친구들을 생각하면서 이 글을 읽으면 그리움이 하나 가득 넘쳐난다.

그대는 나를 향해 시위를 고르고
난 그대 심장 위에 화살을 꽂는다
팽팽한

두 팔을 떨며
영혼의 화살 당긴다

때로는 내 마음 깊고 아픈 곳에
그대 꽂은 화살 한 개 뽑고 나면
결핍된
신음 하나가
조용히 사라진다

그대 와 나 사이는 멀고도 가까운 이웃
때 묻은 지난 사연 툭툭 털고 형장에 서면
저물녘
푸른 햇살 지는
그리움만 고인다.

「입동立冬 · 2」 전문

계절이 매우 빠르게 우리의 등을 떠밀며 쫓아온다. 우선 처서處暑만 지나도 모든 생물은 푸른빛을 잃고 모든 영양이 뿌리로 돌아가는 계절이다. 우리는 선조들이 만들어 놓은 24절기에 따라 돌아가는 계절의 변화에 매우 민감하다.

입동立冬을 지나면 햇빛의 두께가 얇아지는 것을 눈으로 확연히 읽을 수 있기 때문에 모든 생물들은 그것을 기점으로 해서 푸름을 상실하고 겨울을 맞이하게 되는 것이다.

때로는 입동을 맞이함으로 마무리를 덜한 일들을 조용히 마무리 하면서 침묵에 들어가고 푸른 잎들은 낙엽으로 통하는 화살을 꽂은 아픈 몸짓을 하게 된다. 이제 다 잊어버리고 걸어온 모든 때 묻은 지난 이야기들은 다 내려놓고 그리움으로 남은 지난날을 뒤돌아보며 떠나야 할 때이다.

누구나 다 꽃이고 환하게 피고 싶다

떨리는 발자국마다 하얗게 지고 싶다

한 마디

지는 햇살 속

나비처럼 날고 싶다.

「눈꽃」 전문

경상북도 영양군 수비면 한티고개에는 겨울이 되면 설화雪花가 장관을 이룬다. 그곳 사람들도 자기 고장의 아름다움을 은근한 말로 자랑한다. 한티고개의 어느 한곳에 떨어지는 빗방울은 수비쪽으로 떨어지면 동해東海로 가고 영양 쪽으로 떨어지면 낙동강으로 해서 남해南海의 물결이 된다고 한다.

영양읍보다도 해발 100미터가 높은 분지라서 추위도 더하고 여름에 더위도 더하다고 했다. 그곳에서 필자는 1년 반을 혼사 보내면서 동해의 파도소리를 들었다. 밤에는 오징어잡이 배의 불빛을, 겨울에는 설화를, 봄에는 눈 녹는 물소리로 세월을 보낸 적이 있었다.

낙엽을 밟으면서
구르몽의 시 읊조린다

떠나간 귀한 사람들
발자국 소리 들리고

시오리
먼 길 떠나며
네 귓속말이 떠돈다.

「속삭임 말」 전문

'살아 있는 자의 하나님'께서 우리 인간에게 주신 사계절 중 각 계절마다 특징적으로 주는 감동이 숨어 있지마는 가장 감동을 주는 계절은 풍요로운 계절인 가을인가 싶다.

구르몽의 시구詩句를 읽으면서 가을을 사랑하고 낙엽을 생각하며 떠나간 친구들의 발자국소릴 듣는다. 낙엽 지는 영혼의 소리를 듣는다. 한줌의 흙으로 돌아가는 계절의 필연을 느낀다. 이끼 낀 돌들과 낙엽 덮인 오솔길을 걸으며 우리는 낙엽처럼 서로 의지하며 바람이 찬 밤을 지날 것이다. 구르몽의 '낙엽'이 '우리도 언젠가는 가련한 낙엽이 될 것을' 계절의 흐름을 인생의 시간에 귓속말로 접목시킨다.

진시황의 해 지지 않고/
떠 있는 하늘이다/
수많은 목숨 값이/
인파人波로 일렁인다/
인파 속/
젖은 울음소리/
들려오는 만리장성.

「만리장성에서」 전문

우리가 가장 많이 가는 외국은 이웃나라인 중국일 게다.

우리나라는 아기자기하고 정감 가는 곳이 많다면 중국은 스케일이 대륙적이다. 수천 년간 중화中華사상을 바탕으로 자국이 세상의 중심이라는 민족적 자부심을 품고 사는 민족임을 실감케 한다.

우리 고궁을 구경하면서 곳곳에서 발견할 수 있는 게 있다. 우선 고궁의 석판에 새겨놓은 용트림 모양도 그렇고 용의 발톱도 중국보다 한 개가 작은 것을 볼 수 있고 무엇 하나도 같지 않게 하나씩 빼거나 작게 만들어야 했다. 과거 우리 사대부들의 정치적 갈등에 의해 만들어진 어려운 역사적 흐름이었다.

진시황이 만리장성을 쌓을 때만 해도 많은 에피소드가 있었고 수많은 인체가 그 만리장성 속에 깔려 묻혔음도 알고 있다. 중국의 자랑 만리장성의 바람소리는 숱한 원혼의 울음소리일 게다.

지금은 그 목숨 값으로 중국이 부를 누리고 살겠지만 '하룻밤을 자도 만리장성을 쌓는다'라는 말이 있듯이 그 젓은 울음소리를 들을 수 있어야 한다.

당신의 검은 머리도 흰 머리가 보입니다

늙지 않는 바위로 앉아 한 생을 보낼 것 같은

젊음도
연륜 앞에서는
통곡하는 빛바램

자고 싶어도 잠 못 드는 독서의 하늘 속

외로운 그늘들을 접어 올린 내력 앞에

온몸이
꽃잎 지듯이
무거운 짐 벗습니다.

「아내의 잠」 전문

나의 내자內子는 오늘 죽어도 천국 갈 사람이다. 팔불출에 속한다고 나무라도 하고 싶은 말은 해야 하는 내 성향性向이다. 몸을 사리지 않고, 자신의 심신을 남을 위해 아끼지 않고 산 사람이 나의 아내이다.

특히 부모님께, 그리고 남편에게, 우리 아이들에게는 목숨도 내어주고 싶은 사람이다. 손가락의 지문이 다 닳아 없어져도 모르고 살아온 사람이다. 당신의 검은 머리가 귀밑머리에 먼저 하얀 서리가 앉고 시력도 좋지 않은 것을 느끼면서 내 눈시울도 젖어 내린다.

독서하는 날에는 손에 잡은 책의 보륨이 다 헤아려져야 책을 놓고 잠을 청하는 것을 볼 때 측은한 마음까지 들 때가 많이 있다. 학교 교감 자격을 얻기 위해 논문 수편을 쓸 때도 도와주지 못한 것이 가슴 아픈 한 가지 일이었다. 결국은 국무총리 상도 받고 해내기는 했지만 고생이 많았었다.

소백산 연화봉 아래 희방사 폭포소리
비로봉 내려가면 비로사 엎드려 있고
초암사
발치에 펼친
산그늘 못가에 와 지다

욕쟁이 스님 하루 한 번 만나는 절 옆에는
저절로 날아와 깔린 낙엽 두껍게 앉히고
사과밭
붉게 물든 가지
목탁소리 감돈다

불붙은 부석사 단풍 바람 지는 풍경소리
내 기댄 일주문 끝 저녁 푸른 연기 지고
어둠만
사바세계에 앉아
목어소리 듣는다.

「연화봉에서 국망봉까지」 전문

필자가 사는 소백산은 사람을 살리는 명산 중의 명산이다. 옛날에는 호랑이들이 골골마다 어슬렁거리며 기어 나왔다는 장모님 말씀을 떠올리며 오늘 한번 피식 웃어보기도 한다.

소백산은 단양 쪽에서 보면 울퉁불퉁 보기 좋은 돌산이지만 영주 쪽에서 보면 푹신푹신한 부드러운 흙산이며 우리나라에서 가장 역사가 오래된 풍기인삼이 나는 신비로운 흙산이다. 풍수설에 의하면 양백산간에서 인재가 많이 난다고도 했다.

연화봉 아래 희방사 그리고 희방폭포, 비로봉 아래는 비로사와 초암사가 엎드려 있고 사과밭들이 즐비하게 위치해 있으며 가을에는 나무마다 붉게 불붙어 탄다. 그 붉게 타는 불은 배점호숫가에도 머물러 있다.

우리나라에서 가장 오래 된 목조건물의 정수인 무량수전이 있는 부석사가 있다. 의상과 선묘낭자의 사랑이 깊게 물들어 있기도 한 봉황산 부석사 일주문에 들어서서 가을 단풍 노란 은행잎 가로수 길에서 사바세계가 어둠에 잠들 무렵 은은한 목어소리를 듣는다.

백팔계단 오르면서

무량수전 기둥을 본다

안양루를 밟으면서

부석사 현판을 쳐다보면

이승만

대통령 손끝 떨리는

흘림체가

보인다.

「부석사 一隅」 전문

부석사에는 4개의 국보가 존재해 있으며 백팔 계단의 길을 걸을 수 있고, 불가사의한 가지런한 석축도 볼 수 있으며 무량수전 앞 오래된 석등과 안양루의 정면에 걸린 이승만 대통령의 '부석사浮石寺'라는 흘림체의 현판이 보인다.

우리나라 목조건물의 진수를 여기에 오면 볼 수 있고, 의상의 혼이 함께 묻혀 있는 부석사는 부석을 부석태의 고장으로 만들어 준 선묘낭자의 전설이 깃들어져 있는 곳이기도 하다.

부석사 무량수전의 배흘림기둥을 보면서 고려시대 목조건물 기둥의 변천사도 이야기할 수 있다. 저녁 무렵에는 무량수전 앞에서 저물어가는 남향바지의 수없이 많은 산맥들이 엎드려 있는 광경이 펼쳐진다. 사바세계를 떠나 새로운 세계에 들어서는 분위기를 만끽할 수 있는 저녁풍경이 장관이다.

어둠이 저녁에게 준

전쟁보다 더 무거운 침묵

그림자 깔아놓고

깊은 수렁으로 도망가다
뼈아픈

역사의 그늘

헤아리며 떠난다.

「민통선에서」 전문

민통선을 한번 다녀온 사람이면 잘 이해되리라고 생각된다. 어둠이 깔리고 주위는 조용하다. 전쟁보다 더 무서운 침묵이 흐르는 곳이다. 왜 그렇게 되었을까? 전쟁을 일으키고 남북을 갈라놓은 사람들은 벌써 죽고 없는데, 오직 분단국가로 남은 나라는 한반도 국가인 우리나라뿐이다.

그곳에서 남북의 그림자를 깔아놓고 뼈아픈 역사의 오늘을 되돌아보는 우리들의 가슴에는 육십육 년의 한이 한꺼번에 내리 쏟아지고 있음을 의식하게 된다. 남북이산가족들의 백발 모습 보고 울고 우는 부부간의 만남, 부자지간의 아픈 역사의 눈물들, 부모 자식 간의 이별의 서러움을 안고 건너다보는 고향마을의 그림자들이 다 눈물의 바다로 펼쳐져 있다.

아버지 편찮으실 때 자주 가지 못한 걸음

아이들 가르치는 일 바쁘다는 핑계로

아프신
자리끼도 한 번
떠 올려드리지 못한 죄

밤늦도록 엎드려 울다 돌아와 보는 자리엔

새벽의 훤한 여명이 나 다시 깨워놓고

고향집
아버님 생각
소낙비 내리는 소리.

「소낙비 깨우다」 전문

자식으로서 아버지 살아계실 때의 문안 자주 못 해드린 것에 대한 후회스러움을 참회하며 쓴 작품이다. 돌아가시고 나서 후회를 한들 무슨 소용이 있는가? 아무짝에도 쓸 데 없는 말이지만 앞으로는 어떤 일이라도 후회 없는 일을 하겠다는 아픔의 참회 시이다.

지난 때의 후회스러움이 또 한 가지 있다면 고모가 넷이 계셨는데 영월 고모만이 마지막까지 살아계셔서 그때 필자는 고등학교 교장으로 재직 중이었다. 또 바쁘다는 핑계로 고모님 한번 시원하게 만나 주지 못했다. 아직도 후회를 하고 있다.

일곱 칸 만대루에 올라 턱턱 갈라진 마루 골

바람은 오죽 흔들고 병산은 말이 없어라

가득한
매화 향 날리는
서원 기둥에 기대선다

입교당立敎堂에 걸터앉아 앞산을 쳐다보면

산 중턱을 가르는 만대루 지붕 용마루

낙동강
푸른 물줄기
기어가게 하고 있다.

「마대로晩對樓에 올라」 전문

태극도설로 유명한 곳이 하회와 무섬마을 그리고 회룡포이다. 하회는 그 모양의 규모가 좀 크고 그것을 축소한 곳이 영주의 무섬 마을이다.

병산서원은 하회를 돌아 그 뒤편쪽으로 돌아들면 남향쪽으로 나래를 펴고 그 앞 병산을 바라보며 서 있는 만대루 지붕 아래로는 낙동강의 푸른 물줄기가 느릿느릿 흘러내린다. 만대루 용마루 위로 푸른 산맥들의 우거진 숲까지 자연의 아름다움을 고루 갖추고 있는 곳이기도 하다.

친구가 그리운 날은 소주잔을 채워 마시자

마음이 불편하여 찾아온 그에게는

내 마음
잘 익은 한 덩이
쪼개어서 넣어준다

목소리 그리운 날은 전화를 걸어본다

신호는 자주 가지만 받지 않는 오랜 시간

눈부신
친구 모습이
전화벨 속에 번진다.

「친구에게」 전문

얼마 전 교회 3부 예배를 나갔더니 필자가 잘 아는 한 분이 "어! 박 교장 살아 있네."라고 하면서 그동안 자초지종自初至終을 말해 주었다.

우리 나이쯤 되면 잘 보이다가 얼마 동안 안 보인다고 하면 그 사람은 이미 저 세상으로 간 것으로 보고 '박 교장이 죽었다.'고 그동안 소문이 파다했다고 했다.

우리가 친구라면 자주 만나야 되고, 살아 있다면 그리운 목소리도 자주 들려줘야 할 일이다. 그렇지 않고는 이미 저 세상으로 간 사람으로 취급해 버리는 것이다.

다윗의 이름으로 시편을 읽습니다/
눈물 없이 읽거든 마음속 우물을 파고/
정갈한

물 하수구에 쏟아 썩은 물을 내리세요//

맑은 샘물 흐리게 흘리고 흘리면서/
고단한 마음거두고 처방전을 내리며/
수많은
잘못이 있어도 당신은 아십니다//

뜨거운 마음의 샘물 세상 넓게 펴내어/
깨끗함 함께 누리도록 생각을 펴지만/
지금은
전쟁으로 번지는 가슴 아픈 오늘입니다.

「시편을 읽으며」 전문

시편은 다윗의 시가 대부분을 차지하고 있다. 그리고 시편 전체를 통해 보면 고난을 노래한 것이 많은데 그 중에서도 제 22편은 최대의 고난을 노래하고 있다. 또 시편은 하나님을 믿는 자의 마음에 신선함을 잃지 않게 하는 감동을 안겨주어 성도가 시편을 읽고 거기에서 얻어진 자신의 마음과 본모습을 찾아볼 수 있게 한다. 시편은 신앙생활에서 우리가 경험하는 현대 사회의 고난과 절망, 감사와 환희 등을 다윗의 시에 빗대어 감사하게 한다. 하나님에 대한 절대적 신앙의 태도를, 항상 하나님을 신뢰하고 있음을 되새긴다.

아직도 이스라엘은 전쟁 중이고 한 치도 양보도 없는 오늘을 맞고 있다.

새로운 먹을 갈다가
묵향墨香에 짙게 취해

화제는 초서로 날고

난향蘭香이 더해 온다

철 이른

붓 끝 움직여

새론 봄빛 열고 있다.

「입춘立春」 전문

한겨울 동안 웅크리고 있던 많은 동식물들이 기지개를 펴고 새로운 도약을 시작하려는 때 붓을 들어서 입춘대길을 써서 붙이고 새 각오로 한 해를 여는 것이다. 매·란·국·죽도 함께 쳐서 가까운 친구들과 나누고 한담을 하기도 한다.

우리 집에는 아주 오래된 설중매가 있었는데 지인에게 넘겨주고 지금 집안에는 아무것도 없어 허전하다.

이제 가을이 되면 밭에 추수할 것도 많고 또 친구들과 나눌 한담도 있을 것인데 언제까지 먼 하늘만 쳐다보고 있을 것인가? 노인대학생들도 많고 문예대학생들도 제9기를 입학시켜 놓고 거두어들일 때가 오면 창고 안으로 넣을 알곡이 얼마나 될까?

수많은 시집들이 쏟아질 텐데 이 시집도 쓰레기장으로 직행하거나 종이근대를 달아 파는 고물상으로 가는 책이 될까 두렵다. 앞으로 세상이 자꾸만 바뀌어서 책이 필요 없는 세상이 펼쳐지고 있는 시대가 열리고 있는데 우리는 지난날의 시점에 머물러 있어 새로운 도전을 받아들이기가 무서운지도 모른다.

시대가 세월이 가도 우리 세대들은 후손들에게 무엇을? 어떻게? 나누어 줄까? 열심히 하려고 노력하는 그 사람은 모든 부를 가진 이보다 그리고 큰 힘을 가진 사람보다 더 많은 일을 할 수 있다고 한다. 우리는 후인들에게 노력하는 길을 가는 안내자가 되면 충분할 것으로 믿는다.

'한 알의 밀알이 땅에 떨어져 죽지 아니하면 한 알 그대로 있고 죽으면 많은 열매를 맺느니라'[7] 고 하였으니 우리는 우리의 후손들에게 밀 한 알의 값어치를 하고 떠날 수 있기를 소망한다.

월간문학 2020 상반기 시조총평— 박영교 (시인·한국문인협회 이사)

문학에 있어서 죽음, 욕심, 행복에 관하여

우리가 살고 있는 지금은 정치, 경제, 사회적인 삶이 매우 어려운 시대에 처해 있다. 특히 코로나19 바이러스로 인해 우리나라뿐만 아니라 전 세계적으로 사람의 삶이 고난에 발묶여 있는 실정이다. 이 지구는 한 지붕아래 살고 있는 한 가족과 같이 되었다. 한 나라가 휘청거리면 잠깐 사이에 확산되어 전 세계가 흔들린다. 뿐만 아니다. 타국이 살아온 족적足跡도 곧바로 읽을 수 있는 시대에 와있음을 알고 있다.

우리가 살아가는 이 시대는 군중 속에서 고독을, 풍요로움 속에서의 빈곤을, 행복 속에서 불행을, 자유 속에서 독재를' 이중적이고 상반된 삶을 맛보고 살아간다고 할 수 있다. 에피쿠로스는 고대 그리스의 철학자이자 쾌락주의자이다. 그는 '우리가 살아 있을 때에는 죽을 수도 없다. 우리가 죽으면 존재하지 않는다. 그러므로 우리는 죽음을 두려워할 필요가 없다.' 라고 주장했으며 '행복에 이르는 길은 욕심을 채울 때가 아니라 비울 때 열린다.'[8]고 했다.

월간문학 2020년 상반기 시조총평에 대한 원고청탁을 받고 생각하니 많은 시인들이 좋은 작품집을 출간해 보내온 것을 볼 수 있었다. 이상범 시조집 『녹차綠茶를 들며』(제8회이설주문학상 수상시집), 채규판 한영시조집 『인연의 꽃』, 박영식 시집 『편편산조』, 이달균 시집 『퇴화론자의 고백』, 하순희 시조집 『종가의 불빛』, 서석조 시조집 『돈받을 일 아닙니다』, 박현덕 시집 『밤 군산항』, 김희동 시집 『빗살무늬에 관한 기억』, 김귀재 시조집 『등불축제』, 장은수 시조집 『새의 지문』, 장기숙 시조집 『물푸

---

7) 신약 : 요한복음 제12장 24절
8) https://hakunaryu.tistory.com/6

레나무』, 정경화외 7명 한결시조 10 『상처의 기울기』, 리강룡 평론집 『찬찬히보기, 뜯어보기』 등 시집 및 평론집을 대할 수 있었다.

2019년 월간문학 11월호에는 유성규 「죽음의 미학(美學)」, 박영록 「맑은 하늘에」, 김명래 「백안사」, 구금자의 「詩, 애인」 등 작품이 발표되었다.

우리는 나그네 가도 가도 나그네/ 이승을 내던지고 저승에 들라신다/ 이제는 내 품에 들라 하늘 문이 열리고/

유성규 「죽음의 미학」 첫째 수

우리가 이승에서 사는 것이 나그네의 삶이라는 걸 시인은 첫수 초장에서 언급하고 있다. 저승에 가면 그리운 친구, 보고 싶은 가족들을 만나게 되는 것으로 살아 있는 식구들은 뒤따라서 올 것을 명확하게 노래하고 있다. 마지막 수에서는 많은 사람들은 죽음이 두렵다고 하는데 나이 들면 죽음이 반갑게 느껴진다고 했다. 왜 그럴까? 시인은 이미 자연의 이치를 터득하고 있는 것이다.

시조는 우리나라의 하나뿐인 정형양식의 구조이다. 단시조는 고시조부터 현대시조에 이르기까지 잘 알려져 왔고 그 짧은 노래 속에 우주와 삼라만상을, 또한 인생의 우여곡절迂餘曲折을 다 넣어서 써온 언어의 경제적 독보獨步는 지금까지도 느껴오는 것이다.

2019년 월간문학 12월호에는 이상범 「대숲과 눈발」, 박기섭 「무술년 가을」, 김선희 「동행」, 조연탁 「오늘날에」, 문재완 「필카의 기억」, 김은하 「시간에 기대어」 등이 발표되었다.

잔 눈발이 싸륵싸륵 큰 산을 덮고 있네/ 눈 못 뜨는 눈의 궁궐 대문 앞 대숲이 젖는/ 숙성한 죽로차 들면 천사의 춤 신바람 춤//

이상범 「대숲과 눈발」첫째 수

첫째 수에서는 잔 눈발들이 밤새도록 와서 서서히 산 전체를 뒤덮고, 눈眼이 부셔서 잘못 뜨는 눈眼 앞에 눈雪으로 뒤덮인 궁궐 같은 집 앞 대나무 숲, 그때 죽로차 우려서 그윽한 향기 흘리며 마시는 그 맛은 다인茶

人이 아니라도 다 안다. 둘째 수에는 눈雪과 다茶가 어우러지는 절묘가 흥취를 춤사위로 표현하고 있다.

> 가을은 애당초에 겨울의 의붓자식/ 억새풀 비알밭에 내버려진 의붓자식/ 한 뎃잠 한 뎃잠 자다 등이 굽은 의붓자식//
>
> 박기섭 「무술년 가을」 첫째 수

첫째 수에서는 '의붓자식'이 초점이 되고 있다. 의붓자식은 남편이나 개가해온 아내 또는 첩이 데리고 들어와 사는 자식을 일컫는 말인데 환언하면 어두운 사생활에서 얻거나 귀중하게 여기지 못하는 인물을 뜻하는 것이라고 본다. 그렇다면 위의 시 중에서 가을은 겨울의 의붓자식, 산비알 밭에 버려진 의붓자식, 한뎃잠 자다가 등이 굽은 의붓자식, 이것의 의미는 무엇인가? 시적 언어의 묘미는 잘 쓰이지 않는 언어를 사용함으로써 언어의 미적 묘미를 우선 짚어볼 수 있으며, 또 가을은 겨울이 들면 겨울의 찬바람에 다 털리고 아무것도 표출할 수 없는 무의미한 존재임을 뜻하지 않을까도 생각해 본다. 2수에서는 '날품'이라는 언어의 미적 감각이 살아 숨쉬고, 계절을 지나면서 모든 것이 하나같이 늙어 감을 뜻하고 있다.

2020년 월간문학 1월호에는 권혁모 「안양천 튤립브라자」, 오재열 「논쟁」 인생과 사랑에 관하여, 김차복 「잠실蠶室에 와서」, 강성상의 「또다시 그 순간이」 등이 발표되었다.

> 네덜란드 아니라도 재래시장 속옷가게/ 유전자까지 오려 만든 색상들의 대반란/ 옥탑방 빨랫줄에서 온 세상을 흔든다.//
>
> 권혁모 「안양천 튤립브라자」 셋째 수

권혁모 시인의 작품은 안양천에는 벚꽃이 만발하다가 벚꽃이 떨어지기 시작하면 튤립 꽃들이 하나 둘 피기 시작하여 걸어가는 보행자들의 발걸음을 즐겁게 해준다고 한다. 원래 튤립의 원산지는 터키라고 하나 품종개량이 네덜란드에서 활발하게 이루어져 원산지를 무색케 하고 있다.

권혁모 시인은 안양천의 튤립을 보면서 재래시장 속옷가게 속옷의 색상을 연상하고 그 꽃의 색상을 딴 원색적이고 화려한 속옷을 색상의 대반란이라고 했다. 또 그것이 옥탑 방 빨랫줄에 널려져서 누구나 볼 수 있는 장면을 작품으로 형상화시킨 것으로 보인다.

길다, 짧다,/ 달다, 쓰다,/ 우겨 무얼 하자느냐./ 희·비행·불행이/ 씨줄 날줄 아니겠니./ 인생은 사랑의 꽃밭에/ 잠깐 피었다/ 지는 것을.//

오재열「논쟁」 전문

오재열 시인의 작품을 읽어보면 우리가 살아나가는 동안 너무 답답하게 논쟁하지 말자. 사람들이 살아가는 길에는 그렇게 다투며 따지면서 살아갈 수도 있지만 오재열 시인이 종장에서 언급한 것과 같이 인생의 삶이란 우리 살아가는 꽃밭에 잠시 피었다가 사라지는 하나의 꽃잎에 지나지 않는다고 했다. 인간은 그저 사랑으로 살아가는 삶의 꽃밭에 물을 주고 잘 가꿔나가는 꽃밭일 뿐이다.

2020년 월간문학 2월호에는 권도중 「별」, 양점숙 「창 없는 방」, 김동관 「대나무」, 정중식 「어느 봄날」, 정병기 「무우, 무」 등의 작품이 발표되었다.

아득히 거기 있는 것만으로도/ 아득히 여기 있는 것만으로도/ 아득히 한 하늘 아래 볼 수 있어 빛난다//

권도중 「별」 4수 중 첫째 수

권도중 시인의 작품 「별」이다. 전작을 통해 보면 너와 내가 이 지구상에 있어 그리고 한 하늘 아래 존재하므로 빛나는 너를 볼 수 있는 것이다. 내 별이 지구 기슭에 있어 오고가며 살아서 땅 위에 있어서 밤하늘을 건넌다. 그러나 당신과 나 한없는 거리에 있어 나를 찾지 말아달라고 시인은 말하고 있다.

홑수저 한 벌에/ 창문 없는 방이 한 칸// 알바 찾아 걸은 길은/ 유리창에 적어 두고// 잠든 밤 불길 솟아도/ 탈출 꿈도 못 꾸었다//

양점숙 「창 없는 방」 첫째 수

이 작품은 한 알바생이 자신이 걸어온 길을 유리창에 적어두고 불이 나서 탈출도 못하고 정규직 하나를 꿈꾸다가 이승을 하직한 한 알바생의 이야기를 작품화한 것 같다. 흙 수저는 수저계급론에서 최하위의 계급으로 한 개인이 부모의 재산과 소득 수준에 따라 사회경제 계층으로 분류되는 것을 말하며 그 어원은 '은수저를 물고 태어나다.(Born with a silver spoon in one's mouth.)'라는 유명한 영문 관용구로부터 유래된 것이라고 본다. 이는 '부유한 환경에서 태어나다', '행운을 쥐고 태어나다.'라는 뜻이라고 한다.

2020년 월간문학 3월호에는 박권숙 「우수」, 김향기 「수련」, 최희선 「2019년 2월」, 최오균 「돈, 돌고 돌아」, 이원희 「모전여전」 등의 작품을 만날 수 있었다.

겨우내 꾹 참았던/ 눈물 같은 빗방울들// 막 터진 웃음 같은/ 매화꽃에 떨군 사이// 봄밤이 가지를 잡고 휘청하다 다시 선다//

박권숙 「우수」 전문

박권숙 시인의 이 작품은 24절기 우수절기를 맞이하여 겨우내 추위가 완전히 물러가고 봄이 새로운 계절로 등장함을 작품화한 것이다. 옛말에 '우수 경칩에 대동강물이 풀린다.'라는 말이 있듯이 겨울의 추위가 이 절기를 지나면 얼어 죽을 사람이 없다는 말로 대신한다.

2020년 월간문학 4월호에는 전현아 「일기장을 넘기며」, 辛東益 「해원의 눈물」, 김병문 「설거지 하는 남자」, 우도환 「산행山行」, 김경미 「쑥버무리」 등의 작품을 만날 수 있었다.

시루에서 올라오는/ 갓 쪄낸 봄소식// 파릇한 사연들을/ 코끝으로 먼저 읽고/ 흘린 듯 혀로 굴린다 햇볕 가득/ 부린 채//

김경미 「쑥버무리」 전문

김경미 시인의 작품 「쑥버무리」는 지금은 봄 음식의 별미로 해서 먹지만 1970년대만 해도 가난한 사람들이 식량을 대신하여 보릿고개를 넘기는 시대였기에 우리에게는 잊히질 않는 음식이다. 김경미 시인은 대학원에서 박사과정을 마치고 시와 시조를 넘나들면서 좋은 작품을 쓰고 있는 시인이다.

이상에서 월간문학 상반기에 발표된 시조 시인들의 작품을 만나보았다. 작품을 위해서 자신의 정신적 자산을 소진될 때까지 다 써버리고 죽음에 이르는 시인도 있겠지만 시조는 언어의 여백과 의미의 함축을 통해서 독자에게 생각할 수 있는 여유를 허락하는 짧으면서도 속 깊은 언어의 경제적 특성을 지닌 작품이다.

작품은 그 작가에게 있어서 살아 있는 영혼의 꽃이다. 그러므로 시인들은 자기가 창작한 작품에 대해서 발표하기 직전까지도 퇴고와 번민을 함께 해야 하고 발표한 그 작품에 대해서는 항상 자신의 진실과 인격과 명예도 함께함을 생각하지 않을 수 없다.[9)]

요즘은 우리 시조를 알려고 하는 자유시를 쓰는 시인이나 아동문학가들이 시조집을 상재上梓하는가 하면 수필가들이 시조에 입문하는 시인들이 있어서 좋다. 우리의 것을 알고 타인에게 또는 타 국민에게 알게 해주는 것이다. 시를 쓰는 우리는 너무 욕심내지 말고 자신의 시적 내용을 남에게 한 줌씩 나누어 줌으로써 너와 나 서로가 공감하고 작은 행복을 더해가는 삶을 찾는 것이다.

9) 박영교, 『詩의 韻律과 美學』(서울 도서출판 천우2019) P79

이희선 시인의 시조에 대하여—박영교 (시인 · 한국문인협회 이사)

시조의 정형률과 우리 고유시의 아름다운 미학

요즘 우리나라 자유시인들이 우리나라 고유의 시인 현대시조를 직접 쓰는 시인들이 점점 늘고 있다. 자유시를 쓰는 시인, 동시를 쓰는 시인들이 시조를 써서 시조집을 출간해서 보내오는 시인들이 늘고 있다는 것이다. 이런 현상은 시인이면 누구나 우리나라 고유의 시인 시조를 알고 그것을 직접 접해 봄으로서 우리 민족정서가 어떤 것인가를 직접 느끼고 접해 보고 자신이 한국인으로 한국 고유의 시가 무엇인가를 확실히 알게 되는 계기를 만들려는 생각이 아닌가 한다. 그것은 한국의 위상이 세계 곳곳에 잘 알려짐으로 해서 우리나라 고유의 시가를 알고 그곳에서 강의나 담소를 나누는 데에 우선의 입지를 맞이할 수가 있다는 것을 잘 알고 있기 때문일 것이다.

이희선 시인은 시로서 일가견을 가지신 시인으로서 시조집을 내기 위해 작품을 보내 왔다. 그 작품들을 주의 깊게 읽어보았다. 보내온 작품은 전68편으로 단시조 작품이 24편, 2수로 된 연시조가 29편, 3수 이상 연시조가 9편, 사설시조가 6편이었다. 이희선 시인은 자유시를 쓰는 시인이지만 우리나라 현대시조에 대해 깊은 관심과 시조작품을 꾸준히 써서 작품집을 낼 수 있을 만큼 열정이 대단한 시인이다.

일본의 민족시인 와카和歌 나 하이쿠俳句는 일본 사람이라면 모르는 사람들이 없을 정도로 외우거나 쓸 줄 아는 민족시라고들 한다. 서양의 이탈리아 영국 프랑스도 소네트sonnet라는 짧은 형식의 작품들이 그 나라 고유의 작품들이 있으며 자기나라 고유의 시를 그 나라 사람들은 잘 알고 있다는 것이다.

우리나라에도 민족시인 시조를 모르는 사람은 없지만 실제로 작품을 쓴다는 것에 대해서는 다소 어려움이 있는 듯하다. 고시조는 잘 알면서도 현대시조로 발전되어 내려오면서 그 변화의 면면을 잘 모르는 우리나라 사람들이 많은 줄 안다. 심지어 자유시를 쓰는 시인조차도 현대시조에 대한 것에 대한 기피현상을 표출하는 시인들이 있음을 놀라지 않을 수가 없다.

리차드 바스터가 말한 것과 같이 현대인들이 추구하는 것은 돈(Money), Sex, 권력(Power), 이 세 가지라고 한다. 이 세상이 아무리 복잡한 것 같아도 이 세 가지 외에 다른 것은 없으며, 이것들은 상호 보완적인 관계를 유지하고 있음을 알 수 있다고 한다. 세상 사람들이 추구하는 것이 이 3가지 것이라면 우리 문인들은 그것과도 거리가 먼 것을 하는 어리석은 사람들 중 한 부류라고 말할 수 있을 것 같다. 그래서 그런지 지금의 젊은이들은 대학도 돈이 되는 학과로 몰리고 문학을 원하는 젊은 장사들은 들어오지 않고 있다.

삶이 각박할수록, 경제적으로 어려운 시대일수록 문학이나 예술 등 정서적인 면에서 점점 멀어지고 돈과 관련된 쪽으로 가까워져 가는 것은 무슨 까닭인가? 지방 문화 예술도 보면 행동, 액션, 연극, 풍물, 탈춤, 이런 것에는 몇 억, 몇 천만 원 단위로 지원해주면서 문화 예술의 본산인 문학에 보조해 주는 자금은 겨우 몇 백만 원에 불과한 것을 볼 수 있다.

이희선 시인의 현대시조 작품 전반을 음미해 보자. 우선 단시조 또는 단형시조, 2수 일편의 작품, 3수 이상의 연시조 작품 및 사설시조 작품 순으로 음미해 보도록 한다.

고향에 간 걸음에
종산에 들렀더니

우거진 수풀 속에
갇혀 있는 조상님 묘

봉분은
뭉개져 내리고
잡초만 무성하네.

「종산宗山」 전문

이희선 시인은 현실을 직시하는 시적 의미를 부여하고 있다. 고향의 종가 산천을 둘러보고 느낀 점을 짧은 한 편의 단형시조로 표출하고 있는 작품이다. 비단 이희선 시인의 종가산만이 그런 것이 아니라 어디든 다 그러하다. 단지 그런 상황을 작품화하지 않았을 뿐이다.

요즘 젊은이들은 자기 자신이 살아갈 여유도 없는 현실 앞에 고향 산소를 돌볼 마음의 여유를 가질 수 있겠는가? 현실을 살아가는 젊은이들은 취직도 안 되고 집을 구하기가 너무나 어려운 현시점에서 바람 앞에 등불처럼 어려운 삶이 주요하다는 것을 느끼며 살고 있을 것이다.

옛 추억 데리고서
살포시 내려와선

머물지도 못하고
선걸음에 떠날 것을

사랑아!
그럴 거라면
차라리 오지 말지?

「살눈雪」 전문

살눈이란? 얇게 내리는 눈. 조금 내려서 땅바닥을 다 덮지 못하고 '살짝' 덮을 정도로만 내린 눈을 일컫는 순수 우리말이다. 이희선 시인은 이 살눈을 남녀간의 사랑에 비유하여 쓴 훌륭한 작품이다.

오랜 세월의 우리의 사랑은 한 번 사랑을 하게 되면 그 사랑이 오래도록 변함없는 사랑으로 이어져 가고 하는 것이었는데 요즘 젊은이들의 사랑은 너무나 헤어짐을 자주하고 오래 가지를 못하는 사랑을 보고 있는 실정이다. 아침에 사랑으로 만났다가 저녁에 마음이 변하여 헤어지는 변덕스러운 사랑을 볼 수 있는 세월 앞에 시인은 종장에서 '사랑아!/ 그럴 거라면/ 차라리 오지 말지?' 참으로 안타까운 마음의 표현을 하고 있다.

선이 고운 청자에서
천년 강을 만났다

원형에 갇혀 있는
날고 싶은 학의 몸짓

고려 땅
푸른 하늘을
몸으로 여는구나.

「천년의 강」 전문

시인의 눈은 천년을 내다볼 수 있는 눈을 가져야 하고 천년 동안 들을 수 없었던 언어를 그때 만들어진 청자에서 들을 수 있어야 하는 청명한 귀를 명석한 두뇌와 함께 가질 수 있어야 한다는 것이다.

이희선 시인의 작품 「천년의 강」에는 앞에서 언급한 것들을 충분히 소화할 수 있는 역량을 다 가졌다고 할 수 있겠다. 즉 고려청자를 보면서 그 비색의 언어들을 흐르는 강물로 만날 수 있었고, 그 청자 속에 날고 있는 학의 날갯짓 소리를 들을 수 있는 시인의 청명하고 풍부한 역량의 시적 개성을 가졌음을 만날 수 있었다.

시적 개성은 문체에서 탄생한다. 개성이란 원래 타인과 다른 자신의 특이성을 가리킨다. 이처럼 시어의 선택이나 배열은 제재와 상황, 그리고

시인의 개성에 따라 다양해질 수밖에 없다.10)

현대시조는 초장이나 중장도 중요하지만 종장처리를 잘해야 그 작품이 살아난다고 하겠다. 이희선 시인은 모든 작품에서 시조의 종장이 얼마나 중요한가를 잘 알고 있다. '고려 땅/ 푸른 하늘을/ 몸으로 여는구나.' 현재에 살면서 천 년 전의 땅과 하늘을 유추할 수 있는 시인의 상상이다.

내가 찾고 있는 것은
무한 허공 떠 있다
공복의 자리끼 듯
목마름이 찾아 헤맨

詩어의
탑돌이라네
무덤까지 같이 갈.

「탑돌이」 전문

시인은 죽을 때까지 자신의 작품을 위해 적확한 시어를 찾아 쓰기 위해 무한 작업을 쉬지 않고 끊임없이 하면서 살아간다. 이희선 시인은 그 작업을 위하여 죽을 때까지 좋은 작품을 창출해 내기 위해 노력하고 있는 것이다.

알맞고 적정한 언어를 찾으려고 수많은 날을 '시어의 탑돌이'를 끊임없이 계속하고 무덤까지 같이 갈 수 있음을 작품을 통해 알 수 있다.

마음 써
다스려도
차지 않던 당신 자리

담아내고

10) 김준오, 『시론』도서출판〈문장〉 1984. p85.

비워내도
감량할 수 없었던

정한수
떠받들고서
우르른 자식 바라기.

「어머니」 전문

전 세계에서 유일하게 분단국가로 남아 있는 나라는 우리나라뿐이라고 말한다. 그것도 남북한이 사상이 다르고 한 민족으로서 정신적으로나 육체적으로 많이 피곤하지 않을 수 없다.

육군 병사들의 위문공연 때 마지막에 어머니에 대한 부름을 보면서 눈물을 흘릴 때가 많았다. 어머니는 우리의 안식처요, 사막 속에 존재하는 오아시스이면서 삶의 뿌리인 것이다. 자식은 아무리 해도 어머니의 생각에 반의반도 못 미치는 마음을 자식은 가졌음에도 흐뭇해하는 어머니의 마음이다. 어머니가 가진 것을 주고 또 주고 해도, 모자람 없이 퍼 주어도 가득한 어머니의 끊임없는 큰 사랑, 보이지 않는 곳에서도 자식을 위해 빌고 또 빌고 있는 마음이 어머니의 크나큰 마음이다.

둥개둥개
쌓아올린
축담 밑을 걷다가

오랜 시간 걸어 온
돌의 숨결 쓰담는다

천년을
부둥켜안고
부석사를 지켜 온,

「돌담」 전문

이희선 시인이 쓴 작품 「돌담」은 수많은 돌담을 보았지만 영주시 부석면 소재 '부석사'의 돌담 같은 큰 돌을 둥개어 놓은 돌담은 못 봤을 것이다. 어떤 사람이 들어놓았는지도 모르지만 그때 그 당시 사람들의 힘으로는 도저히 움직일 수도 없는 불가사의한 일로 쌓아놓은 것이므로 보는 사람마다 감탄을 자아낼 수밖에 없다.

이희선 시인은 시 제목을 '돌담'이라는 낱말로 시제를 달아놓았으니 작품을 다 읽어봐야 부석사의 돌담이라는 걸 알게 한다. 부석사의 돌담도 좋지만 해질 무렵 무량수전 앞에서 남쪽으로 내려다보면 수많은 산맥들이 은은하게 엎드려 있어 수많은 바다의 파도가 밀려오는 듯한 그림이 장관을 이루고 있는 것을 관광객들은 보지 못하고 떠나는 것이 안타깝다.

연두가 온 산하山河의
연두를 다 불러내어

소리소리 지르며
산야를 뒤엎는다

백목련
놀란 가슴이
하얗게 걸린 봄날.

「록」 전문

봄 향기에서 눈으로 느낄 수 있는 향기는 이른 봄 산천초목이 연둣빛을 발할 때가 가장 생기 있는 활력소를 보는 느낌이다. 이희선 시인은 이 봄의 산하에 모든 연둣빛을 다 불러내어 산야를 뒤덮는 봄의 향기를 만끽하고 있다. 여기에서도 종장처리가 기막히게 잘 처리하고 있음을 볼 수 있다.

연둣빛을 뛰어넘어서 엉뚱하게 연둣빛이 아닌 하얀 빛깔인 백목련을 끌어와서 종장에서 언급하면서 봄의 동질성을 얹고 있다. 이희선 시인은 시조의 묘미를 한껏 발휘하고 있음을 만날 수 있다.

한 남자가
젖소 가슴에
두레박을 드리운다

젖소 스스로 가슴에다 파놓은 젖샘

시간대
젖을 퍼가는
허락받은 도둑들.

「젖샘」 전문

시를 찾아 쓰는 발상이 대단하다. 보통 사람들이 보는 시각과 시인이 보는 눈의 시각이 얼마나 차이가 있는가를 여실히 증명해 보이는 작품이라고 생각한다. 보통 사람들은 고려청자를 보면서 얼마나 아름답고 그 비색을 어떻게 내게 되었을까? 하는 아름다움에 취해져 있을 때 시인은 그 고려청자를 빚어서 구워내는 장인의 피땀 흘리는 아픔을 생각하게 되는 것이 시인의 생각이라고 할 수 있는 것이다.

이희선 시인은 젖샘을 파놓은 젖소에 대한 아픔이나 그 젖소의 편에서서 그것을 대변해 주는 사람으로 시간대마다 젖을 퍼가는 '허락받은 도둑놈'으로 보는 시인의 눈이 바로 그것이다.

문학하는 사람들은 그 마음 가짐이 순박하여 실생활에서 조금은 밑진듯해 보이는 사람들이 대부분이다. 그러나 실상은 모든 사람들에게 온화한 마음을 열어줄 뿐만 아니라 매사에 원만한 삶을 추구하는 지성과 바른 인성을 겸비한 사람들이다.

시인은 그 시대의 언어의 주인인 동시에 그 사회를 비춰주는 등불임을 자신하는 자긍심이 있어야 한다. 좌우로 치우치지 않고 그 시대를 직시할 수 있어야 하며 언제나 때 묻지 아니하고 맑은 목소리로 타이르는 안내자여야 한다. 그리고 시인의 집념과 노력은 먼 거리를 달리는 마라토너의 자세이거나 에베레스트의 정상을 향하여 꾸준히 등산하는 등반대원의 의지와 인내로 정상을 극복하는 바로 그것이어야 한다고 본다.11)

철책선 바달 끼고 북으로 달리는 길

보초병 눈초리가 고압선처럼 매섭다

분단의 격랑이 남긴 잔상인 걸, 어쩌나

철새는 유유로이 첩첩고요 물고 날고

물 빠진 갯벌에는 정적만 질펀한데
빨갛게 깃을 치는 노을 서해바다 해질녘…

「민통선」 전문

우리가 살아가면서 38선을 넘어 봤는가? 그리고 민통선에 들어가 보았는가? 정말 살얼음 딛고 걷는 느낌을 느끼게 되는 것이다.

민간인 통제선(Civilian Access Control Line, 民間人統制線 즉 휴전선 일대의 군 작전 및 군사시설의 보호와 보안유지를 목적으로 민간인 출입을 제한하는 구역. 〔개설〕 비무장지대 남방한계선南方限界線으로부터 5~20㎞ 밖에 민간인 통제선(民統線 : Civilian Control Line) 이 설정되어 있는데, 민통선에서 남방한계선까지의 지역을 민간인통제구역이라고 말한다.)

지금은 어떤지 몰라도 그 당시 민통선 안에 들어가 보면 너무나 무서운 느낌과 삭풍이 부는 느낌을 받았다. 이희선 시인이 민통선에서 느낀 점은 〈보초병의 눈초리=고압선 전류의 흐름〉으로 느껴졌으며 둘째 수에서는 〈갯벌의 정적=서해바다의 노을〉로 연결되고 있다.

11) 박영교, 『文學과 良心의 소리』(도서출판 대일,1986) p113

고향 계곡에서 건져 올린 막돌 한 덩이
물살 진 물 주름이 엄니 얼굴 닮아서
널따란 내 수반에다 물길 터 좌정했네

먹장 같은 내 심기
짬짬이 헤아리기도
세속에 절은 귓속
말끔히 행구기도

마침내
물이랑에서
걸어오시는 어머니!

「물 주름석石」 전문

이희선 시인은 수석에도 일가견이 있는 시인으로 알고 있다. 단형시조에서 「오석烏石」에 대한 작품도 잘 감상했다. 시인은 앤솔로지로 『돌』에 대한 작품집을 함께 낸 작품집도 보았다.

이 작품은 고향 물 계곡에서 물 주름진 엄니의 얼굴 닮은 수석을 수반에 앉혀놓아서 세속에 찌든 먹장 같은 마음, 세속에 절은 시인의 귓속을 행구기도 하고 그 수석을 보면 그 물길을 건너 걸어오시는 어머니를 보는 것 같은 느낌을 얻는 것이라고 했다.

봉긋봉긋 흰 봉분 밀려오는 아픔이네

흰 눈 덮은 깊은 잠 눈부신 호국이네

무한의 설 평원에는 계급장도 평등하네

구국 평화 구가했던 명분의 무덤 위에

함박눈 분분 내려 마른 잔디 적시고

비문에 이름 석 자는 눈 속에서도 빛나네.

「눈 내리는 동작동」 전문

이희선 시인이 「눈 내리는 동작동」 국군묘지에 가서 국군 호국영령들이 잠든 무덤을 보면서 느낀 점을 2수 1편으로 된 작품을 쓴 시이다.

봉분마다 흰 눈이 덮여서 이름이 새겨진 비문이 눈부시게 서 있는 것을 보면서 살아 있을 땐 계급장과 관계가 있지만 눈 덮인 평원에서 평등하게 누워 있는 호국 영령들을 보고 있다.

나라의 평화를 위해 희생된 그들 앞에 함박눈은 펑펑 내리덮이고 그 내리덮인 눈은 메마른 잔디를 촉촉이 적시면서 그 눈 속에서 호국영령들의 이름이 더욱 빛나 보인다고 했다.

누구일까

차 향기로 모랑모랑 피어나는
찻집 문 스르르 열고 들어설 것만 같은

넌지시
나야 나, 하고
어깨 흔들 것 같은,

어둠은 셔터처럼 찻집 창에 내리고

어스름에 얼비치는 낯선 듯 낯익은 얼굴

선명한
얼굴 하나가

찻잔 속에 동동 뜨네.

「찻잔에」 전문

우리는 예부터 기다림의 미학을 배워왔다. 제 시간에 오지 않아도 기다려줄 줄 알고 있으며 상대방의 어려움도 헤아려줄 줄 알고 있다. 그러나 요즘 젊은이들은 너무나 바쁜 시대에 태어나서 그런지 참을성이 없고 기다림의 미학을 전연 모르고 살고 있음을 볼 수 있다.

이희선 시인은 「찻잔에」라는 작품에서 기다림의 즐거움을 맛보면서 모락모락 올라오는 찻잔의 차 맛을 음미하는 법을 독자들에게 가르쳐주고 있다. 찻집의 창가에는 어둠이 내리고 낯익은 기다림의 얼굴이 다가오면 함께 찻잔 속의 맛을 함께 즐기며 시간을 보내는 의미를 독자들에게 알게 해주고 있다.

살얼음 위 맨발로 걷고 있는 너를 보면

앞서 간 전족 닮을까 가슴이 아프단다

아들아 서둘지 말고 본분 잃지 말아라
빳빳한 몸 낮추고 맘 굳게 추슬러서

꽁꽁 언 날 풀리면 들풀처럼 솟아야지

나대면 머릴 잃는다고 노자의 말 귀 담아라!

「아들에게」 전문

이 작품은 아들에게 주는 살아가는 명언이다. 요즘 정년들이나 젊은이들에게 무엇이든지 잘못 말하거나 충고를 하다가는 몰매를 맞는 경우를 본다. 간혹 학교 담벼락에 붙어서 교복을 입고 담배를 피우는 학생을 보고 한 노인이 '학생이 담배를 피우면 되나?' 하고 충고를 했다가 낭패를

본 적이 있음을 본다. 이제는 아무리 잘못된 일을 해도 그냥 지나쳐야 한다고들 한다.

요즘은 핵가족 시대에 층층시하에서 가정교육을 받지 못하고 자란 젊은이들이 대부분이다. 그런데 이희선 시인처럼 자식들에게 살아가는 명언을 주면서 가정교육을 하시는 어른들이 요즘 시대에 꼭 필요하다고 느껴지는 시대이다. 특히 노자의 도덕경에 있는 말씀으로 '상선약수上善若水' 귀담아 듣게 가정교육을 하는 것이 현시대에 있어서 중요하다고 생각한다.

지하자원 턱 부족인 작다한 이 땅에서
관광업 열 올리는 경쟁의 대열에서
DMZ 생태계 보고寶庫 남북의 자산이다

총부리 맞대고서 남북 대치 반세기
그 덕에 누리 가득 희귀종의 천국이 된
민통선 155마일은 생태계의 자산이다.

「DMZ」 전문

작품 「DMZ」는 남북통일이 되면 우리나라 생태계의 보고라고들 말한다. 그리고 남북이 한민족이면서 서로 총부리를 맞대고 살아온 지 칠십여 년이 되었으나 달라진 것이 하나도 변함없는 북한의 태도가 항상 불안한 삶의 근원이 된다고 생각한다.

현 정부의 민통선 155마일 초소를 없애고 북쪽에서 쳐 내려오도록 해 놓았다고들 하는 말들이 유튜브를 통해서 듣고 있는데 빠른 시간 내 우리쪽의 철거된 초소나 철조망을 조속히 완전하게 세워 놓아야 할 것이다.

가슴에 품고 사는 돌밭 하나 있었네

귀 열고 눈 감으면 떠오르는 고향 강변

급물살 가로질러서 첨벙대던 아잇적 괴성

웃음소리 자갈밭에 가만가만 흐르고

구르고 흐르다가 황강이나 낙동강이나나

어디 쯤, 머물고 있을 고만한 내 또래들.

「돌밭에서」 전문

이희선 시인의 고향은 거창이다. 산 좋고 물 맑은 고장 그곳에서 어린 시절을 보낼 때 돌밭에서, 냇가에서 수석을 줍고 멱을 감으면서 또래 친구들과 물놀이를 하던 생각을 작품화한 것이다.

지금 그 또래들이 다 어디에서 무엇을 하는지 궁금해지는 것은 무슨 연유일까? 수구초심首丘初心이란 말이 있다. 이제 시인은 고향 생각에 잠못 이룰 때가 있을 것이다. 고향이 그리워지고, 그때 함께 놀던 친구들이 궁금해지고, 고향 산천이 그리워지는 것은 연세가 들었기 때문이 아닐까?

이제는 고향에 가 봐도 얼굴을 잘 아는 사람은 없고 친구 비슷한 얼굴이 나와서 맞이하는 것이다. 친구 아들이거나 손자들의 얼굴들, 고향이 더욱 그리워지는 계절일 게다.

억새는 화법 화필 없어도 가을 화가다
진풍경과 언어를 몸짓으로 담아낸다
비파의 음색을 닮아 청아한 음색이다

바람과의 합주곡은 귀와 눈이 시리다
늦가을 모두 떠난 자드락길에 주저앉아

흠집 난 몸의 상처를 어루만지고 있다

한 계절 꽃피우려 혼신을 다했던가
흩뿌리는 빗발에 맞서지도 못하고
초췌한 꺾인 몰골로 아프게 울고 있다.

「억새는」 전문

이희선 시인은 억새를 보면서 인간이 살아가는 노정과도 같은 억새밭의 흔들리는 하얀 억새꽃들이 바람에 흔들리는 진풍경을 보고 언어를 몸짓으로 담아내는 가을 화가라고 표출하고 있다. 시인의 생각이 이 얼마나 샤프한가를 돌아볼 수 있는 표현 아닌가!

다음은 바람이 억새밭 자드락 길을 통과하면서 합주곡을 만들어 내는 시인의 생각도 굉장히 좋은 표현이라고 볼 수 있다. 마지막으로는 한 계절을 위해 혼신의 노력으로 허연 머리의 억새꽃을 피우면서 지나온 계절에 맞서지도 못하고 다 털어버린 빈 몸으로 떨고 있음을 나타내고 있다.

고향 강섶 엮어 만든 섶다리가 있었네
폭우에 떠내릴까 센 바람에 넘어질까
조바심
이는 날에는
큰물이 지나갔네

무서워 못 건너던 섶 다리가 있었네
건너자 건너자고 깍지 끼던 돌이 녀석
끝내는
그 섶다리를
건너지 못했다네

이순 넘어 섶다리가 보고파 찾았지만
해말쑥한 시멘트 다리로 변해 있고

그립던 그 돌이 녀석 흰 낮달로 떠있네.

「섶 다리 추억」 전문

작품 「섶다리 추억」에서 섶다리가 무엇인지 알고 있는 도시사람들은 별로 없을 것이다. 농촌에 가면 냇물을 건너다니기 위하여 임시방편으로 나무로 다릿발을 세우고 섶을 베어서 걸쳐놓고 만든 임시적인 다리를 말한다.

섶다리는 1428년(세종 10) 경상북도 청송군 청송읍 덕리의 보광산에 위치한 청송심씨 시조묘에 사계절四季節 전사일奠祀日에 용전천 강물이 불으면 유사有司 관원官員과 자손들이 건너지 못할까 걱정해 섶나무(잎나무와 풋나무 등)를 엮어 만들었다는 전설이 시초가 되었다. 한때 역사 속으로 사라졌으나 1996년 10월 당시 청송군수인 안의종(당시 62세)이 옛 정취를 느낄 수 있도록 만들면서 우리 곁에 다시 다가왔다.

부채를 손에 들면 어머님 생각난다
산바람 들바람을 쓸고 온 깡마른 손
결 곧은 합죽선이듯 살갑게 일던 바람

사랑의 음계를 그 손으로 다루셨다
울타리 넘보는 칼바람도 막으셨다
그 화음 조화로워서 새들도 모였었다

당신 가슴에 이승을 접으신 후 알았네
익혀 뒀던 어머님 그 손부채 흉내를
이, 딸은 내 자식에게 보약처럼 펴든다오.

「부채」 전문

이희선 시인은 지난 날 어린 시절 어머님께서 해 주시던 합죽선을 통해 시원한 바람을 생각하면서 어머님을 그리워한다. 시인의 표현력이 매우 신선하다. '사랑의 음계' 즉 어머니의 깡마른 손으로 합죽선을 통해 여름을 보내면서 자장가를 불러주시던 '사랑의 음계'를 생각한다.

어머님 돌아가신 후에 손부채를 내 자식에게 어머님의 흉내를 내는 것처럼 펴 들어서 해 보는 시인의 모습이다. 어머니 사랑합니다.

오른다 백팔 계단 세간사 털고 오른다
짙푸른 계곡에선 여름 꺾는 딱새 울음
후두둑 여름소나기 가을 문턱 두드려요

흘러내린 소백小白능선 둘러앉힌 무량수전
위로 보면 안양루安養樓 내려다보면 안양 문
빛바랜 안양 누각이 소백을 아우른다

말쑥한 아낙이듯 빼나게 흘린 곡선
매무새 지닌 비밀 속인인들 알까마는
단아한 배흘림기둥 천년 가람 중추中樞다.

「부석사浮石寺」 전문

이희선 시인의 작품「부석사浮石寺」는 단형시조 「돌담」에서도 작품으로 언급한 적이 있다.

3수 1편으로 구성한 작품「부석사」는 부석사의 상세함까지 표현하고 있다. 첫째 수에서는 부석사 무량수전無量壽殿까지 오르는 계단이 108계단 즉 백팔번뇌를 의미하는 것이라고 생각하며 종장에는 후드득 떨어지는 소나기가 가을 문턱을 두드린다는 시인의 느낌이 예사롭지 않다.

둘째 수에서는 소백산을 둘러앉힌 무량수전과 빛바랜 안양루의 누각 공포불 그리고 안양루에 걸린 이승만 대통령이 쓴 '부석사浮石寺' 현판이 유명하다.

마지막 수에서는 우리나라 목조건물로는 가장 오래된 건물 무량수전의 곡선미와 배흘림기둥의 비밀을 노래하고 있다.

나는 물 속 모래알로 가라앉고 있었어!

물새 몇 마리가 포르릉 날아와 아름다운 목소리와 기낭을 줄 터이니 훌훌 털고 일어나
지리산으로 섬진강으로 갈기를 날리며 날아 보란다
시낭詩囊이 그리운 날은,
시詩가 몹시 고픈 날은…

「시낭이 그리운 날」 전문

이 작품은 사설시조로서 그 율격이 초·종장은 평시조와 같고 중장만 늘려나는 형상의 사설시조이다. 사설시조는 4가지 유형이 있는데, 전장이 다 늘어나는 형태와 초장은 평시조와 같고 중·종장이 늘어나는 형태, 종장은 평시조와 같고 초·중장이 늘어나는 형태가 그것이다.

이희선 시인은 이 사설시조를 통해 자기 자신이 물속 모래알로 가라앉고 있을 때 물새 몇 마리가 날아와 아름다운 목소리와 기낭氣囊air sac을 줄 테니 날아올라 지리산으로 섬진강으로 날아올라 보라고 한다.

우리 시인이 시가 그리운 날 말없이 훌쩍 여행을 한다거나 홀로 배낭을 메고 낯선 곳을 배회하면서 시작詩作을 위해 돌아다니다가 작품을 만나게 되는 것을 이희선 시인은 「시낭詩囊 이 그리운 날」이라는 제목으로 사설시조를 완성하고 있다.

이상에서 이희선 시인의 시조작품을 잔잔하게 읽어 보았다. 작품마다 시인이 하고자 하는 이미지 구성이 확실하고 율격도 잘 어울리는 작품들이었다.

시조는 시로서 형상화되어야 하고 시조로서 율격이 맞아야하기 때문에 시조를 창작하는 시인은 이중고二重苦를 겪을 수밖에 없다. 현대시조는 그 율격이 자수율뿐 만아니라 음보율音譜律도 함께 병행하는 시인들도 있다. 또한 시조의 외적 표현 방법 면으로 보면 각 장章마다 한 줄로 표현하여

3장章 3행으로, 각 장마다 2줄씩 6행으로 나타내는 시인들도 있고, 또 각 수首를 줄글로 표현한 시조도 있다. 시조를 전문적으로 창작하는 시인들도 시조時調인지 시詩인지를 쉽게 구분하기가 어려운 시조도 있다.

우리가 창작활동을 한다는 것은 어려운 일이다. 어떤 창작활동도 마찬가지지만 어느 한 장르에서 훌륭한 창작이라고 할 수 있는 작품은 독자의 공감을 얻어내고, 그 공감이 한 시대, 한 사회의 이슈(Issue)가 되거나 풍류의 기반이 되기도 하고 역逆으로 한 작품 속에 그 시대의 사상과 배경을 녹여내는 풍미風味가 있어야 한다. 이희선 시인의 작품은 한 시대의 이슈(Issue)가 될 만한 작품도 있는가 하면 사상과 배경을 녹여내는 풍미風味가 있는 작품도 있었다. 그의 작품 속에는 문학으로서 포근한 인간의 삶의 길도 함께 나타나 보여 지고 있었다.

문학文學은 인간이 살아가는 길道이라고 생각한다.

문학은 사람이 살아가는 길에 뜨겁고 눈물이 있는 정원庭園의 꽃 향이거나, 또는 춥고 삭풍朔風이 부는 날 따끈한 희망을 주는 내용內容이거나, 아니면 부패한 정치판 속에서 깨끗한 이슬을 건져 올리는 이야기라고 할 수 있다. 어려운 세상살이에서 보석寶石같은 언어로 사람들에게 삶의 활력을 부여해 가는 정신의 투혼鬪魂을 건져 올릴 수 있는 것이 바로 문학의 힘이며, 우리들에게 비춰지지 않는 정체성(Identity)을 잡아내어 일깨워 주는 것이 문학이라 생각한다.

이희선 시인의 시조집 출간을 축하하며 문학인으로서 대성하기를 기대하는 바이다.

추강 김시백 詩論 — 박영교(시인 · 한국문인협회 이사)

基督敎的 삶의 精神과 그 作品의 眞實性

Ⅰ. 金時百과 『永嘉時調文學』과 秋江時調文學賞

시인이 살아 있음을 표출하는 방법은 시를 써서 발표하는 것이다. 살아 있으면서 시를 쓰지 않고 발표도 하지 않는 것은 죽은 시인이다. 우리 주위의 시인들 중에는 시를 쓰지 않는 시인이 허다하다. 시인은 샘물과 같아서 퍼내어도 퍼내도 새로운 물이 펑펑 쏟아져 나와야 되는 것인데 시인이 기껏 잡문이나 써서 지상에 발표하면서 그 이름만 시인임을 자처할 것인지 스스로 반성해 볼 일이다. 또한 작품을 발표한다고 해서 유행가 가사보다도 더 못한 작품을 써서 발표하면서 시인임을 자처하지나 않는가 자신을 돌아볼 기회도 마련해 봐야 될 줄 안다.

우리 시조시인은 이중고를 앓는 시인이다. 좋은 시나 시조는 누가 읽어봐도 마음속에 심겨지지만 그렇지 못한 시조는 바로 드러나서 눈에 잘 띄게 되는데 자유시는 그래도 그런대로 넘어갈 수 있는 이점이 있다.

추강秋江 김시백金時百은 시조 창작에 있어 오랜 세월의 경륜이 쌓였으며 시조 인구의 저변 확대와 시조발전을 위해 많은 노력을 경주하면서 살아왔다고 해도 과언이 아니다.

1972년 한국문인협회 안동지부 설립을 위하여 그 인준을 받으려고 동분서주 뛰어다니며 아동문학가 이오덕, 소설가 김주영과 함께 산파 역할을 해서 지금의 한국문인협회 안동지부가 존재하는 것이다.

추강 김시백 목사와 필자와의 인연은 안동문인협회 결성을 하여 활동할 때부터라고 할 수 있으나 그때는 확실히 알지 못했으며 확실하게 안 것은 1976년도부터 시작된다. 그는 여러 번 북부지구에 시조모임을 갖도록 하자는 제의를 했었는데 그것이 한 해 뒤인 1977년에 안동 김시백의 자택에서 영덕 방태석(작고), 이장희, 영주 박영교, 안동 김시백, 조영일, 권오신 등이 모여서 논의한 결과 《영가시조동인회》라는 이름으로 시작하는 시조동인회를 결성하게 되었으며 그 당시 《영가시조동인회》 회장에 김시백, 간사에는 권오신 시인이 맡게 되었다. 그 이후 몇 차례 모임을 가진 후 1985년 9월 14일 안동문화회관에서 김시백, 권혁모, 강인순, 김양수, 박영교, 조영일, 김순한 등 여러 명이 모여서 시조모임 명칭을 《영가시조동인회》에서 《영가시조문학회》로 개명改名키로 하였다.

1985년도에도 《영가시조문학회》회장을 김시백 시인이 맡아서 활동하였으며 실무담당은 권혁모 시인이 맡아서 실행하였으며 1986년 4월에 『영가시조문학』 창간호를 간행하게 되었다. 또 2004년도에는 《영가시조문학회》2집을 상재하게 되었으며 그 해 4월 30일에는 영가시조문학회원을 대상으로 하는 《추강시조문학상》을 제정하여 제1회 《추강시조문학상》수상자로 서울 이영지 시인이 수상하게 되었다.〈심사위원 : 오동춘(한국시조시인협회 부회장)〉

2005년 2월 28일에는 『영가시조문학』 3집을 출간하면서 《제1회 추강시조문학상》시상식을 거행했다. 그리고 그해 『시조문학』 여름호에는 본회의 연혁과 회원들의 작품을 싣고 '동인순례'란에 소개되었으며 2006년 2월 28일 『영가시조문학』 4집을 간행하게 되었다.

《秋江 시조문학상》은 2004년부터 제1회 시상하였으며 그 취지는 추강 김시백 시인이 조성한 기금 3000만원으로 시조문학상을 만들고 《추강시조문학상 운영위원회》에서 이를 관장하며 향토시조문학 발전에 공헌한 이에게 시상하게 된다. 문학상 심사대상은 『영가시조문학』에 작품을 수록한 작가로서 본회회원을 원칙으로 하고 특별 공헌자와 단체는 예외도 인정한다. 상금은 잠정 100만 원으로 하고 선정방법은 중진 작가에게 심사를 위촉하고 수상작, 심사평, 수상소감은 『영가시조문학』지誌에 싣게 된다. 시상은 매년『영가시조문학』출판기념회 석상에서 한다. 《추강시조문학상 운영위원회》위원장은 김종건, 위원 정태흠, 김종형 님께서 맡고 있다.

2006년도 12월 1일 《제2회 추강시조문학상》수상자로 이상룡 시인이 선정되었다. 그리고 2007년 4월 21일 안동신우회 회의실에서『영가시조문학』제5집 출판기념회 겸 《제2회 추강시조문학상》시상식을 거행했다. 2008년 1월 15일《제3회 추강시조문학상》수상자로 안동대학 교수로 재직 중인 김양수 교수가 선정되었다. 4월 26일 『영가시조문학』제6집을 출간하여 안동신우회 회의실에서 《제3회 추강시조문학상》시상식을 가졌다.

2009년 1월 15일 《제4회 추강시조문학상》수상자로 이장희 시인이 선정되었다. 같은 해 4월 10일『영가시조문학』 제7집을 출간하여 안동 청사초롱에서 출판기념회 겸 《세4회 추강시조문학상》시상식을 거행했다.

2010년 4월 15일『영가시조문학』제8집을 발간하였으며 《제5회 추강시조문학상》수상자로 박영교 시인이 결정되었다. 2011년 4월 17일 안동신우회 회의실에서 제8집 출판기념회 겸 《제5회 추강시조문학상》시상식을 했다.

2011년 1월 22일《제6회 추강시조문학상》수상자로 강인순 시인이 선정 되었으며 동년 4월 20일『영가시조문학』 제9집이 간행되었다. 4월 23일 안동신우회 회의실에서『永嘉時調文學』 제9집 출판기념회 및 《제6회 추강시조문학상》시상식을 거행했다. 2012년 4월 10일『永嘉時調文學』제10집을 발간하였으며 《제6회 추강시조문학상》수상자로 김 전 시인을 선정했다.

김시백 시인이 시조문학의 저변확대와 시조문학 발전을 위하여『永嘉

時調文學』 제10집까지, 그리고 《제6회 추강시조문학상》 수상자까지 이끌어 오는 동안 많은 어려움도 있었고 고달픈 시련도 적지 않았을 것인데도 불고하고 지금까지 꿋꿋하게 견뎌온 상황을 지켜보고 있었다.

Ⅱ. 秋江 김시백의 詩的 內面意識

김시백 시인은 1935년 2월 4일 경상북도 안동시 임하면 추월에서 출생하였으며 한학으로 다져진 전형적인 안동 반가의 표상이기도 하다. 그는 《소남한시회》에서 한시작법에도 능한 능력을 보여주고 있으며 한시백일장에서도 많은 수상의 경륜을 겸비하고 있다.

김시백의 「나의 시조인생」 『시조문학』142호〈2002년 봄호〉에서 "1967년은 시조 짓기를 시작한 원년의 해에 해당한다."라고 언급하고 있으며 요즘의 일상에서는 36년째 시조 짓기를 하였고(2002년), '100수(首)씩 담아 낸 시집만도 12권이나 된다.'고 했다.

그는 1967년 처녀작 시조 「눈길」이 중앙일보 시조 란에 실림으로 해서 작품 활동을 시작했으며 1967년 6월 《경북시조문학동호회》〈후에 영남시조문학회로 개명됨〉 회원으로 입회하여 본격적으로 시조작법 공부를 시작했다.

1970년 3월 『시조문학』 제23집에 시조작품 「태백산」이 이호우 추천으로 초회 추천이 되고, 1971년 6월 『시조문학』 제26집에 작품 「소망」이 이호우 추천으로 2회 추천, 1971년 11월 『시조문학』 제28집에 작품 「독백」이 3회 마지막 이호우 추천으로 추천완료되어 정식 시조문단에 오르게 되었다. 그는 완고한 유교 집안에서 기독교 정신의 싹을 틔우게 되었다.

1955년 초등교원 채용시험을 거쳐 초등학교 교사로 1958년 말까지 근무하였으며 1959~1966년 동안 신학수업을 받고 1968년 목사 임직을 받았으며 1977년까지 기관목사로 있으면서 많은 기독교 서적을 집필하게 되었다. 1978년부터는 교회에서 목회를 하다가 1997년 은퇴하였다.

1974년 『그리스도의 계절이 오게 하자』 편집, 1977년 『현대인의 성결』편집, 1977년 『경안노회 100회사』 편저 등 다수가 있다.

뿌리 깊이 내린 전통 유교정신으로 자란 그의 마음속에 서구의 새로운 물결인 기독교 정신이 자라나서 정신적 새로움을 키워낸 그의 내적의식內面意識이 창작해낸 작품은 다른 사람들이 흉내 내지 못하는 새로운 창작기법으로 작품을 창작하고 있음을 찾아볼 수 있다.

추강 김시백 시인은 2007년~2008년까지 한국크리스천문학가협회 회장을 맡아서 크리스천들의 시적 지식수준을 한층 끌어올렸다는 평가를 받고 있다. 사실상 「한국크리스천문학」에 발표되는 작품들의 수준을 그 전보다 더욱 좋은 작품들로 발표할 수 있도록 활성화시켰다.

그는 지역 문학의 발전을 위해 많은 힘을 쓰면서 영남시조문학회의 회장직을 맡아 지역시조 발전과 자신의 주위를 항상 돌아보면서 안동문학을 위해 폭넓은 시대적 아픔도 함께 품고 가는 회장이었으며, 영가시조문학도 함께 키워나가는 큰 힘을 가지고 있었다. 이것은 금전적인 문제뿐만 아니라 개인의 시적 의지가 더욱 중요한 것이라고 생각한다.

한국문인협회 안동지부 인준을 위해 아동문학가 이오덕, 소설가 김주영 등과 함께 안동의 문학발전을 위해 안동지부를 설립하면서 지역문학의 우수성도 함께 느끼는 문학인으로서 발돋움하였으며 영가시조문학회도 함께 키워나가는 내적 의지력을 높이 샀다.

Ⅲ. 秋江 金時百의 詩 세계

필자가 김시백의 표지사진과 작품을 실은 『시조문학』 142호〈2002년 봄호〉에 《구도자적 발상법과 작품의 진실성》 이란 제하題下에서 쓴 첫줄의 글은 〈오늘이 마지막 날인 것처럼 살아가리라.〉' 이 말은 오그만디노(Og Mandino)가 『위대한 상인의 비밀』이라는 책에서 한 말이다. 하루를 마지막 날로 살아간다는 것, 그것은 대단한 각오이며, 와신상담臥薪嘗膽과 같은 깊은 결심이 없으면 불가능한 삶의 지표라고 할 수 있을 것 같다.

목자이며 시인인 김시백, 그의 삶을 보면서 표면적으로 나타나 보이는 빙산氷山과 그의 객관적인 생활, 그리고 문인으로서의 작품세계를 언급한다는 것은 그 자체가 너무나 어려운 일이라고 생각한다.

"누구든지 어린아이와 같이 되지 않으면 결단코 천국에 들어가지 못하리라." 는 성서의 말씀과 같이 김 시인은 순수하면서도 천진무구한 세상의 때가 묻지 아니한 마음의 소유자라고 하겠다. 그런 것은 그의 작품 속 군데군데에서 잘 드러나 있으며 실질적인 삶의 흔적 속에서도 발견하게 된다.

추강 김시백은 1974년 처녀시집인 『추강산조』를 상재(上梓)했다. 이 시조집 『秋江散調』는 《서울, 새글사》에서 하드카버로 출간했으며 이태극의 서문을 받았다.

"시조를 아껴 지어 모은 지 7,8년 만에 秋江詩人이 첫 작품집을 내게 되었음을 먼저 衷心으로 축하하며 기뻐하는 바이다. ~중략~ 또 이 시인은 성직聖職에 있으면서도 그러한 티가 사람에게서나 작품에게서나 별로 보이지 않음은 평소의 인간수양이 깊은 까닭이라고 보아 존경하여 마지않는 시우이다. 이러한 여러 면에서 보아 인간시인이라 하는 점을 높이 평가하고 싶다."

위의 이 말은 월하 이태극 사백詞伯의 서문序文 중 발췌한 문장이다.

김시백 시인은 시집 '후기'에서 "Ⅰ부는 데뷔후의 작품을 담고, Ⅱ부에는 그 이전에 쓴 소품을 모두 실었다."라고 밝히고 있다.

담장을 길로 솟아도 못 미치는 숙명안고
고개가 겨웁도록 발돋움에 맴돈 나날
그래도 해 닮은 보람에 넘쳐나는 미소일레.

「해바라기」 전문

김시백 시인의 70년대 작품이다. 〈『추강산조』1974〉 현재의 현대시조 작법에도 등장하지만 그 당시 시조작품 특징의 하나로 '~이여, ~일레.' 등의 어미로 끝나는 것을 찾아볼 수 있다. 그런 스타일이 당시에는 많이 쓰인 작품들이 표현되고 있는 시적 흐름이다.

위의 작품 「해바라기」는 그때는 집의 담장이 한 길이 되어도 해바라기는 그 담장을 이렇게 넘어서 고개를 담장 너머에서 얼굴을 내밀고 있었으며 시인에게는 그것이 하나의 숙명적인 모습으로 보인 것이다. 해바라기는 해를 닮아서 해를 향해 돌아가고 있는 것이 보람이며 넘쳐나는 삶의 보람으로 남게 된다는 것이다.

1978년에 출간한 수필집 『포도의 계절』은 전3부로 나누고 있다. Ⅰ부는 20편의 수필을, Ⅱ부는 열편의 작품, Ⅲ부는 여섯 편의 작품을 싣고 있다.

표제標題작품인 7월은 포도葡萄가 익는 계절로서 구약시대에는 이 포도를 이스라엘 민족에 비겼고, 예수님이 자신을 포도나무라고 하신 것도 오늘의 교회를 가리켜 하신 말씀이라고 하면서, 이 계절은 내 고장 안동이 낳은 시인 이육사李陸史) '내 고장 7월은 청포도가 익어가는 계절'을 소개하고 있는 작품이다.

마음의 호심湖心에서 그 생각 건져다가
맑게 갠 나절 볕에 폭폭이 내다 걸면
환하게 바랜 영혼에 절로 이는 찬미소리.

『영추송迎秋頌』 둘째 수

너울 걷힌 서라벌에 펼쳐진 역사의 장
갈피마다 피땀 스며 탑이 되고 내가 되어
겨레의 더운 숨결이 출렁이고 있었다.

「토함산」 셋째 수

김시백의 작품의 전자前者인 「영추송迎秋頌」은 2수首 1편으로 구성한 작품이며 1980년 상재한 작품집 『열원(熱願)』에 수록된 작품이다. 후자인 「토함산」은 3수 1편으로 구성된 비교적 호흡이 긴 작품으로 1984년에 출간한 『매여동시첩梅餘洞詩帖』에 실린 작품이다.

1980년에 출판된 시조집 『열원』은 3부로 나누고 있으며 1부에 12편의 작품을, 2부에는 23편의 작품을, 3부에는 12편의 작품, 총 47편의 작품을 싣고 있다. 1984년에 출판한 시조집 『매여동시첩』은 전全 4부로 나누고 있으며 총 56편의 작품을 싣고 있다.

전자인 「영추송」은 제목 그대로 가을을 맞아 시인의 가을에 대한 칭송을 한 작품으로 첫수에서는 한기를 느끼는 새벽이 되어 잠을 깨서 모든 풀벌레소리며 귀뚜라미소리 등이 여름 내내 그 뜨거움에 빼앗겨서 소리를 못 내던 것들이 하나 둘 되살아나서 시인의 귀에는 기도소리로 들려오는 것이며, 둘째 수에서는 시인의 마음속 깊은 호수에서 생각을 건져 올려 가을의 맑은 하늘 아래 한 폭 한 폭 내다 걸면 내 영혼 환한 곳에 이는 찬미소리로 들려오고 있는 듯싶다는 것이다.

후자인 「토함산」은 첫수에서는 석굴암 가는 길, 안개를 헤치고 토함산 그 수많은 굽잇길을 돌아 오르면서 태고의 수줍은 땅배가 등천을 하며 오르는 길을, 둘째 수에서는 석굴암에서 맞이하는 해돋이를 노래하면서 종장의 그 표현이 놀랍다. "햇빛 솟아오르는 광경을 '천만 개의 화살이 빗발치듯 날아오른다,'고 표현하고 있다.

시인 김시백은 1983년에 신앙에세이집 『하나되게 하소서』(대구·보문출판사)〉를 출간했다. 그는 그 동안 각 지지紙誌에 발표한 신앙적인 수필을 써서 발표한 작품들을 모아 책으로 묶었다. 무려 142쪽이 되는 작품집을 신국판으로 출간했으며 내용에는 시를 곁들인 작품들도 보인다.

「읽기에 편하도록 내용을 3부로 나누어 담아보았다. 제1부는 휴전선 일대를 둘러보면서 분단의 아픈 정을 시와 산문체에 담아 연작형식으로 한데 모은 것이다. 신앙으로 나라 사랑할 때 하나 되는 소원도 이룩될 것이다.」김시백 시인은 그 수필집 서문에서 확연히 밝히고 있다.

서류수西流水
돌려놓고
이룩한
하회마을

그 역사
지녀 저리
의젓한 부용대의

드리운
은혜 그늘로
찾아드는
놀잇배

「부용대芙蓉臺」 전문

이 작품은 시집 『동서同壻』(김시백金時百·권헌량權憲亮) 2인시집(1986년 출간)에 실린 작품이다. 이 시집 序詩에 「동서」라는 3수 1편으로 된 작품을 싣고 시집 이름을 『동서』로 명명한 것으로 생각된다. 위의 작품 「부용대(芙蓉臺)」는 하회마을의 역사와 부용대의 의젓한 자태, 그리고 그 그늘 속에 찾아드는 강물 위에 띄워놓은 뱃놀이하는 광경을 노래하고 있다. 이 작품은 1986년도 현대시조에 발표한 작품이다.

돈이 들어가는 전등을 꺼버려라
공짜로 밝혀주는 달빛도 거절해라
남는 게 어둠뿐이거든 눈을 감고 기다리라

「광야의 소리·10」 첫째 수

바람이 바람나서 먼지를 일으킨다
나이 든 여름이 알몸을 가리고 있다
태양은 신열身熱을 앓아 둘레까지 뜨겁다.

「강변에서」 둘째 수

작품 전자(前者)인 「광야의 소리·10」은 시집 『광야曠野의 소리』(1988년), 표제작품으로 연작시조작품이다. 그리고 작품 후자(後者)인 「강변에서」는 1991년 출간한 김시백 제6시집 『아동호安東湖』에 실린 작품이다.

위의 작품 「광야의 소리·10」 첫째 수에서 보면 각 장이 명령법으로 끝내고 있다. 이 작품을 읽어보면 시를 쓴 시인의 의지, 시인의 삶의 자세를 엿볼 수 있게 하는 작품이다. 초장에서 독자들에게 주는 이미지는 무엇인가? 중장에서는 초장에서 주는 이미지보다 더 강렬하게 느껴지도록 구성하고 있다. 마지막 종장은 자연이 내려주는 밝은 빛까지도 거절하고 나서 남는 것이 어둠뿐이거든 눈을 감고 기다리라(기도하라)고 한다. 즉 회개하면서 기도하라, 이런 뜻으로 내용상 점층법으로 구성되어 있는 작품이다.

사가랴의 아들 세례요한을 두고 '광야에 외치는 자의 소리'라고 하였다. 이것은 상징적인 수법으로 표현하고 있는 것이며, 그는 모든 사람들에게 '회개하라'고 외치고 있다.(눅3:1~16)

목자이면서 시인인 김시백은 시집 『광야의 소리』(1988년)를 통해 무엇을 말하고 싶어 했을까? 실지로 광야에서 외치는 자는 세례요한이다.(마3:2) 또 다른 광야의 목소리는 예수님이시다.(막1:2) 이 광야의 소리에 대한 공통점은 "회개하라 천국이 가까웠다."라는 것이다.

그러나 지금은 목자들이 외치는 소리가 "회개하라 천국이 가까웠다."라고 외치고 있는 자가 얼마나 될까?

불교든 기독교든 유교든 종교가 기업으로 변성하고 있는 지금의 현실에서 목자들은 자신들의 안위와 부유해진, 가진 자의 눈치를 보며 살아가는 배부른 세례요한이 되어 가고 있는 것이다.

추강 김시백 작품집에 실린 대부분의 작품들은 기독교적 신앙시인 동시에 체험에서 오는 종교적 현상감을 작품에 드러내고 있다. 그러므로 기독교인이 아닌 독자들은 거부감을 나타낼 수 있을 것이고 반면 기독교인이 독자일 때는 긍정적인 반응을 표현할 것이다. 그것이 김시백 시의 단점이자 장점인 것이다.

1995년 상재한 시집 『순례의 길에서』는 성지순례 기행시집이다. 1부는 출국 전야에서부터 바티칸시티, 지중해, 이집트, 홍해, 시내광야까지. 2부는 아카바 만, 사해, 베데스타 못, 실로암 못까지. 3부는 베들레헴, 갈릴리 호수, 가버나움, 나사렛, 가이사라까지. 4부는 빌라도의 돌계단, 콜로세움, 목회지에 돌아올 때까지 등에 대한 작품이다.

1996년 출간한 시집 『변화』는 작품 「변화」의 연작시는 손주를 얻고 나서 그의 성장과정을 연차적으로 담아낸 작품이라고 시인은 시집 후기에서 밝히고 있다.

1997년 출판한 시집 『댓골일기』는 시인의 시집 머리말에서 "금번에 내는 시집은 17년간 목회를 하던 대구를 떠나 댓골이라는 시골의 교회로 옮아와 1년 남짓 지내면서 얻은 시들로 꾸며졌다. 모두 34편에 100수(首)로 하였고 창작의 차례를 따라 편의상 3부로 나눴다."

1998년 상재한 작품집 『바람 四季』에 담긴 시는 시인의 책머리에서 밝힌 것과 같이 귀향하고 나서 지은 작품들이 대다수이지만 그 이전 것도 포함한 기본 100수(首)에다 단장시조 하나를 더해 모두 70편에 백한 수로 하였다.

이상 1995년부터 1998년까지 해마다 시집 한 권을 냈다는 계산이 나온다. 대단한 정력을 발산했으면서 작품집 출간하는 비용의 출혈도 만만치 않았음을 언급하고 싶다. 더 문제되는 것은 작품들의 밀도 문제를 염려하지 않을 수 없다는 것이다. 그러나 작품집을 보았을 때 기행시집이 차지하는 비중이라든가 새로운 환경에 대한 시들이 대부분을 차지하고 있어서 가볍게 읽을 수 있는 시편들이기에 이해가 되고 있다.

나절이 가까워도 걷힐 줄 모르는 안개
그 장막 속에 갇힌 나약한 인간 존재
탈출의 돌파구마저 막혀있는 이 혼돈.
「안개 속에서」 첫째 수

연단의 기간이라 마치길 기다리나
인내로 버티기엔 처절했던 아픈 경험
다시는 되풀이 말게 은혜 안에 머물자고.
「잠언시초·35」 둘째 수

반변천 젖줄 따라 일고 진 숱한 사연
댐으로 갇히면서 흐르고픈 몸부림에
한밤 내 앓아 댄 허한 물안개로 오르나.
「반변천 물소리」 전문

작품 「안개 속에서」는 김시백 제11시집인 『방정곡시편方正谷詩篇』에 실린 작품으로 안개가 자욱한 상황의식을 과학으로도 구출 못하는 그런 자연의 이치를 언급하고 있는 시이다. 자연에 비하면 인간은 너무나 보잘 것 없는 나약한 존재일 뿐만 아니라 그 자연 속에서의 인간의 존재는 티끌과 같이 느껴지는 것임을 알 수 있다.

김시백 시인이 『방정곡시편』의 서문에서 "새 천 년 들어서 시집을 내면서 여기 담긴 글로는 『바람 사계』 이후 발표된 것으로 기본 100수에다 단장 11수를 포함시켰다. 내용으로는 4부로 나누어 앵글을 맞추기에 따라 달라진 면들을 살펴보았다."라고 밝히고 있다.

작품 「잠언시초·35」는 2001년에 출판한 시집 『100수의 잠언시』에 실린 작품으로 구약 잠언 5장 10절의 말씀을 시적내용으로 작품을 이끌어 낸 것이다. 인간이 살아가는 길에는 하나님께서 우리에게 연단의 기간도 주면서 기다림의 시간도 내려주는 기회도 주고, 아픈 경험을 인내로 이겨내게 하는 은사도 주고, 다시는 아픈 경험을 되풀이 하지 않도록 은혜를 내려 주는 상황을 시인은 경험하고 있다.

작품 「임하호」는 2003년에 출간한 시집 『반변천 물소리』에 실린 작품이다. 시인은 이 시집을 영양시편에 50편, 청송시편에 30편, 안동시편에 42편, 세 부분으로 나누면서 서시 1편과 함께 총 123편의 작품을 싣고 있다.

김시백 시인이 시집 후기에서도 밝혀 놓았는데, 반변천半邊川은 일월산에서 발원하여 영양과 청송을 적시고 안동시내 강정 앞에 와서 낙동강 원류에 합치는 강이라고 설명하고 있다.

그러나 내세에는 주인의 뜻대로네
윗자리 앉은 자가 부끄럽게 끌려나고
만만한 천덕꾸러기 윗자리로 오르기도.
나그네 길손 같은 이 세상 여정인데
때를 얻든 못 얻었든 분수대로 살 일이야
가는데 차례가 없으니 더욱 겸손하자고.

「세상구경·3」 2,3째 수

작품 「세상구경·3」은 2004년에 출간한 김시백 제14시집 『세상구경』에 실린 작품이다. 그는 이 시집 서문에서 밝혔듯이 '앞서 낸 두 권의 시집은 테마 시집인데 반하여 이번의 것은 자유로운 분위기에서 얻은 시편들이다.' 라고 했다.

김시백의 시는 항상 종교와 떨어질래야 떨어질 수 없는 작품들이다. 작품「세상구경·3」을 찬찬히 읽어보면 먼저 된 자 나중 되고 나중 된 자 먼저 된다는 성서의 말씀이 숨어 있는 작품이기도 하고, 이 세상에 잠깐 왔다가 영원한 집으로 돌아간다는 말씀, 그리고 내세에 대한 확고한 믿음의 신앙심이 깔려 있음을 볼 수 있다. 또 그릇의 비유도 함께 포함되어 있음을 알 수 있다.(딤후 2:20~21)

편서풍 타고 오는 황사를 어쩔건가
물밀 듯 밀려들어 국내 산업 김을 뺀다
싸구려 중국 물건으로 넘쳐나는 새 공해.

「황사바람」 전문

작품 「황사바람」은 김시백 제15시집 『중국기행中國紀行』에 실린 작품으로 시인이 걱정하는 것은 중국의 싸구려 물건이 밀려들어서 우리나라의 경제를 마구 짓밟는 것을 뜻하고 있는 작품이다. 비단 공산품만 아니라 농산품까지 휘젓고 있는 것을 황사바람에 비유한 것이다.

시인은 고희년古稀年이자 결혼 50주년의 해를 뜻있게 보내자는 취지아래 연초부터 계획했던 일이라고 책머리에서 밝히고 있다.

배타고 금강산을 돌아가던 길에서
버스로 휴전선을 넘는다는 감격도
철조망 속으로 들자 긴장으로 바뀌고.

초병은 어김없이 갈림길 지키는데
마을마다 하나같이 회색빛 맞배지붕
척박한 들로 나가는 걸음조차 무거운가.

낙엽도 안 보이는 숲속을 지나자니
힘겹던 보리 고개 현장에 온 듯하여
구경 간 우리 행동이 설 자리를 잃었네.

『휴전선을 넘으며』 전문

작품 「휴전선을 넘으며」는 김시백 제16시집 『가깝고도 먼 여로』(2008

년 출간)에 실린 작품으로 여행 중 휴전선을 넘으면서 6, 25를 생각하고 우리나라 분단의 아픔도 생각하면서 감격을 하는 시인의 긴장감이 표현되어 있다. 둘째 수에서는 초병이 지키고 서 있는 삼엄한 경계며 마을 집들은 우리네 60년대 삶을 생각하게 되고 척박한 들로 나가는 발걸음이 무거움을 표현하고 있으며, 셋째 수에서는 우리나라 보릿고개를 맞이하는 현장의 상황을 시인은 가슴 아프게 생각하고 있다.

김시백 시인은 '2005년 광복 60주년의 해를 기념하여 아내와 금강산을 다녀왔고 지난해는 아내의 고희 기념으로 일본을 다녀왔다. 그리고 올봄 개성을 다녀온 기행까지 포함하여 책 한 권의 분량이 되었다.'고 서문에서 밝히고 있다.

챗거리 간고등어 안동명물 아시나요
물편서 갓 잡은 거 거시기 할까봐서
제 맛을 고대로 담아 숙성해 낸 얼간재비

파장엔 어김없이 지게뿔에 걸려오는
정성의 그 한 손이 바꿔 놓는 분위기여
도둑놈 밥상 오른다 잔치마냥 들떴지

「간고등어」 전문

작품 「간고등어」는 김시백 제17시집 『경칩異變』〈대구·도서출판에스엠〉(2009년 출간)에 실린 작품이다.

그는 그 옛날 지게를 지고 가서 안동 간고등어를 시장에서 사서 지게뿔에 걸어지고 오던 그 옛날의 상황을 잘 묘사해 놓고 있다. 그 고등어자반을 상에 올리면 그것에 의해 밥을 더 드시는 것을 보고 자반을 '밥도둑'이라고 칭한 것도 잘 표현되어 있다.

김시백 시인의 제3수필집 『산을 찾는 마음』(대구·도서출판에스엠. 2010. 4. 10)에서 출간했다.

김 시인의 제3수필집 『산을 찾는 마음』 구성은 전5부로 나누고 있으며 제1부는 생활수상 열 세 편의 작품을, 제2부는 일반수필 열 세 편의 작품을, 제3부는 일반수필 속 열 세 편의 작품을, 제4부는 칼럼 열 세 편의 작품을, 제5부는 기행문 두 편을 싣고 있다.

"『산을 찾는 마음』이라 제목을 붙이고 내용으로는 기획수상을 먼저 담고 그 다음으로 일반작품을 싣고 칼럼과 기행문은 그 뒤로 배치하였다. 매 편마다 말미에 발표년도와 게재지명을 밝혀 작품의 흐름을 이해하는데 참고토록 하였다. 한때는 『경북수필』부터 시작하여 『영남수필』로 이름이 바뀔 무렵까지 동인 활동도 해보았으나 회에 누만 끼치는 것 같아 그만 둔 지 기십 년이 지났다."

위의 글은 「세 번째 수필집을 내면서」 서문에 실린 저자의 말이다.

무슨 고민하다가 엊저녁 잠 설쳤나
서서 고개 숙인 채 감은 듯 눈을 뜨고
또 한 밤 날 새기까지 잠 못 드는 저 묵념.

「가로등」 전문

차마 맞대고서 어찌 감히 운을 떼며
맨 정신 가지고는 감당 못할 응어리
가면을 쓰고 한 바탕 시원하게 풀잔다

「탈춤」 전문

자꾸만 무너지고 상처마저 늘어나도
쓰러진 담장 안에 묵은 그루 싹이 나서
해마다 꽃을 피우네 떠난 주인 그리며

「폐가」 전문

위의 세 편의 시조는 차례대로 2010년, 2011년, 2012년의 작품을 선보이고 있다. 김시백, 그는 철저한 시인이며 자신에 대한 연보나 이력은 빼놓지 아니하고 기록하는 시인이며 투철한 삶의 흔적을 계획적으로 기록하면서 살아가고 있는 시인임을 알았다.

작품 「가로등」은 2010년에 쓴 작품으로 밤늦게 골목길 들어서면 고개를 숙인 채 눈을 뜨고 고샅을 비춰주는 상황을 생각할 수 있다. 날이 훤하게 될 때까지 골목길을 날 새도록 비취고 있는 것을 찾아볼 수 있는 작품이다.

작품 「탈춤」은 2011년에 쓴 작품으로 하회탈춤을 보고 쓴 작품인 것 같다. 양반과 상민이 차마 이마 맞대고 말할 수 없어서 그날 하루만은 탈을 쓰고 양반을 희롱할 수 있도록 허락하여 맨 정신으로는 못하고 자신의 얼굴을 숨기고 지금까지 응어리진 마음을 가면假面 뒤에 자신을 숨기고 한 바탕 시원하게 스트레스를 풀어가는 하루이다.

작품 「폐가」는 요즘 귀농을 하고는 있다고 하지만 우리 주위 농촌의 폐가가 늘어나고 빈집으로 남아돌아가는 것을 흔히 수 있다. 벽이 퇴락하고 기둥이 썩어가면서 담장도 무너지는 상황을 심심찮게 볼 수 있다. 그러나 담장 안에 주인을 잃은 꽃나무들은 자기를 비리고 간 주인의 마음을 아는지 모르는지 묶은 그루터기에서 새싹이 나와 해마다 새로운 꽃을 피워서 주인을 그리며 피고 있음을 시인은 가슴 아프게 생각하며 노래하고 있다.

Ⅳ. 맺는 말

이상에서 추강 김시백 시인의 작품집과 그의 자선한 작품들을 빠짐없이 읽어 보았다. 작품집을 어떤 때에는 거의 한 해 한 권씩 출간한 때도 있고, 때에 따라서는 2년에 한 권씩 상재한 적도 있다. 그리고 수필집도 두 권을 출간했다.

이렇게 볼 때 김 시인의 작품은 다작多作을 생산해 내고 있음을 볼 수 있다. 그의 작품 대개가 자연에 순응하면서 기독교 정신에 따른 시어의 선택이 압도적이다.

월하 이태극 박사의 언어를 빌리면 김시백 초기의 작품에서는 '성직에 있으면서도 그러한 티가 사람에게서나 작품에게서나 별로 보이지 않음은 평소에 인간수양이 깊은 까닭이라'고 시집 서문에서 칭찬한 적이 있다.

김시백 시인의 작품은 그 내용이 기독교적 패턴에서 써 왔기 때문에 비 기독교인이 독자로서 작품을 대해 보면 어떤 면에서는 너무나 쉬우면서 문장 속의 성서정신이 내재해 있어서 이해 못하는 독자도 없지 않을 것이다.

그의 작품 전반에 걸쳐 흐르고 있는 사상은 기독교적 삶의 정신과 그 삶을 바탕으로 한 작품의 진실성이다. 그의 작품 속에는 직설적인 표현으로 누구에게나 쉽게 읽힐 수 있도록 쓰여 있으며 그것을 통해 기독교적인 사상이 무엇인가를 쉽게 접할 수 있게 한 점이 그의 작품에 있어서 특징으로 꼽을 수 있다.

우리가 성서를 접해 보면 그 성서에 쓰인 비유는 누가 읽어도 이해 못하는 비유가 없을 뿐만 아니라 어휘도 쉬운 언어로 기록해 놓은 것을 기독교인이면 다 알 수 있을 것이다.

시인이 살아 있음을 표출하는 일은 항상 꿈틀거리는 작품을 써서 독자들에게 보급해 주는 작업을 잃지 않아야 할 것이다.

오그만디노(Og Mandino)는 그의 작품 속에서 말하기를 거지는 다음 끼니를 걱정하고 나는 내 인생의 삶에 있어서 마지막 끼니를 걱정하는 것이라고 말했듯이 시인이 시를 창출해 내는 데에도 너무나 가난한 삶의 끼니처럼 느끼게 해서는 안 된다고 본다. 그런 의미에서 시인 김시백의 작품을 통해 엿볼 수 있는 것은 삶의 마지막까지에 대한 풍부한 순수, 깨끗하고 순진한 작품속의 여유, 구도자적 작품의 진실성 등이 그것이다.

2021년 나래시조 봄호 권두언—박영교(시인 · 한국문인협회 이사)

인간의 삶에 대하여

인간이 살아가는 길은 여러 갈래가 있겠지만 자기가 하고 싶은 일을 꾸준히 노력하여 그 결실을 이루는 일이 제일의 길이 아니겠는가? 보통 성공비결도 자기의 소신대로 원하는 일을 꾸준히 노력하여 대성(大成)하고 또 '훌륭하다'라는 칭찬의 단어도 얻게 된다.

노벨문학상 수상작가인 어니스트 헤밍웨이(Ernest Hemingway)는 자신의 작품이나 그가 하는 일에 대해서 성공한 것은 우연히 이루어진 것이 아니라 스스로 꾸준한 노력에 의한 것이라고 했다.

영국의 시인, 셸리(Shelley)의 말에 의하면 "인생에 있어서의 봄은 오직 한번밖에 꽃을 피우지 않는다."라고 하였다. 그는 시인에 대하여 '시인은 어둠 속에 앉아 외로움을 달래기 위하여 아름다운 소리로 노래 부르는 나이팅게일이다.'라고도 했다.

시인이나 작가들이 그렇게 이야기하는 것은 한번뿐인 우리 인생의 삶을 함부로 살지 말라는 교훈의 말일 것이다.

사마천의 사기史記에 보면 채택蔡澤과 범수와의 대화에서 "물을 거울로 하는 사람은 자기 자신의 얼굴을 알고, 사람을 거울로 하는 사람은 자기의 길흉을 안다."라고 했다. 인생살이에서 자신이 누구인가를 알아야만 매사를 잘 해결할 수 있다는 것이다. 인생의 삶은 바느질하는 것과 같아서 한 땀 한 땀 꼼꼼하게 꿰매가야 한다는 말이 있듯이 내 자신을 공들여 살아가야 한다는 것이다.

우리 문인들도 글을 써 가는 데에는 꼭 써야 할 글이 있으면 그때를 놓치지 않고 필을 들어 써야 한다. 인생에 있어서 가장 어려운 일을 당했을 때 좋은 작품이 출산된다고 생각한다. 그 어려움 속에 길을 발견할 수 있고 그 발견된 길을 걷다 보면 더 큰 길을 만나게 되면서 훌륭한 작품이 거기서 탄생되는 것을 필자는 많이 경험하고 살아왔다.

이 어려운 시대에도 시인들은 즐거운 노래만 부르는 매미와 같은 존재로 남을 것인가? 스스로 삶의 길에서 바람에 흔들리는 코스모스의 향내를 이야기하기도 하지만 가끔은 입바른 시인의 노래도 나와야 하지 않겠는가? 그래야 세월을 보내도 후회가 없지 않겠는가?

러시아 출신인 노벨문학상 수상자 알렉산드르 솔제니친(Aleksandr Isayevich Solzhenitsyn)은 그의 문학에서 정점을 이루는 장편 《암병동 Rakovy korpus》(1966~1967)과 풍자와 알레고리를 구사한 정치적 장편소설 《연옥 속에서 V kruge pervom》(1968)와 《1914년 8월》(1971) 등도 역시 러시아 당국의 탄압으로 국외에서 출판되었다고 한다.

또 이러한 탄압에도 굴하지 않고 마침내 강제노동수용소의 내막을 폭로한 『수용소 군도』를 국외에서 출판하였지만 그로 인하여 1974년 2월, 강제추방 당하여 미국 버몬트주(州) 카벤디시에서 살다가 소련연방 붕괴 후인 1994년, 20년간의 망명생활을 마치고 러시아 시민권을 회복하였다고 한다.

서방 물질주의를 비판하면서 조국 러시아의 부활을 위한 조언을 아끼지 않았고 2007년 6월 러시아는 그에게 예술가들의 최고 명예상인 국가공로상을 수여했다.

1970년 『이반 데니소비치의 하루Odin den' Ivana Denisovicha』, 『암병동 Rakovy korpus』 등의 작품으로 노벨문학상을 수상하였으며, 2008년 8월 3일 심장마비로 타계할 때까지 조국 러시아의 발전과 부활을 위해 노력하였다고 한다.

우리나라 문인들도 나라가 어지러울 때, 솔제니친은 못되더라도 방랑 시인 金삿갓(김병연)도 되어 보고 '오적'의 시인 김지하도 되어 봄직하다. 우리의 인생이 얼마나 길까? 시절이 하수선할 땐 우리 문인들은 어떻게 살아가야 하는지 그저 암담할 뿐이다.

제2부

그리움을 줍다

김 전 시집 해설 〈겨울분재〉—박영교(시인 · 한국문인협회 이사)

作品의 柔軟性과 날카로운 安定性의 秘訣

김 전 시인이 시집을 내겠다며 원고를 보내왔다. 그의 작품은 늘 대하고 있는 실정이어서 편안한 마음으로 작품을 열어 보았다. 작품 한 편 한 편에서 오랜 시간을 거치면서 손때 묻은 퇴고의 편린片鱗들을 볼 수 있어서 매우 든든하게 느껴지는 마음을 숨길 수 없었다.

시를 쓰는 시인이라면 누구나 '시를 어떻게 쓸 것인가? 좋은 시를 쓰기위해 어떻게 시작始作할 것인가?'에 대하여 많은 고민을 한다. 이처럼 좋은 시는 어떻게 구상하는 것인가에 대한 질문에 그 확답은 내리지 못하지만 누구든지 그 시인 나름대로 갖고 있는 장점을 살려서 적절한 시적 표출을 하는 것에 기인起因한다고 설명할 수 있다.

시는 어떻게 시작하는 것도 중요하지만 어떤 내용을 담아서 어떻게 끝을 맺느냐가 더 중요한 일이다. 폴 발레리는 '시에서의 첫 행은 신神이나 자연으로부터 시인(詩人)에게 주어진 것이고 그 나머지는 그가 자기의 힘으로 발견해 내는 것' 이라고 말한 것을 보면 시에 있어서 처음이 중요함을 일깨워 주는 말이라고 생각한다.

훌륭한 시는 그 첫 행이 영감으로 얻어진다고 한다. 그리고 그 작품이 훌륭한 작품이 되기 위해서는 시인의 각고의 노력과 갈고닦음 없이는 이루어질 수가 없음을 말해주고 있다.

김 전 시인의 작품을 읽어보면 작품 스텝의 폭이 적절한 간격을 유지하여서 시상의 전개가 무리 없이 진행되어 대부분의 작품이 성공을 거두고 있을 뿐만 아니라 시의 첫 이미지의 형상화가 잘 표출되어 나타나고 있음을 알 수 있다.

그의 시집 『겨울 분재』는 작품을 3부로 나누고 있다. 제1부 〈오늘의 시〉는 최근에 쓰여 진 작품들로 볼 수 있겠고, 제2부 〈그리움의 시〉는 공직생활로 여러 곳에서 근무지의 정의情誼를 표현한 작품들과 고향의 모습들을 떠올리는 삶의 그리움을 담은 작품들이며, 제3부 〈추억의 시〉편에서는 지난 날 추억의 볼거리와 아름다운 삶의 그림자들로 구성된 시편들을 모아 놓았다.

김 전 시인의 작품들의 대부분은 독자로 하여금 정감情感을 가져다주는 시편들이 많다. 이런 작품들을 뽑아내기란 짧은 시간 내에 이루어지는 일이 아니라 오랜 경륜을 가지고 시작활동을 한 결과로 풀이할 수 있다.

흙 한줌 움켜잡고 산을 타고 내려와서
살아온 세월만큼 자르고 다듬으며
버려서 구하는 목숨
창을 여는 나무여

빈 가슴 돋힌 가시 쇠사슬로 묶여져도
안으로 타는 마음 곁가지로 터져 나와
초록빛 불러다 놓고
적막으로 눕는가

한세월 둥지로 앉혀 또아리 트는 저 몸짓
계절을 성큼 뛰어 불꽃 한 점 튕겨내면
내 가슴 불덩이로 와
이 겨울을 데운다

「겨울분재」 전문

작품 「겨울분재」는 표제작품이면서 시인이 '겨울분재'를 통해 살아가는 길을 알게 하고 부분을 버림으로써 살아남는 보법을 터득하게 되는 작품이다.

'버려서 구하는 목숨' 종장의 한 장면을 보면서, 묶인 쇠사슬 속에서 안으로 마음을 살리고 가지에서 새로운 초록의 촉을 곁가지에 틔워서 적막을 다스리는 보법步法을 익힐 줄 알게 된다.

수많은 세월 동안 살아오면서 계절을 이겨내며 안으로만 키우던 마음속에 활활 타오르던 불꽃을 되살려 추운 이 겨울을 이겨내는 삶을 배우고 있는 것이다.

논고랑 깊이만큼
새겨진 이맛살에

한 맺힌 구슬방울
그칠 날 없었는데

목이 쉰 황소울음에
길 떠나신 아버님

소쩍새 울음소리
뒷산에다 파묻을 때

땅속에 파묻었던
당신의 진실들이

파랗게 싹으로 돋아
이 가슴을 물들였네

한평생 자식 하나에
쏟아버린 그 정성

오늘에사 열매 맺어
초롱불로 밝혔는데

당신의 핏빛어린 그 정성

사과꽃으로 피었네.

「아버님 전상서」 전문

작품 「아버님 전상서」에서는 농사를 짓는 아버님의 평생을 시인은 마음속 깊이 아픈 삶을 되새기면서 살아가는 것이다.

논고랑 깊이만큼 깊어지는 아버지의 이마 주름살을 보면서 한 맺힌 땀방울, 그칠 날이 없는 일상, 목 쉰 황소의 울음과 함께 농사를 짓는 아버님의 생활, 소쩍새 울음소리와 함께 어둑어둑한 나날을 헤아리며 집으로 돌아오는 진실한 삶의 농사가 아들인 김 전 시인의 가슴에 다시 파랗게 살아나고 있는 것이다.

한평생 자식에게만 쏟는 그 정성이 이제는 당신의 농장 열매로 익어 결실을 보고 있는 그 농장에는 사과꽃으로 피고 있음을 시인은 가슴 뿌듯하게 언급하고 있다.

흔들리는 하늘이 슬픔까지 묻어놓고
쓸쓸한 겨울비가 부질없이 내린다
한바탕 발버둥 치다 묻혀버린 원앙소리

먼 훗날 화석으로 남아 오늘을 증언할까
산(生)자를 묻어놓고 되돌아본 저녁 하늘
서로가 손가락질하며 던져 보는 돌팔매질

끈질기게 달라붙는 악성 바이러스
지경을 넓히면서 도끼로 내리찍는
이 저녁 핏빛울음이 이 겨울을 물들인다.

「구제역」 전문

김 전 시인의 이 작품 「구제역」을 읽으면서 우리나라 축산정책에 있어 큰 허점을 보이고 있음을 표출하고 있는 작품으로 느꼈다.

이 작품을 읽으면 살아 있는 한우들이 구제역에 걸려 한바탕 발버둥 치면서 눈이 멀겋게 살아 있는 소들의 묻혀가는 울음소리를 기억하지 못하는 이가 없을 것이다.

둘째 수에서는 살아 있는 눈망울을 멀겋게 굴리는 소들의 울음소리와 함께 땅속에 파묻어야 하는 것이 더 애처롭게 보이는 것이다. 청정한우만을 고집하다가 하다하다 안 되니 그때서야 늦게 예방접종을 하고 방역에 매달려 보지만 너무 늦어서 수많은 국고 손실과 국민의 혈세를 쏟아 붓는 현실을 볼 수밖에 없었다. 시인은 그 점에서 시상을 잡은 것이다.

너의 작은 생각을 함부로 말하지 말라
신이 내린 여기 이 땅, 함부로 걷지 마라
차라리 눈 감고 서서
마음으로 쳐다보아라

시간이 늙어 가면 바위도 뿌리내려
금 간 가슴 안고
가슴으로 키운 저 소나무
나 또한 소나무 되어 구름 속에 흐른다.

「삼청산에서」 전문

중국에 소재한 삼청산은 매우 아름다운 경관을 갖고 있다. 김 전시인은 작품 「삼청산에서」를 통해 삼청산에 대한 아름다움을 행여나 훼손될까 걱정스런 생각에서 마음으로만 쳐다보라고 경고한다.

금간 바위들이 뿌리를 내리고 그 금간 가슴을 안고 그 속에 키우는 소나무들의 절경, 김 시인도 한 그루의 소나무로 서서 움직일 수 없는 아름다움을 만나는 장면이다.

나뭇잎 터진 새로 뾰족이 얼굴 밀어

따스한 햇살 조각 소복히 훔쳐내어
나뭇잎 조각배 타고 세월 감는 청개구리

한조각 구름덩이 산허리를 감아오면
씻지 못할 그 죄업을 그렇게도 풀 수 없어
매듭진 전생의 한을 울음으로 푸는가

생각은 한 줄기 소나기 산과 들을 다 적셔도
끝내 감출 곳 없는 외로운 이 한 생(生)을
오늘도 부끄러운 얼굴 나뭇잎에 파묻는다.

「청개구리」 전문

김 전 시인은 작품 「청개구리」를 통해 그 전설傳說을 밑바탕에 깔고 그것에 대한 인생의 삶이 울려오는 것을 작품화하고 있다.

첫째 수는 나뭇잎에 얼굴을 묻고 햇살을 훔쳐보면서 살아가는 그는 한조각 구름덩이 산허리를 감아서 넘어오면 그의 죄업으로 떠내려갈 부모님의 무덤을 염려하고 걱정하면서 비가 올라치면 울고 있는 그를 만난다.

끝내 생生은 감출 수 없어 외롭고 부끄러운 얼굴을 나뭇잎 뒤에 파묻고 울음을 남길 뿐이다. 우리의 삶을 돌이켜보게 하는 작품이다.

아래는 보지 말고 위로만 올라가자
벼랑으로 내몰려도 가는 길이 따로 있다.

너와 나 부둥켜안고
갈 때까지 가보자

숨 가쁘게 달려온 길 거기가 여기인데
훈장처럼 반짝이는 한때도 있었지

실핏줄 되감아 올려
빨간 손을 흔들고

「담쟁이」 전문

시인은 작품 「담쟁이」에서 담쟁이의 성질을 잘 표현하고 있음을 볼 수 있다. 그의 속성은 자꾸만 위로 위로 기어 올라가는 습성을 지니고 있어 벼랑 끝까지 가보자는 심성을 잘 표현하고 있으며, 둘째 수는 실핏줄 같은 까만 줄기에 붉은 단풍 든 잎들이 바람에 흔들림을 나타내고 있다. 목표만 향해 무조건 달려가는 인간의 권력이나 명예에 대한 속성을 잘 은유한 작품이다.

발목 꺾인 가을이 들판에 누워 있다.

술 먹은 가을 단풍, 대합실에 누워 있다.

모두가 일어서야 할 이 시대
장대비가 꽂히네.

「이 가을에」 전문

온 들판이 누렇게 익어 더 이상 푸른 기운이 없을 뿐만 아니라 추수해 봐도 헐값으로 소출도 없고 장마로 인해 가을이 되어도 쓰러져 누워 있는 곡식들을 '발목 꺾인 가을'로 상징하고 있다.

가을 정취를 만끽해야 할 시기, 분주한 계절, 가을걷이로 소란해야 할 들판이 모두가 때 아닌 장대비에 정지된 상태의 상황의식을 읽을 수 있다.

즉 종장의 '장대비가 꽂히네'의 한 행으로 이 가을의 상황이 '발목 꺾인 가을'이 되고 있음을 암시해 주는 작품이다.

어디까지 굴러가야 끝닿은 데 있을 건가
하늘이 노랗도록
돌아가는 한 세상
어차피
짓눌린 삶이

피어날 리 있겠어요

찢겨진 가슴 안고 절뚝이며 무너질 때
지문 닳은 웃음으로
내 자리에 돌아와서
뒤틀린
시대를 감으며
돌아서는 이 하루.

「타이어 소고小考」 전문

김 전 시인은 작품 「타이어 소고」에서 인생이 살아가는 것이 타이어가 굴러가는 것에 비유하고 있으며, 타이어의 지문이 다 닳도록 굴러가는 삶을 우리 인생의 짓눌린 삶의 어려움에 비유시켜서 작품화하고 있는 것이다.

둘째 수는 찢겨진 가슴 안고 절뚝이며 무너지는 삶 속에서 지문이 다 닳아 없어진 웃음 속 인생들의 삶에 대한 하루를 잘 표현하고 있다.

흰 구름 걸쳐놓은 소백의 봉우리들
이제는 뒤로 두고 절룩이며 하산한다
조약돌 염주 굴리듯 내려가는 스님들

길 따라 길을 찾아 아픔을 묻어두고
얼마나 멀고 먼 길 아직도 남았는가
서러운 바랑을 벗고 속세로 흘러가나

일렁이는 물결 속에 산 그림자 찾아오고
바람 따라 흔들리는 내 마음의 나뭇가지
푸드득 청둥오리가 내 가슴을 후벼 놓고

「단산호에서」 전문

김 전 시인이 영주시 단산중학교 교장으로 부임해 와서 생활하면서 작품 「단산호에서」와 「단산일기1」, 「단산일기2」, 「단산일기3」 등의 작품을 출산했다.

그는 영주 단산에 대한 애착과 현장을 잘 살피면서 삶의 표징들을 놓치지 않고 좋은 작품으로 승화시키고 있어서 좋다.

스님들의 생활, 그들의 일거수일투족을 꿰뚫어보면서 살아왔으며 소백산의 산행과 단산호수의 단면 등을 그려내면서 삶의 고단함을 흔들리는 나무로, 소백산 바람으로, 천둥오리들의 날갯짓소리로 그리움과 아픔을 그림을 그리듯이 단산을 그려내고 있다.

먹구름 속 찢긴 가지 비바람에 펄럭이며
찬 겨울 눈서리에 그림자로 서성이다
언제나 변방으로 흩날리던 민들레 씨앗

타오른 붉은 노을 선지피로 뿌려놓고
무거웠던 발걸음도 가볍게 딛으면서
오늘은 잡풀 흔들며 건너오는 기침소리

순수의 서정으로 돌아와 눈 감으면
바람은 겸허한 마음으로 빗질을 하여놓고
텅 비인 청개구리 울음 등줄기로 기어올라

「벌초를 하면서 2」 전문

시인이 공무생활을 하면서 제 때에 벌초를 하기란 무척 힘이 든다는 것을 필자는 경험한 바가 있다. 타향생활을 하면서 '언제나 변방으로' 살아가는 민들레 씨앗 같은 형제자매들, 벌초를 하면서 잡풀을 뽑고 그리운 마음을 얹은 기침소리를 듣는 날 무거운 발걸음도 가볍게 딛게 되는 것이다.

순수한 마음으로 돌아와 눈을 감으면 지난날들의 어려움과 아픈 날들의 기억이 청개구리 울음처럼 등줄기를 타고 기어오르고 있음을 느낀다.

무너진 토담 위로
담쟁이는 기어가고

무시로 돋아나는
가슴속 잡초들은

메마른 허욕의 강물을
말없이 건너가나

비우면 채워지고
채우면 비워지는
눈물 젖은 두레박에
홍건한 우리네 사랑
버선발 하얀 가슴으로
달려오던 박꽃들.

「고향 1」 전문

김 전 시인은 작품 「고향 1」에서 무너진 토담 위로 담쟁이덩굴이 기어오르고 주위의 잡초들이 자라고 있는 고향집 모습, 고향 우물가 두레박으로 우물물을 퍼 올려서 나르던 생각들, 지붕 위에는 하얀 박꽃이 달빛에 반사되어 돌아오는 빛살을 생각하게 된다.

우리 마음속에 고향이라는 단어에는 제일 먼저 떠올려지는 것은 어머니와 아버지, 그리고 가족들의 따뜻한 이름들이 차례로 떠오르는 곳이다. 그리고 초가지붕 위의 박이 허연 달빛에 반사되어 들어오는 생각이 드라마처럼 펼쳐지는 것이 또한 고향이다.

생각이 굳어지면 바위가 되나 보다
파도를 밀어 올려 생각을 깨워 보고
동해를 방석으로 삼아 눈을 감은 부처님

허명虛名을 새겨놓고 깃발을 높이 달면
소리 없이 다가와서 내 가슴에 안겨질까
생각은 생각을 낳아 파도처럼 일렁이고

외로워서 아름다운 동해 끝의 지킴이여
달려드는 승냥이 때 눈앞이 캄캄하다.
능욕의 뒤안길에서 되돌아본 조국 하늘.

「독도」 전문

작품 「독도」는 누구나 '독도'를 한 번쯤은 작품화하기 위하여 생각을 깊이 해 보았을 것이다.

외롭게 떠 있는 울릉도, 그리고 독도, 일본이 자신들의 땅이라고 우기는 것에서 우리나라 국민들과 경상북도 도민들이 더욱 관심을 가지고 살아가는 것이 사실이다.

시인은 독도를 동해의 높은 파도소리를 들으며 바닷물을 방석으로 깔고 앉아 있는 부처님에 비유하고 있는 것이다. 이름을 높이 달고 펄럭이는 깃발로 생각은 파도처럼 일렁이는 깃발로 소리 없이 다가오는 것,

동해의 지킴이인 너, 나라를 걱정하는 너의 모습 앞에 눈앞이 캄캄해질 때가 있다는 시인의 마음을 독도에 감정이입(感情移入)시킨 작품이다.

흡사 어두워야 모여드는 불나방 같다

그리움의 좌판 위에
떨어지는 사투리처럼

걸쭉한 막걸리 소리에 어둠을 밝힌다

헐지 못한 시간들이 무릎 아래 맴돌 때

껍질만큼 벗겨지는

아픔의 세월 곁에

마지막 남아 있누나 시린 마음 다시 세워.

「야시장에서」 전문

김 전 시인은 작품 「야시장에서」의 시상詩想을 야시장 풍경을 불을 보고 모여드는 불나방 같음으로 표현하고 있다. 즉 야간의 전등이 밝게 켜진 가로등을 보면 불나방이 모여드는 상황에서 시상을 얻은 것 같다.

물건을 사는 데는 사투리들이 오고가고 걸쭉한 막걸리 같은 목소리로 야시장을 가득 채운다.

똑같은 시간들이 주위를 맴돌면서 지난 날 아픈 세월을 생각하며 마지막 남아 있는 시간들을 다시 뒤돌아보는 것이다.

그 대 절뚝이며 온 산하를 누비면서
언제나 저려오는 가슴을 움켜잡고
오늘은 빈 삿갓 던져두고 여기에 누웠는가

마지막 남은 몇 닢 훌훌 털어내고
막걸리 한사발로 세상을 휘어잡던
그대의 너털웃음이 태백산을 뒤흔든다

삿갓으로 감아 올린 은유의 몸짓으로
오늘은 구름도 바람도 詩 한 자락 걸어놓고
그대의 무덤 앞에서 시 같은 시를 읊는다.

「김삿갓 무덤에서」 전문

시인은 강원도 영월군 김삿갓 무덤에서 그의 삶의 행적行蹟을 읽고 있으며, 저려오는 가슴을 움켜잡고 자신이 한 일이 부끄러워 삿갓으로 얼굴을 감추면서 생활한 것이 이제 이곳에 와 그대를 만나는 시인의 감회感懷

가 잘 드러나 있다.

막걸리 한 사발로 세상을 휘어잡던 그대의 보법(步法)이 태백산을 흔들고 있다고 시인은 토로한다.

삿갓에 감춰진 은유의 몸짓, 구름, 바람과 함께 시 한 수를 흘려놓고 그대 무덤 앞에서 시 같은 시를 읊는다고 말한다.

불로 태워야 다시 사는 바람 속 억새
무수한 밤을 새워 넘어지는 연습을 한다
나약한 가슴속에서 몸 비비며 일어서고

꿋꿋하게 일어서며 일렁이는 그리움
바위 끝 소나무에 얹혀놓고 말이 없네
되돌아 짚어본 뒤안길 가슴으로 흐르고.

「화왕산에서」 전문

경남 창영군의 화왕산은 억새로 유명한 산이다. 화왕산은 억새를 불로 태우는 의식을 매년마다 한다. 시인은 이런 상황을 알고 억새에 불을 놓아 태워야 빛이 나는 산이라는 것을 잘 알고 있다.

화왕산 억새에 불을 놓아 세월을 태우는 산인들의 풍속으로 많은 사람들이 억새 숲을 좋아하고 또 사랑하는 것이다.

불로 태워야 다시 사는 바람 속 억새, 그 속에서 넘어지는 연습을 하는 억새, 몸 비비며 일어서고, 꿋꿋이 일어서는 그리움 그것은 바위 끝에 소나무를 앉혀놓고 되돌아가는 뒤안길에서 화염火焰을 걱정하는 화왕산의 이야기를 작품화하고 있다.

그대가 내 가슴을 두드리고 두드려 봐도
설익은 내 마음을 보일 수가 없어요
그대가 그물로 엮어 나를 낚는 이 하루

말라버린 젖줄 위 칼끝으로 짓누르면
하늘을 열어놓고 사르르 눈을 감아
그대의 입술 속에서 보름달로 뜨겠어요.

「수박」 전문

김 전 시인은 어떤 사물 하나라도 놓치지 않고 관찰하면서 작품화하고 있는 습관이 좋다. 그냥 보아 넘길 수도 있지만 이런 것들도 좋은 작품의 소재가 된다는 것을 알려주는 것이 된다.

모든 사람들이 수박을 사서 집에 가지고 가는 것을 시상으로 잘 포착하여 작품화하면서 익었나, 안 익었나를 두들겨보는, 수박 하나하나 골라서 그물에 들고 가는 상황을 형상화시켜서 잘 나타내고 있다. 수박을 칼로 자르는 모습이며 입술을 대고 붉은 속을 먹는 상황의식을 잘 표출하고 있다.

고향을 물어 봐도 말할 수가 없어요.
구름 따라 바람 따라 어디서 왔는가를
어설픈 다문화 가족 민들레로 꽃 피워요
앉아서 톱날 갈며 푸른 날 세워놓고
이 땅을 적시면서 노란 머리 고개 드는
두려운 조선의 이 땅 모국어가 흔들린다.

「다문화 민들레」 전문

우리나라에서 단일민족이란 말이 이제는 사라지고 '다문화'란 언어가 생겨났다. 대한민국도 얼마 안 가서 여러 민족들이 함께 살아가야 할 운명에 놓여 있다. 많은 언어들이 섞이면서 언어가 흔들리고 있음을 김 전 시인은 걱정하면서 이 작품을 쓴 것이다.

빨랫줄에 내 나신裸身을 헌옷처럼 걸쳐놓고
어설픈 생각들을 말리고 싶습니다.

찢겨진 비닐하우스 위로 하늘이 흐릅니다

스님이 다비식 하듯 불붙은 달빛 아래
이 가슴 불태워서 다시 나고 싶습니다.
부엉새 우는 겨울밤 순교자처럼 섰습니다.

「겨울 포도밭에서」 전문

경상북도 영주시 단산면은 포도생산지로 유명하다. 그곳은 소백산 맑은 공기와 햇빛이 항시 비치는 곳이다.

포도를 수확하고 난 다음 겨울 포도밭을 손질하는 것을 보면서 시인은 이 시의 발상을 잡은 것이다. 찢겨진 비닐하우스, 줄줄이 빨랫줄처럼 이어진 포도 줄기만 얽혀 있는 모습, 스님이 죽으면 다비식 하듯 쓰지 못하고 잘라낸 줄기를 모아 불에 태우는 모습, 포도의 큰 줄기만 포도밭을 지키는 그 모습이 마치 순교자처럼 보이는 것이다.

갇혀야 살아나는 핏빛 묻은 새 한 마리
어쩌다 눈물마저 굳어버린 바위덩이
이제야 저 푸른 강물에 날개를 적실거나

눈 감아야 들려오는 고뇌의 침묵소리
부질없는 절망을 강물에다 띄워놓고
왕방연 앉았던 그 자리 바람이 울고 있다.

「청령포에서」 전문

강원도 영월군 청령포는 단종의 유배지이다. 청령포에 갇혀서 살아온 단종의 혼령이 한 마리 새로 변신하여 푸른 강물에 퍼덕이며 날갯짓을 하는 새를 보면서 자유를 얻은 것으로 시인은 보았다. 그동안 얼마나 외로웠겠는가? 얼마나 마음이 아팠겠는가? 이런 것들을 다 헤아리며 쓴 작품이다.

고뇌의 침묵소리가 시인의 귓전에 들려오는 강가에서 절망만 안겨주는 강물 흐르는 소리를 들으며 금부도사 왕방연의 시 한 수를 바람이 읊고 가는 것을 시인은 듣고 있는 것이다.

그 많던 무거운 짐 어느 항구에 부려 놓고
빈병으로 나뒹굴며 갈대처럼 흔들릴 때
그 날엔 전화 벨소리 하염없이 울었다.

마음은 여느 때나 따스한 새벽이다
지우고 지워 봐도 되살아나는 아이들 소리
한바탕 행복감에 젖어 눈을 뜨는 이 아침.

「백수의 노래」 전문

작품 「백수의 노래」는 시인이 이제 모든 공직생활을 다 끝내고 백수가 되어 삶의 터전에서 마음속의 여러 가지 일들을 생각하고 느끼고 살아가던 주위의 일들을 다 내려놓고 나뒹구는 빈병처럼, 갈대처럼 흔들리면서 그날의 전화 벨소리를 듣고 있는 상황을 첫수에서 노래하고 있으며, 둘째 수에서는 자고 일어나는 시인의 마음은 항시 따뜻한 새벽이지만 아무리 지우려고 해도 지워지지 아니하고 되살아나는 생각들, 선생님으로서 교장으로서 이제는 다 털어버리고 자고 일어나는 아침, 행복감에 젖어 깨는 시인의 마음이 잘 나타나 있다.

새벽 강을 머리에 이고 눈바람 헤쳐 가며
언제나 종소리에 달려가던 어머님
눈물의 그 기도 소리 강물 되어 출렁이네요

바람소리 묻어 있던 어머님 치마 냄새
사랑이 응어리로 불 밝히는 이 밤중에
어룽진 어머님 기도소리 이 겨울을 녹이네요.

「겨울이 오면」 전문

작품 「겨울이 오면」을 통해 보는 김 전 시인의 어머니는 독실한 크리스천의 집안인 것 같다. 어머니의 눈물어린 기도소리에 아이들이 크고 자라며 지금까지 살아온 가정인 것이다. '언제나 종소리에 달려가던 어머니' 겨울 눈바람 헤쳐가면서 새벽종소리에 달려가 집안과 자녀들을 위해 눈물의 기도소리를 듣고 응답해 주시는 하나님의 은총이 강물처럼 출렁이는 가정, 그 어머니의 기도를 통해 가정생활의 어려움이 강물처럼 풀리고 어머니의 깊은 사랑으로 따뜻한 가정, 불 밝힌 환한 가정으로 거듭나는 축복 받은 가정임이 드러나 보인다.

무너지는 어둠 속 캄캄한 절벽이었다
수술대 실려 갈 때 바람도 눈 감았다
희미한 불빛위에서 지은 죄 깜박이며

살아온 길이만큼 길고 긴 터널 속을
샅샅이 뒤적이며 끊어낸 내 분신이여
아파야 길이 보인다는데 산 너머 산이

저녁 놀 붉게 타는 처연한 가을 병동에
창 너머로 떨어지는 단풍잎이 아름답다
가슴 속 촉촉한 가을비는 속절없이 내리고.

「절망의 언덕을 넘어 2」 전문

작품 「절망의 언덕을 넘어 2」를 읽어보면 김 전 시인이 건강상태가 좋지 않아 수술한 기억을 짚고 있다.

우리 인간들이 살아가면서 가장 중요한 것이 무엇인지를 잊고 살아갈 때가 있다. '재산을 잃으면 적게 잃는 것이요, 명예를 잃으면 많이 잃는 것이요, 건강을 잃으면 다 잃는 것이다.'라고 한 말이 기억난다.

첫째 수에서는 무너지는 어둠 속 캄캄한 절벽을 만나는 것과 같았다는 시인의 생각 즉 절망감이었다. 수술대 위에 누워서 수술실로 실려 갈 때는 바람도 눈감았다. 그 당시의 처절함과 절망감이 함께 엄습해 옴을 시인은 느낀다.

둘째 수는 자성自省하는 맘이 앞서는 것이다. 과거의 잘못함, 죄업, 등을 생각하며 내용의 분신을 잘라내는 아픔들, 생각은 산을 넘고 또 산을 넘는 것이다. 다음에는 어떻게 살아야 할지를 생각해 본다.

셋째 수에서는 '저녁 놀 붉게 타는 처연한 가을 병동', 이 구절을 읽으면 너무나 절절하며 그래도 중장에 와서 '단풍잎이 아름답다'라는 구절에 오면 마음이 놓이게 된다. 왜냐하면 가을 정취를 느낄 수 있는 마음을 엿볼 수 있어서이다. 그러나 시인의 마음속에는 속절없이 내리는 촉촉한 가을비는 어쩔 수 없는 마음의 상태인 것이다.

이상에서 김 전 시인의 시집 『겨울 분재』에 실린 작품을 읽어보았다. 그는 부드러우면서도 날카롭고 날카로우면서도 유연한 시인이다.

어떤 사물을 만나면 절대 놓치지 않는 정신적 파워를 발휘하면서 그것을 바로 볼 줄도 알며 바르게 세울 줄도 아는 시인이다. 이렇게 언어를 자연스럽게 경작할 수 있다는 것은 짧은 시간에 얻어지는 여유가 아니라 오랫동안의 수많은 고뇌와 번민, 수만 가지의 아픔과 어려움을 겪고 나서야 터득되어지는 문장 전술이며 창작문장의 진가라고 말할 수 있다.

시인의 시작詩作은 순수한 정신적 노동인 동시에 육체적인 질서와 추고 및 퇴고推敲의 반복이 꾸준해져야 완성된 작품을 이루어낼 수 있는 것이다. 김 전 시인의 작품을 읽어보면 그런 필자의 염려를 초월하게 되면서 작품의 안정성을 찾을 수 있어 좋았다.

이제 김 전시인은 중견시인으로 앞으로 우리 시단詩壇에 빛과 소금의 역할을 다하면서 계속하여 빛나는 시, 공감을 얻을 수 있는 좋은 작품을 써서 문단에 샛별 같은 존재로 대성하기를 바라면서 글을 맺는다.

한계순 시집 해설 ──박영교 (시인 · 한국문인협회 이사)

그리움이 깔린 조용한 갈참나무 같은 싱싱한 시

한계순 시인 자택 들어가는 입구에는 천년기념물 제285호 갈참나무 한 그루가 서 있다. 시인은 이 갈참나무를 항상 보면서 살아가는 시인이다. 그의 시는 이 갈참나무와 같이 싱싱하고 살아 움직이는 시를 발표해 왔다. 그리고 그는 늘 소녀 같은 마음으로 살아가는 작품을 구사하고 누구도 생각할 수 없는 시를 구사하는 시인이다.

한계순 시인은 2011년 9월에 첫 시집 『또 하나의 나이테』(도서출판 천우)를 출간하고 이제 두 번째 시집 『그리움을 줍다』를 오랜 고심 끝에 탈고하고 지금 그 원고를 넘겨받아서 읽어보고 있다.

작품 대부분은 첫 시집 작품을 벗어나서 좀 더 단단해진 작품들이며 호흡도 길고 작품에 자신감을 자진 작품일 뿐만 아니라 스스로 작품의 실마리를 풀어나가는 품이 작품의 성숙도를 생각할 수 있게 한다. 그의 시를 읽으면 우리가 살아 생활하고 일을 하는 동안 쓰인 시는 사물에 대한 감동으로부터 시를 쓰게 되며 그 감동은 마음속 깊은 곳에서 파도처럼 밀려오는 순수한 열정을 안고 오는 파도소리와 같은 형상일지도 모른다.

한계순 시인은 다른 시인과 달리 그가 생각하는 이미지 구상이 기발하다. 한 시인의 시적 감동은 어떤 사물을 유심히 보는 관점에서 얻어지는 폭포와 같은 이미지를 쏟아내는 것이 그의 시적 감동의 유일성이라고 할 수 있겠다.

시詩는 시를 쓴 그 시인의 인격이며 얼굴이다. 또한 그의 정신과 삶 그 자체自體이기도하다. 왜나하면 우리가 사용하는 언어생활, 지적 정신생활, 일상의 표현 등 그 모두가 우리 삶 속에서 우러나오는 것으로 곧 우리의

언어요, 시인 것이기 때문이다.12)

한계순 시인의 제2시집 『그리움을 줍다』는 전4부로 나누어 싣고 있다. 제1부 생의 여울목 20편, 제2부 그리움을 줍다 20편, 제3부 억새가 사는 이유 20편, 제4부 흘러가야 한다 21편, 전 작품 81편을 싣고 있다.

작품 한 편씩 보면서 그의 작품 속에 흐르고 있는 이미지와 내용 전반에 걸쳐서 훑어보도록 한다.

꽃이 내려요
새 하얀 꽃들의
넋이 내려와
삭막한 세상에
은빛 꽃을 피워요

잊혀진 첫사랑도
사뿐사뿐
발꿈치 들고 돌아와
새하얀 미소로
손짓해요

꽃으로 살다
꽃처럼 사랑하고
꽃잎 되어 떠나가면
그리움 내리는 밤
눈꽃으로 피나 봐요.

「눈」 전문

한계순 시인의 작품 속에는 자연과 함께하고 있으며 거기에는 항상 함께하는 것이 또 하나 있는데 그것은 그리움이다. 자연을 사랑하지 않는 시인이나 일반 사람들이 없지 않겠지만 그의 삶 속에 꿈틀거리고 살아

12) 박영교, 『시조작법과 시적 내용의 모호성』(도서출판 천우. 2013) p.137

오르는 것은 바로 자연이며 그것을 그리워하는 그리움이다.

이 세상, 삭막한 세상에 흰 눈이 내려 꽃을 피우고 있으며 잊혀진 첫사랑의 이야기도 발꿈치 들고 사뿐사뿐 걸어오는 미소로 눈 내리는 소리를 표현하고 있으며 그것은 그리움으로 변신하여 밤을 지나 새벽에는 설화로 피고 있음을 표현하고 있다.

날이 추울수록 눈은 마른 가지에 붙어서 오래도록 설화로 남게 되며 그것은 그리움으로 변신하여 꽃으로 화신이 되는 것이다.

무얼 바라고 무얼 얻으려 하는가./
알아주기를 원하고/
사랑 받기를 바라는가./
내가 나눠주고/
내가 사랑하면 그만이지/
허허/
세상사 호락호락하지 않으니/
하늘 아래서 못 얻으면/
하늘 위에서 얻으려니 믿고/
그래/
남은 길/
웃으며 천천히 걸어가자/

「허허 그래」 전문

한계순 시인이 사랑에 대한 지론을 이 작품을 통해 피력披瀝하고 있는 듯하다. 사랑 받기 위해 남을 사랑하는 것이 아니라 내 자신이 사랑하면 그것으로 나눠주면 그만이지 뭐 그리 바라는 것인가?

사랑은 그런 것이 아님을 말하고 있는 것이다. 내가 사랑하여 그것으로 만족하면 그만이지 그리고 그것을 이승에서 얻지 못하면 저세상에서 얻을 것이다. 믿고 남은 세상을 천천히 살아가자고 언급하고 있다. 사랑이란 사람의 힘으로 강제로 얻어지는 것이 아님을 한계순 시인은 잘 알고 있는 것임을 노래하고 있다.

누구는 복잡한 가슴
비워볼까 찾았고
누구는 빈 가슴
채워볼까 찾아온다
누구는 차창 안에
고성방가 풀어놓고
누구는 계곡 물에
찌든 삶을 풀어낸다

누구는 세상이
싫어서 숨어들고
누구는 세상이
부끄러워 숨어든다

접접한 번뇌 안고
떠도는 나그네
합장한 샘물에
심보나 헹궈서

염불하는 바람결에 말려서 가소.

「백담사」 전문

우리는 살아가면서 마음의 염원이 있을 땐 항상 조용한 사찰이나 교회를 찾아 자신의 의미를 기도하는 마음의 안정을 갖는다.

우리의 마음을 비우기 위해 찾을 수도 있고 가난한 마음을 채우기 위해 도량을 찾을 수 가 있는 법이다. 어느 것이나 마찬가지로 고려할 수는 있겠으나 세상을 살기 싫어서 찾을 수도 있고 세상에 자신을 내놓기가 부끄러워서 그곳을 찾을 수도 있는 것이다.

그러한 마음의 번뇌를 안고 살아가는 것 또한 인생의 삶의 한 방식일 수도 있으며 자신의 아픈 마음을 가람의 바람소리에 젖어서 다시 삶의 힘을 얻어 나갈 수 있는 길이 될 수도 있는 것이다.

한계순 시인의 백담사는 누구나 읽어봐도 공감이 가는 작품이라고 할 수 있겠다.

날마다 귀한 분을 만나
작은 속삭임으로
큰 울림을 듣는다

침묵의 깨우침에는
잠든 세포가 눈을 뜨고
여명의 기지개 찬란하다

깨알 같은 언어를
달군 가슴에 달달 볶으면
혜안 가득 진액이 나오고

찾는 만큼 보이고
보는 만큼 얻어지는
딱 그만큼만
허락되는 지혜의 원천이다

「책」 전문

세상에서 가장 큰 지식의 보고는 책이다. 옛날에는 자신이 원하는 책 한 권을 사기 위하여 서울에 유명 서점을 뒤지고 다니거나 옛 고서를 찾기 위해 청계천 고서점을 휩쓸고 다니면서, 아니면 인사동 골목을 다니면서 어렵게 얻어진 책을 밤새워 읽은 적이 있었다.

이제는 인쇄술이 발달하여 누구나 자기가 쓴 이야기나 아니면 자신의 시를 마음대로 작품화하여 책으로 발간할 수 있어서 책의 홍수시대, 범람

하는 책의 물결 속에서 보물 책이 어떤 것인가를 선별하여 가리기가 힘든 시대가 왔다.

한계순 시인은 책을 통해 우리들의 지혜가 자라고 귀한 분을 만나 대화하며 침묵의 깨우침을 준다고 했다. 작은 글씨 하나에도 그 속에서 진액이 나오고 혜안을 갖게 하며 내 자신이 찾는 만큼, 보이는 만큼, 지혜를 축적해 갈 수 있음을 독서를 통해 얻어지는 것이라고 한다.

저무는 언덕에는
안개 닮은 그리움이 자욱하다

숱한 생채기 달래며
묻어놓은 비애가
서걱대며 보채는 해거름

척박한 삶이 펴 올린
뽀얀 미소는
외로움을 초월한
침묵의 언어이며
못다 한 사랑의 고백이다

한사코
뜨거움만이 연정이 아니라고
빛바랜 유혹으로 손짓하며
바람의 길목을 서성이는 나를 본다.

「억새꽃」 전문

한계순 시인의 작품 「억새꽃」에는 슬픔이 가득한 삶의 원천이 서성이고 있는 것을 볼 수 있다. 억새꽃은 오랜 세월 동안 허옇게 퍼뜨린 안개꽃이다. 바람이 불면 부는 대로 날아가며 안개처럼 흩어지는 꽃이다.

우리의 삶이 척박한 삶일지라도 그의 삶은 외로움을 머금고 살아가는 초월의 언어이며 다 못한 사랑의 고백이라고 할 수 있다. 빛바랜 머리를 하고 차가운 연정으로 길목의 언덕에 서서 사람들의 이름을 부르고 서성인다.

저 어둠의 장벽에서
솟구쳐 오르는 재앙의 불길을
보았나요.

저 죽음의 땅에서
굶주려 헤매는 민족의 눈물을
보았나요.
저 살인마의 시커먼
뱃속에 들어찬 테러의 맹독을
보았나요.

저 집요한 독제의 세습에
희생당해 구천을 떠도는 넋들을
보았나요.

저 자유의 갈망에 목숨 건 탈북자의
피 맺힌 망향의 한을
보았나요.

하늘이여
하늘이여
정녕 민심이
하늘의 맘이라 하였거든

「하늘이여」 전문

전 세계에서 유일한 분단국가의 아픔을 한계순 시인은 그 아픔에 대하여 노래하고 있다. 어둠의 장벽에서 오르는 재앙의 불길, 이 풍족한 삶 속에서도 유일하게 백성들을 배곯아서 굶주려 헤매는 동족의 아픔을 외면하는 김일성 족속들, 저 집요한 독제정치 속에서 탈출해 넘어오는 우리 동족의 아픔을 시인은 그냥 볼 수 없는 탈북민들의 아픔을 노래하고 있다.

하늘은 민심을 그냥 보고만 있지 않을 것이며 푸른 하늘은 항상 하늘을 우러르는 사람들의 것이라는 것을 말해 주고 있다.

새벽 찬 이슬에
해질녘 논둑길 누비며
벼이삭 사이로
손보다 빠르게 튀는
눈치가 백단인 놈들을
진땀나게 잡았지
양파 망 속에서 난리치는 놈들을
짠하지만 사정없이 쪄버렸어
살랑대는 갈바람에
발갛게 건조되어 엄청 고소하네
주말에 오는 손자 녀석들 먹이려고
자연산 영양식 준비했지
도시에서 신나게 온 어여쁜 그 녀석들
얘들아 맛난 것 먹자
바구니 들고 양지쪽에 앉았다
우와 신난다.
피자야?
치킨이야?
에 잉! 벌레잖아?
이건 맛있는 메뚜기란다
냉큼 한 마리보란 듯이 냠냠
으아! 할머니 야만인이다
손자 녀석들 기겁하여 도망친다
쯧 쯧

「잃어버린 맛」 전문

작품 「잃어버린 맛」은 요즘 아이들에게 그 옛날 메뚜기를 잡아서 쇠솥에 불을 지피고 볶아먹던 시절을 말해주고 있는 상황의 시다.

우리들 어린 시절 누런 벼이삭 위로 뛰어다니던 그놈들을 잡느라고 해지는 줄 모르고 잡던 계절의 이야기다. 지금도 오일장마당에 나가면 그들을 볶아가지고 조금씩 나오는 것들을 보면서 값을 물어보면 매우 비싸게 부른다. 지금의 아이들은 그것들을 직접 볼 수 없고 제약회사에서 가공하여 아이들을 성장시키는 약으로 나오는 것을 볼 수 있다. 그 아이들이 먹고 자라나는 원동력이 되기도 하는데 지금의 아이들은 그것을 모르고 자란다.

한계순 시의 중하반부에 아이들에게 영양식을 준비했지만 도시에서 자란 아이들은 피자나 치킨을 먹고 자라 왔으므로 그것들을 모른다. 아이들은 할머니를 '야만인' 취급을 하면서 도망치는 것들을 작품을 통해 볼 수 있다.

야. 이 망나니 도둑놈아
영역을 넘었잖아

불법이 아니라고 밤마다
내 소박한 사랑을 훔치고
얄미운 발자국만 남기냐

싹둑 잘린 상처는 어쩌라고

그 맑은 눈동자
이젠 믿을 수 없어
미움을 엮어 울타리를 칠거야.

「고라니」 전문

영주문예대학 수업시간에 발표한 작품이다.

그 얼마나 기발한 이미지인가? 사람이 살아나가는 상황 속에서 수많은 좋은 작품들이 쏟아져 나올 수 있다는 것을, 이 작품을 통해 표출되고 있음을 보여 준다.

우리가 살아나가면서 유심히 보면 무엇이든 다 작품의 소재가 된다는 것을 직간접적으로 나타내는 작품이다. 조금만 더 생각해 보면 좋은 아이디어가 나올 수 있는데 아무 생각 없이 사물을 보고 넘기니까 이런 작품이 나오지 않는 것이다.

고라니를 보면 정말 귀엽고 그 눈동자는 맑은 자연을 항상 가득 담고 다니는 동물로서 그런 생각은 우리 사람들만의 생각이다. 시의 마지막 연을 읽으면서 시인의 생각, 시인의 깨끗한 마음 등을 엿볼 수 있어 좋다.

이 작품에는 '미움을 엮어 울타리를 칠거야' 이 한 구절이 작품 전체를 좌우하고 있는 것이다. 물론 다른 구절도 좋은 것이지만.

그런 눈빛으로 유혹하면 어쩌나 /
까만 고독의 면전에서/
너무 야하게 분칠을 했잖아/
그 간드러진 미소에 /
바윗덩어리도 상사병 들겠어./
안으려면 외면하고/
돌아서면 안달하는 내숭쟁이/
매화꽃 안고 엔간히 희롱하더니/
엄동의 앙상한 나목에 앉아/
한 폭의 외로움을 그리네/
성에가 붓질하는 창 너머/
환하게 그리움을 걸어놓았네/

「달님」 전문

한계순 시인의 작품 「달님」을 읽어보면 모든 사람들이 다 쳐다보면서 사랑하는 달을 보며 생각하는 사람들의 각각의 마음을 표현할 수 있는 시라고 볼 수 있겠다.

달을 쳐다보면서 소원을 비는 사람도 있을 것이고 염원을 고하는 이도 있을 것이며 그리움을 호소하는 사람들도 있을 것인데 한계순 시인은 고독, 그리움, 외로움 등을 이야기하면서 마지막으로는 앙상한 겨울 나뭇가지에 외로움을 그리고 그리움을 걸어놓는 것으로 달님을 보고 있다.

한세상 준비에 익숙한 삶
미래를 준비하고
자식의 장래를 준비하고
마지막 노후준비를 하고 나서
모두 이루었다고 안도했다
어느 날 점점 빨라지는
나이의 속도가 최후를
준비할 숙제로 다가왔다
알맹이의 갈 곳은 예약되어 있으나
알뜰히도 써먹은 껍데기지만
그냥 버리기는 아깝다
흙으로 돌아가고
혹은 한 줌의 재가 되기 전
하늘이 내린 살신성인은 못 되어도
쭈그러진 빈 몸뚱이나마
재활용이 되고 싶다
혹여 누군가의 생명에 보탬이 된다면
그 얼마나 값진 죽음이겠는가
살아서는 재능기부
죽어서는 시신기증
이것이 참된 보시요
헌신이라 믿기에.

「초월」 전문

우리가 평생을 살면서 이 세상에 남기고 가는 것이 무엇인가? 사람은 이름을 남기고 호랑이는 가죽을 남긴다고 했다.

한계순 시인은 작품 「초월」을 통해 많은 사람들 앞에서 이러한 일을 했으면 좋겠다는 생각을 피력하는 것이다. 평범한 사람들은 미래를 준비하고, 자식의 장래를 준비하고, 마지막으로 자신의 노후를 준비한다고 한다.

살아서 자기가 갖고 있는 모든 재능을 이 세상 사람들을 위해 다 쓰고 난 다음 마지막으로는 한 줌의 흙으로, 한 줌의 재로 돌아가기 전 자신의 시신을 그렇게 아무 쓸모없이 버리지 말고 죽어서도 참된 헌신을 하자는 것이 한계순 시인의 지론인 것이다.

야들한 비단 폭
곱디곱게 물들여
구름솜 사려 넣어
원앙금침 수놓아

추풍에 먼 길 돌아오신
임의 밤을 쉬게 하리.

「노을」 전문

작품 「노을」에 대해서 한계순 시인은 자유시로 쓴 것인지는 모르지만 이 작품은 완벽한 단형 시조의 한 수首이다.

현대시조의 양상은 그 옛날 고시조와는 달리 자수율만 가지고 언급하지 아니하고 음보율을 함께 곁들여서 율격을 조율함으로써 시조에 대한 그 운신의 폭이 매우 넓어졌다고 하겠다.

노을의 빛깔과 그 아름다움을 비단 폭에 비유하고 있으며 그 비단으로 원앙금침을 만들어 님의 밤을 편안하게 쉬게 하겠다는 한 시인의 생각이다.

애증의 파도가

아름다운 줄
퍼런 멍이 들고서야

밀밀한 모성이
영롱한 줄
진주알 품고서야

잔인한 뙤약볕이
사랑인 줄
소금이 되어서야
알았네.

「바다 1」 전문

작품 「바다 1」도 단형시조의 형태를 품고 있는 작품이다. 자수율과 음보율을 겸하여 보면 자수가 좀 넘어서도 시조로 수용할 수 있을 뿐만 아니라 언어의 쓰임과 종장 처리를 보면 시조의 격조를 알게 된다.

시조의 중요성은 초장, 중장도 중요한 역할을 하지만 그 중에는 종장의 역할이 가장 중요함은 강조하고 또 강조해도 부족한 것이다. 시조의 종장은 비유하자면 한복 주름치마의 말기와 같은 역할을 한다고 했다.

한계순 시인은 시퍼런 바다를 보면서 파도, 퍼런 물결, 아프면서도 품고 있는 전복의 진주알, 잔인한 뙤약볕, 소금 등을 통해서 사랑이 무엇인가를 새삼 깨닫게 되고 느낌을 얻는다는 것이다.

머나먼 하룻길이
어이 그리 힘겨운지

이끼 낀 주름 사이로 번지는
회한의 물결 따라
텅 빈 쪽박이 맴을 돈다

혼자만 가는 곳은 아니지만
홀로 가야 할 지독한 고독

내가 너무 오래 살았다
입고 갈 옷은 우예노

낡은 뼈 동이고 갈 삼베옷
먼 옷 챙기시는 어머니

가슴에 묻어둔 애물단지는
어이 쏟고 가시려나.

「어머니의 수의」 전문

문학은 인간이 살아가는 길이라고 생각한다.

문학은 사람이 살아가는 길에 뜨겁고 눈물이 있는 정원의 꽃 향이거나 또는 춥고 삭풍이 부는 날 따끈한 희망을 주는 내용이거나, 아니면 어려운 세상살이에서 보석 같은 언어로 사람들에게 삶의 활력소를 부여해 정신의 혼을 건져 올릴 수 있는 것이 문학의 힘이며 우리들에게 비춰지지 않는 정체성Identity을 잡아내어 일깨워 주는 것이 문학이라고 생각한다. 13)

한계순 시인은 작품 「어머니의 수의」를 통해 사람이 살아가는 길이란 무엇인가를 말해주고 있는 것이다. 혼자 가는 길이지만 그 고독 속에서 혼자라도 입고 가야 할 수의를 걱정하면서 살아가는 아픔을 쏟아놓고 있다.

사랑하기에
엄동에도 식을 수 없었고
아지랑이 유혹에도

---

13) 박영교, 앞의 책 p. 149

졸지 않았다

간절하기에
밟혀도 누울 수 없었고
목이타고 배고파도
울지 않았다

언약이기에
옹차게 허리띠 졸라매고
바람의 분탕질에 흔들려도
꺾이지는 않았다

보람이기에
서둘러 금빛 바다 출렁이고
보릿고개 넘던 옛날이
노랗게 웃고 있다

「보리밭」 전문

요즘 아이들은 보릿고개를 모르고 살고 있으니 얼마나 다행인가? 그 보릿고개를 없애기 위해 박정희 대통령이 필리핀 마르코스 대통령에게 그 수모를 당하면서 얻어 온 볍씨로 통일벼를 만들어 해소한 것이 보릿고개이다.

한계순 시인은 작품 「보리밭」을 통해 지난 날 아픔과 오늘날 그리움을 함께 나타내고 있음을 볼 수 있다.

보리는 엄동설한에도 푸르게 자라 올라 간절한 그 마음은 밟혀도 살아오르고 또 살아올라 배고픈 우리 허기를 채우고 또 삶의 풍성한 방귀도 뀔 수 있게 만드는 보릿고개, 지금은 웃고 넘길 수 있는 고개일 것이다.

니들은
아직도 화들짝 놀라는구나
노랗게 물오른 들판에

한철 북적대던 소박한 전쟁
그 긴장의 싸움에서 이겨
수백 마리 포로를
헝겊 자루에 담아
의기당당 돌아오던
그날에도
산그늘은 내리고
늦바람난 쑥부쟁이
희뿌옇게 해실대고 있었지

「메뚜기」 전문

한계순 시인은 메뚜기를 잡아서 그것을 반찬으로 해 먹던 시대, 간식으로 볶아먹던 시절도 있었다. 요즘 아이들은 상상도 못할 일이다. 많은 메뚜기를 잡아서 솥에 쪄서 말리고 그것이 돈이 되던 시대도 있었다.

시인은 그런 시대를 겪어 왔고 배고픈 시대의 아픔에도 살아온 사람이므로 그 모든 어려움을 이겨내는 힘도 있는 것이다.

한계순 시인은 자기 작품에 대해서 애착을 갖고 열심히 쓰는 시인이다. 시인이 자기 작품에 대해서 역사의 심판 앞에 겸허히 서는 것도 서는 것이겠지만 그 이전에 시인은 자신의 작품에 대해 얼마나 최선을 다했는가, 얼마나 진실하게 마음을 쏟았는가를 한 번쯤 짚어보고 넘어가야 될 줄 안다.[14)]

어둠이 서두르는 산골마을
굴뚝마다 피는 매캐한 연기 골목을 감돌아
아이 부르는 엄마들의 목소리 어우러져 정겨웠다
골목을 누비며 숨바꼭질하다가 시장기가 돌고
삼배 적삼에 젖은 고단을 알길 없는 철부지들
칼국수 미는 엄마 옆에 붙어 앉아

---

14) 박영교, 『文學과 良心의 소리』(도서출판 대일 1986) p. 100

"국시 꼬리 많이 줘 잉"
쪼르륵거리는 배에 군침을 삼켰다
"앵! 다 썰었네." 눈물이 핑 나도록 속상해하면
"다음에 남겨주마 오늘은 반죽이 적어서."
쓴 미소 짓는 엄마가 약속했다.
아궁이 불에 구우면 풍선처럼 부풀어 바삭하고 고소한 국시 꼬리
그 맛의 추억을 잊을 수 없다

「그리움을 줍는다.」 전반부

이 작품은 한계순 시인의 표제시表題詩이다. 이 작품은 호흡이 길어서 전작을 싣지 못하고 작품 전반부만 싣고 작품 전체를 감상하고 싶었다.

전반부에 실은 작품은 그 어렵게 살던 시대에 집에서 저녁때는 어김없이 어머니가 부엌에서 암반을 펴고 홍두깨로 밀어서 반죽한 손칼국수 꼬랑지를 얻어먹기 위해 어머니를 졸라서 얻어 부엌에 불 위에 넣어 굽는 이야기를 작품화한 것이다.

그런 것들과 전기가 들어오지 아니한 고향집 호야 불을 걸어두고 오빠에게 듣던 무시무시한 이야기의 실마리를 들으면서 그 옛날 추억을 떠올리는 시인의 마음, 오늘은 그 어머니가 애호박을 넣고 손칼국수를 해주던 그것을 생각하며 오늘 시인이 직접 느끼면서 손칼국수를 해 먹고 싶은 심정을 작품화하고 있다. 아마도 모르긴 하지만 공민왕의 도루묵 국을 먹는 그런 느낌이 아닐까 싶다.

마지막
미움까지
사랑할 수
있도록
저 하늘
끝자락
노을

한 동이
펴다가
펴런 가슴
붉게
물들이고
싶어라.

「맘」 전문

한계순 시인의 작품 「맘」 속에는 무엇이 들어 있을까?

지금까지 살아가면서 마음속에 숨어 있던 여러 가지 겪었던 일들을 미움으로 놓고 있는 것들이 사랑으로 변화할 수 있도록 저녁노을 붉게 물든 한 동이를 펴서 내 마음을 변화하게 만들고 싶어 하는 시인의 본심을 표현한 것이다.

너무 깊어
볼 수가 없었고

너무 높아
잡을 수도 없더니

세월의 깊이만큼
내려가고

나이의 높이만큼
올라가니

이제 보이네.
하늘과 바다가

그 주름 속에
타고 있는

뜨거운 사랑이
눈부시네.

「어머니」 전문

한계순 시인의 어머니에 대한 존경과 사랑이 들어 있는 작품이다. 그는 이 작품 외에도 어머니에 대한 작품은 몇 편 더 있다. 작품 「어머니의 바다」도 같은 맥락에서 쓰인 작품이다.

너무나 깊고 너무나 높아서 그 사랑은 보이지 않았으나 나이가 들면서, 자식을 키워 보면서, 세월의 깊이를 더해 가면서 보이는 어머니의 사랑이 보이면서 어머니에 대한 사랑을 깊게 느낄 수 있었다.

우리가 살아가면서 어버이의 사랑에 대한 넓고 높은 사랑을 측량할 수 없을 만큼 느끼는 것은 부모님이 돌아가신 후에 느끼고 후회스러움을 마음에 간직하게 된다. 그래서 '수욕정이 풍부지요 자욕양이 친부대.樹欲靜而風不止, 子欲養而親不待也'[15] 라. 나무는 고요하려 하나 바람이 그치지 않고, 자식은 봉양하려 해도 어버이는 기다려 주지 않는다.

완벽하면
그건 사람이 아니지
모자람의 빈자리에
긍정의 뿌리를 내리자

척박한 맘 일구어
진실의 땀 뿌리고
서리 내린 이랑에
늦은 씨알 심어도

괜찮아

서두르지 않아도

15) 韓詩外傳

훈기 남은 서녘
노을은 붉게
내 안에서 영그니까

「괜찮아요」 전문

사람이 산다는 그 길은 너무나 구절양장九折羊腸과 같은 길이라는 걸 한계순 시인은 잘 알고 있다.

수많은 시절과 어려운 삶의 굽이를 돌아 나와 조상들이 정착해서 일궈놓은 지금 이곳에 정착하고 많은 자녀들 교육을 잘 시켜서 훌륭한 가정을 일궈나가는 한계순 시인이다.

사람이 살아가는 길이 완벽하지는 않지만 모자라는 것을 채워 나가고 어렵고 척박한 땅을 일궈서 씨를 뿌려 농사를 지으면서 진실 되게 살아가는 것, 좀 늦은 이랑이라도 씨앗을 뿌려 서두르지 않는 느긋한 삶을 살겠다는 시인의 계획이다. 너무나 빨리빨리로 생활하다 보면 그리움이 그냥 지나가는 것을 한계순 시인은 느끼고 있는 것이다.

너무나 바쁜 도회의 생활 속에서 계절의 변화를 느끼지 못하는 사람들에게 자연에도 마음을 돌릴 여유를 안겨주는 것만으로도 괜찮은 생각이며 서두르지 않고 그 변화를 마음속으로 느끼는 삶을 살고 싶어 하는 마음일지도 모른다.

생각에는 시간이 필요하다
순간의 생각을 따르면
어느 날
내가 왜 그랬을까
돌이킬 수 없는 날에
부끄러운 후회를 남길 수 있다.

생각에는 목표가 중요하다

무작정 달리는 몸이면
어느 날
내가 왜 여기에 있지
돌아갈 수 없는 길에
안타까운 후회를 남길 수 있다

「그렇구나」 전문

우리가 살아가는 일에는 항상 생각이 필요하며 그 생각은 신중해야 하고 후회 없는 생각으로 살아가는 목표가 충실해야 한다.

한계순 시인은 생활 속에서 많은 삶의 영역에서 어려움도 겪어 보기도 하고 자기 자신이 한 일에 대해서 반성도 해본 기억이 있었던 것 같다. 살아가면서 후회 없는 생활을 했다면 그것은 완벽한 삶의 길이지만 목표 없이 하다가 보면 자신이 온 길이 많은 안타까운 삶으로 후회를 할 수 있는 것이다.

그렇구나. 다시 부끄러운 자신의 발자취를 보면서 돌이킬 수 없는 상황까지 왔을 땐 너무나 큰 후회를 갖게 되는 것이다. 이때 우리는 서산대사의 시가 생각나게 한다. 답설야중거踏雪野中去 불수호란행不須胡亂行 금일아행적今日我行蹟 수작후인정遂作後人程(눈을 밟으며 들길을 갈 때에는, 모름지기 함부로 걷지 마라. 오늘 내가 남긴 발자취는 후세인들에게 이정표가 될 것이니.)

꺼지지 않는
불꽃
가치 있는
삶의 초석
지혜를 깨우는
모정의 음성

시간을 초월한
영혼의 울림

살아 있는

감성의 보고

소통하는
가슴의 열림

언어의 꽃
영장의 향기이다

「문학은」 전문

한계순 시인 작품 「문학은」을 통해 문학을 짧으면서 감동적이면서 시적으로 정리하고 있다. 누가 이런 감동으로 자신이 느끼고 있는 문학을 정의할 수 있겠는가? 그것은 늘 살아오면서, 글을 써 오면서, 문학에 심취해 오면서, 함께 동거해 오면서 항상 잊지 않고 함께 생활해와야만 이런 정의를 내릴 수 있는 것이다.

삶의 초석, 모정의 음성, 영혼의 울림, 감성의 보고, 가슴의 열림, 영장의 향기로 정리하고 있지만 그 속에는 말할 수 없고 형용할 수 없는 그늘과 양지가 살아 꿈틀거리고 있는 것이다.

고이면 썩는 줄 알기에
실개울은 밤새워 노래 부르고
돌부리에 깨어져도 울지 않는다

멈추면 썩는 줄 알기에
바람은 비좁은 틈새도 차별 없이
정화의 풀무질을 쉬지 않는다

아
슬프게도 사람만이 더러는
마음을 가두고
욕심을 가두고
굳은 편견으로
새로운 물결을 거부하고

부정의 늪에서 허우적이며
순리의 흐름을 방해하고 있다

「흘러가야 한다」 전문

작품 「흘러가야 한다」에서 보면 한계순 시인은 모든 사물이나 물, 그리고 사람들이 차고앉은 그 자리도 모든 것들은 바람처럼 흐르는 물기처럼 순조롭게 순리로 흘러가야 한다고 했다.

바람은 사정없이 파고들어 아무데나 그리고 무엇이나 파고들어서 새로운 물결로 만들고 바람은 사람의 비좁은 틈새도 마다 않고 파고들어 정화시키는 흐름으로 변화시키고 있다. 모든 자연은 이렇게 변화해 가지만 유독 사람의 일만이 슬프게도 욕심으로 자신의 마음을 가두고 굳게 자신을 지키며 새로운 바람을 거부하며 부정의 늪에서 헤어나지 못하는 동물이다. 사람은 스스로 자신을 돌아볼 수 있어야 사람인 것이다.

칠백 년 인고를
아름드리 끌어안고

굽이치는 세파에도
줄기차게 지킨 뿌리

베풀고 가르치는
천연 기념물 터줏대감

장엄한 기상에
부윤한 그늘 담아
사계절 솔기마다
박음질한 정성으로

아린 옹이에
겨우살이 터를 주고

휘어진 가지로
텃새들 품어주며

밀밀한 삶의 길목
타래 엮어 지켜주네.

「병산의 갈참나무」 전문

작품 「병산의 갈참나무」는 700년이나 살아온 병산의 지킴이다. 천연기념물 제285호로 지정되어 보호수로 오랜 세월을 세월의 아픔과 즐거움과 서러움도 함께 겪어 왔으며 병산의 고향산천 모든 내력을 간직하고 있는 보호수 갈참나무이다.

독자들의 마음과 정신을 사로잡는 좋은 작품은 어렵고 힘든 생활이나 삶의 절실함 속에서 쓰인 작품들이다. 아무리 좋은 미사여구美辭麗句라도 그 속에 절실한 생활이 없고, 눈물과 한숨이 없고, 진실과 그것의 아픔이 없으면 공감과 공명을 얻어낼 수 없는 것이다.

한계순 시인의 작품 속에는 순수함과 열정이 숨어 있으며 그리움과 지난날의 아픔이 살아 꿈틀거리는 그늘로 항상 물결처럼 출렁거리고 산그늘처럼 조용히 내리는 잃어버린 그림자들이 하늘거리고 있다.

시인의 마음속에는 큰 바다가 펼쳐져 있어야 하고, 때로는 높은 산도 우뚝 솟아 있어야 하고, 드넓은 푸른 평원과 골짜기, 모래바람이 몰아치는 사막도 깔고 앉아 있어야 한다.

그 사막에서 부는 모래바람을 맞으면서 인생을 생각하는 깊은 마음이 일고 그 깊은 골짜기를 빠져나오면서 얻어지는 삶의 진실을 이야기 하며, 푸른 평원에 서서 하늘을 바라보며 먼 지평선에 넘어가는 노을을 그리면서 넓은 바다를 주름잡으며 밀려오는 고된 삶의 파도소리와 그 파도가 해변의 석벽에 부딪쳐 부서지는 물결의 파편을 보면서 인생에 대한 아픔

의 진실을 나눌 수 있는 생활이어야 한다. 16)

한계순 시인의 제2시집 속의 원고는 첫 시집 내용보다 그 보법이 묵직하면서도 좀더 성숙된 이미지구상과 단단한 생각의 진실이 담겨져 있으면서도 작품골격이 탄탄하다. 작품은 그 시인이나 작가에 있어서 살아있는 영혼의 꽃이다. 그러므로 시인들은 자기 작품에 대해서 어디까지나 책임을 져야 하기 때문에 퇴고와 번민을 꾸준히 하지 않으면 안 된다.

한계순 시인의 제2시집 출간을 축하하며 앞으로 더욱 좋은 작품을 써서 독자들에게 보답하기를 바라마지 않는다.

---

16) 박영교, 『시와 독자 사이』(도서출판 청솔 2001) p. 223

최예환 시집 『혀』 해설 —박영교 (시인 · 한국문인협회 이사)

당당한 삶의 자세와 그의 시적詩的 위상位相

최예환 시인은 의사로서 의학박사이며 봉화제일의원 원장이다. 그는 영주문예대학 7기생으로서 열심히 주경야독했다. 그의 문학에 대한 열정, 시조 창작에 대한 열정은 그를 더욱 화려하게 문단文壇에 등단시키는 요소가 되었다.

제29회 신라문학대상(시조부문)에 당선되었으며 한국문인협회 기관지 《월간문학》 2018년 2월호로 등단했다. 그리고 계간 시조문학지 《좋은 시조》 2018년 여름호에도 등단하여 자신의 실력을 다시 한 번 더 검증을 받았다. 《좋 은시조》 2019년 여름호에서는 우리나라 시조계에서 쟁쟁한 시인들과 함께 신작시조 10편의 소시집小詩集도 꾸몄다. 신인으로서 현대시조계에서 그 입지를 당당하게 굳혀가고 있다. 현재 그는 시조 작품을 넘치도록 써놓아, 등단 이후 시조집을 이렇게 빨리 낼 수 있게 되었다.

최 시인은 크리스천으로서 교회 여러 분야에서 봉사활동을 할 뿐만 아니라 문학인 선후배 간에 문학적 교류도 왕성하다. 이는 지역 문학 활동이 날로 번창할 수 있는 동기부여가 되고 있다.

이번 작품집에는 90여 편의 작품을 실었다. 제1부와 제2부에서는 일상에서 만나는 주변 잡기와 자연을 이야기했고, 제3부는 한자의 파자破字와 동음이의어同音異議語, 한글 자음의 응용 등의 작품을, 제4부에서는 가족과 부모에 대한 마음을 담았다. 최 시인은 단형시조로부터 두 수 연시조, 서너 수 연시조를 골고루 발표하고 있으며 그의 단형시조 뽑는 솜씨는 다른 연시조에 비해 단연 돋보이고 있다.

최예환 시인의 작품을 만나 보자.

봄은, 드는 게 아니라
반듯이 세우는 거
그 두께를 이겨낸
당신을 반기듯이

쓰러진
그리운 것들
반드시 일으키는

비웠을 때 오히려 내일이 넉넉한 거
씨앗 속 들여 보면 이 강산 푸르디푸른
청靑사진
하나 품었다가
넉넉하게 펼치는,

「입춘立春」 전문

최 시인의 작품은 언제나 싱싱한 푸른 나무와 같다. 이 시도 그의 시원하고 싱싱하게 느껴지는 작품 중의 하나다. 봄은 '드는 게 아니라 세우는 거'라고 했다. 사람이 살아가면서 넉넉하게 살아가야만 좋은 일상이 되고 마음도 너그러워지는 것이다. 우리가 어디에 가 살아도 햇볕을 받지 않고는 살 수 없다. 자연의 섭리가 그렇고 계절의 변화도 그렇다. 절로 오고 절로 가는 데는 인간의 초조한 마음이 필요 없다. 다 비우면 채워지는 것이다. 새로운 씨앗으로 새로운 세상을 푸르게 가꿀 너그러움을 표출하는 것이 바로 시인의 입춘이다.

한데 널어둔 빨래 서둘러 걷다가

아서라, 그냥 두자 봄비에 푹 젖도록

혹 알아
거기 싹터서

꽃 피고
새가 들지

「봄비·3」 전문

최 시인은 봄비에 대해서 너무나 관대하다. 그도 그럴 것이 기나긴 산촌의 겨울에 얼마나 움츠려 있었으며 그 기나긴 추위 속에서 얼마나 오랫동안 기다려온 봄이었겠는가? 봄비를 통해서 이 지역의 모든 억압당하던 아픔과 삶의 그리움이 추위에 묻혀서 생활의 위축을 받았겠는가? 그 아픔을 단비를 통해 풀고 싶은 심정일 게다. 이 작품 종장은 일품이다.

남해 청정바다에서 갓 잡아 말렸다는

멸치 파는 트럭에는
고성이 분주하고

물 볕을 물고 있는 입

아우성이 아직,
짜다

「멸치」 전문

단형시조의 생명은 종장이다. 물론 초, 중장도 그 구성관계가 앞과 뒤를 받쳐줘야겠지만 단연 종장이 생명력을 가져야 한다. 최 시인의 시조에서는 단형시조가 돋보인다. 그가 쓴 세 수, 또는 네 수의 호흡이 긴 작품들도 좋지만 단형시조에는 시인 자신의 시적 생명력을 확실히 갖게 하는 힘이 있다.

우리가 고시조를 통해 옛 선조들의 체취와 생활풍습, 언행, 그리고 시대상까지 느낄 수 있듯이 현대시조 속에서도 우리들의 발자취와 생활의 단면을 떠올릴 수 있으며 그런 면을 형상화하고 있음이 분명하다. 우리는 그것을 통하여 시대를 분명히 알고 바로 볼 수 있는 마음을 이야기하고 또 그 노래로 인해 민족의 횃불을 보는 힘을 싹틔운다.17)

어제는 봄꽃 터널로 내가 빨려들더니
오늘은 내 목 터널로 봄이 빨려들었다
봄에는 봄의 것들을 먹고 봐야 제 맛이다

쑥쑥 자라 쑥이라더니 어느새 먹는 쑥국
저녁상 국 한 그릇에 밥 한 그릇 뚝딱한다
아내는 보는 것만으로도 입꼬리에 봄이 왔다

첫술 떠 넣는데 쑥 향기 너무 진해
쑥국 쑥국 울음소리 귓가에 들리더니
정신 줄 놓아버리고 나는야 새 됐다

「쑥국」 전문

봄철 입맛을 돋우는 봄나물로는 냉이, 달래, 쑥 등이 있다. 그 중에서도 쑥은 국으로 끓여 약으로도 먹는다. 최 시인은 작품 「쑥국」을 통해서 언어의 음성에 대한 묘와 언어의 뜻의 묘미를 잘 살려서 작품화하고 있다. 쑥은 엮어 달아놓아서 3년 묵으면 좋은 약이 된다고 한다. 옛날 할아버지, 할머니의 말씀을 빌리면 단오 전후로 닭 울음이 들리지 않는 곳에서 채취하여 그늘지고 바람 잘 통하는 곳에 엮어 달아놓은 약쑥이 좋은 약재가 된다고 했다. 요즘은 그렇게 하지도 못하지만 농약 살포로 인해 좋은 약쑥은 구하기도 어렵다고 한다.

저만의 보법으로 허공에 길을 낸다
뼈대만 남겨둔 채 자신을 다 비워야
꼿꼿한 어둠을 뚫고

17) 박영교 『文學과 良心의 소리』(도서출판 대일,1986) p.64

꽃, 꽃으로 핀다

새털처럼 어깨에 앉아 세상 문 여닫는데
빈 숲 가로질러 와 바싹 당겨 앉는 소리
흰 눈이 내리는 거다
낙엽이 지는 거다

울음도 결이 있네
가슴, 가슴 울리는

당신은 사라졌지만 살에 뼈에 스며 있어

득음한 바람으로 오는
영, 영 지지 않을 꽃

「대금大笒」 전문

대금은 한국음악에서 널리 사용되는 관악기이며 저, 젓대라고도 한다. 죽부악기, 향악기라고 하며 슬프고 신비스러운 소리로, 장쾌하고 맑은 소리가 난다고 하겠다. 굵고 긴 대나무에 구멍을 뚫어 가로로 부는 악기다. 왼쪽 어깨에 얹어서 연주하기 때문에 연주자는 고개를 왼쪽으로 틀어야 한다. 동서양을 통틀어 이런 형태로 연주되는 유일한 악기이다. 길이는 80센티미터가 넘어 한국전통 관악기 중에 가장 크다고 하겠다.

최 시인의 작품 「대금」을 통해서 대자연의 이치를 깨우친다. 첫째 수에서는 자기 자신을 비워내야지만 어둠을 뚫고 꽃으로 핀다고 했다. 둘째 수에서는 '빈숲을 가로질러 와 바싹 당겨 앉는 소리'를 눈 내리는 소리, 낙엽 지는 소리로 연상하고 있다. 마지막 수에서는 가슴을 울리는 울음결, 득음한 바람이 피운 꽃, 영원히 지지 않을 꽃이라고 했다.

대금은 중금·소금과 더불어 신라의 삼죽三竹으로 알려져 있으며 신라시대부터 있던 악기로, 『삼국사기』에는 동해에서 난 대로 저를 만들어 부니 적병이 물러나고, 물결이 가라앉고, 질병과 가뭄이 그치므로 만파식적萬波息笛이라 불렀다고 한다. 이 저를 대금의 효시로 본다.

1.
꼬여서 아름다운
필름마저 끊겨버린

비 젖는 거리마다
그리워 서성이는

달곰한 요령 울릴 때
촉수 곤두서는

2.
열려야 쏟아진다
거짓이거나 진실이거나

새빨개야 더 믿는다
확신에 찬 위장이여

경계는
튀기는 파편
자가당착 빠지지 않기

3.
그대여 닫지 마라 금 아닌 침묵 앞에
묵은 것은 외려 썩어 악취 진동할지 몰라
나만의 주문을 왼다
'열려라 참깨, 참 깨!'

「혀 1」 전문

최 시인의 작품 「혀 1」은 인간이 살아가면서 겪는 여러 가지 일들을 생각할 수 있는 작품이다. 사람들은 세 치밖에 안 되는 혀로 잘못을 저지르는 경우가 있다. 예부터 내려오는 말에는 '혀 밑에 도끼가 들어 있다'라는 말이 있다. 세 치 혀로 잘못된 일을 하는 것을 극단적으로 표현한 것이다.

첫째 수에서는 비가 오는 거리에서 사랑하는 이를 그리워하는 마음을 담았다. 둘째 수에서는 진실이든 거짓이든 말할 때는 진실인 것처럼 알아듣게 해야 하며 말과 행동은 일치해야 함을 강조한다. 셋째 수에서는 '침묵은 금이다'라고 하지만 그것은 옛말이니 말은 알맞게 할 수 있어야 된다는 것을 시인이 독자들에게 일러주고 있다.

쉬이 열리지 않는 난공불락의 거기
깨물어서라도 지킨 네 안 은밀한 성

깊숙이 뿌리박아 둔

꿀보다 더 달콤한,

콧대 높이 세워도 네가 콧대 아닌데

너는 참 새침하다 차암 내 처참하다

저물어 모두 돌아가는데

아직 거기

꾹, 꼬옥

끝내 못 봐 돌아선 지친 어깨 너머로

철옹성 흔들리며 삐걱, 그녀 문 여네

옴om처럼 일갈하는 저

끈끈한 말

'혀!'

「혀 2」 전문

「혀 2」에서는 은밀함 속에 갇혀 있는 혀의 속성과 그 성이 열리기를 애타게 바라는 자의 대결 구도를 볼 수 있다. 남과 여의 관계 속에서 갑과 을의 관계를 보는 듯하다. 콧대를 높이 세운다고 해서 자신이 높아진 것도 아닌데 덩달아 높아진 줄 착각하는 사람들을 꼬집는 것으로 보인다. 애절하게 구하다 처참한 심정으로 포기하고 돌아가는 어깨 뒤로 그녀의 문이 열린다.

그리고 옴om처럼, 전언mantra처럼 허락의 한 마디를 던진다. '혀!' 신체의 부위를 말하면서 허락의 의미를 던지는 이중적 구조가 맛깔스럽다.

여름이 가던 끝에

부아가 났나 보다

실핏줄 터지도록

시울이 벌게졌다

이러다

가을 불 번지나

온 산 다 타겠다.

「가을 비」 전문

최 시인의 작품 「가을 비」에는 여름 동안 내내 뜨겁고 무더운 기운을 식히기 위해 내리는 가을 비, 시인은 여름 무더위를 지금까지 내내 마시다가 부아가 나서 내리는 가을비로 보고 있다. 그것이 이어져서 온 산이 가을 불 번지면서 붉게 타는 것으로 작품화하고 있다.

호골산* 정상에서 만난 때 이른 진달래야

얇은 볕에 피었다가 넋까지 얼었구나

꽃 필 날 아직도 먼데 홀로 봄을 꿈꾸었나

열 서넛은 되었을까…… 떨리며 톺던 동공

세태에 발가벗겨 파르르 깨문 입술

툭, 하고 건드리기만 해도 쓰러질까 애달프다

몰아치는 삭풍이 내 볼살 에는데

저리 여린 꽃잎은 잔설을 견뎌낼까

한살이 산다는 것은 홀로서는 아득한 길

「소녀상을 그리다」 전문

「소녀상을 그리다」는 봉화읍내에 소재한 호골산을 등반하면서 그 산행에서 얻어진 작품인 것 같다. 이 시는 제29회 신라문학대상을 수상한 작품으로 호골산 정상에서 '때 이른 진달래'가 피었다가 얼어버린 것을 보고 떠올린 작품이다. 일제 강점기에 일본군에게 강제로 끌려간 우리나라 어린 소녀들의 아픈 삶을 생각하면서 쓰였다.

— 중략 —

새 한 마리 사나 보다, 깔고 앉은 의자 밑에
그 모습 가뭇없어 목소리만 살아 있는
몸 살짝 비틀 때마다
삐앙대는 울음소리

함께 대낀 세월 속에 눈치만은 구단이라
목청 없이, 나섬 없이 쫑알대는 저 말대꾸
불 켜진 책상 너머로 궁금한 듯 서성인다

나도 한때 귀 어두워 남의 말 외면했지
내 아픔만 아프다고 뭉크의 절규처럼
그 소리 이제야 듣네
남의 가슴 다 찢은 뒤…….

「회전의자」 전문

우리는 언제나 살아가면서 느끼고 생각하고 행동을 하게 된다. 그 삶의 행동이 어떤 때는 돌발적일 수도 있고 어떤 때는 차분하게 생각하면서 자신의 행동을 컨트롤(control)해 가는 때도 있다.

최 시인은 자기가 깔고 앉아 있는 회전의자가 삐걱거리는 소리(삐앙대는 울음소리)를 빨리 알아듣고 고쳐주어야 하는데, 시인은 이 작품을 통해서 독자들에게 하고 싶은 말, 전하고 싶은 말은 남의 말을 잘 들어주고, 알아주어야 하는데 그러지 못하는 사람들이 얼마나 많을까? 하는 것이다. 남의 아픔을 헤아릴 줄 알라는 교훈이 담겨져 있기도 하다.

뒤질 게 더 있나 보란 듯 팔 벌린다
봄볕에 탈탈 털어 더 이상 죄 없어도
한 반쯤 허릴 접어서
겸손 잊지 않는다

빨 때부터 내외하는 빨래도 더러 있고
못 헤어져 엉겨 붙은 빨래도 때로 있다
빨래도 제 주인 닮아
하는 짓이 뻔하다

가끔은 돈세탁도 소문 없이 해치운다
이보다 떳떳하게 세탁한 돈 있을까
무시로 이런 횡재면
자주 빨래해야겠다.

「빨래 · 1」 전문

최 시인은 작품 「빨래 · 1」을 통해서 그 옷을 입는 옷 주인의 성품까지 언급하고 있다.

함께 넣어서 빨 수 없는 옷이 있는가 하면 따로 따로 빨래를 해야 하는 옷도 있음을 독자들에게 말해주고 있다. 또한 빨래하다가 주머니의 돈이 밖으로 떨어져 나와서 돈 세탁을 하는 것을 통해 요즘 기업인들이나 한 개인이 세금을 피하기나 적게 내기 위해 돈 세탁을 하는 것에 대한 의미도 넌지시 던져주고 있는 작품이다.

바닥에 바짝 엎뎌 얇게 썰어낸 시선
광어나 도다리나 내 눈에는 한 가지
비뚜로 바라보는 건 어디나 매한가지

이쪽 혹은 저쪽에 서길 강요할 수 없다
겁 좀 났다는 게 비겁한 건 아니잖아
물길 속 눈알 번득이며 뭇 눈결 휘몰린다

증류수엔 물고기도 물이끼도 살지 못해
조금은 헐거워야 비집을 틈 있는 거
때때로 비워내면서 흔들리며 사는 거.

「편향偏向」 전문

작품 「편향偏向」, 이 작품은 눈이 한쪽으로 붙은 물고기, 즉 광어나 도다리 등을 통해 모든 사람들은 그 눈을 똑같이 같은 쪽에 가지고 있는 사람들로서 사람들의 행동이나 사물을 바라보는 현상, 시각 등을 바르게 볼 줄 알아야 한다는 심오한 교훈이 담겨 있는 작품이다.

이쪽에 서야 할 사람인데 저 사람은 저쪽에 가서 선다고 비겁하다고는 말할 수 없다는 것, 자기 자신의 정체성(Identity)이 있으므로 자신의 생각에 맡기는 일, 그리고 사람에게는 조금은 빈틈이 있어야 이 세상사는 동안 흔들리면서 살아나가는 것 그것이 세상살이 이치다.

수치를 발가벗겨 대중을 마주한다
이렇듯 까발리고 당당한 적 언제였나
수증기 희뿌예짐이 그나마 위안이다

증언의 실체가 탕으로 스며들면
숨겼던 부끄러움 스스로 부풀려서
타월로 빡빡 발설한다, 한 점 의혹 없도록
한 번의 고백 성사로 의인일 순 없지만
내일 또 죄속성罪屬性이 소리 없이 자라겠지만
겨드랑 가려워지며 둥실, 몸이 가볍다.

「고해告解」 목욕탕에서 전문

얼마 전 '영주온천랜드'에서 최 시인을 만났다. 필자는 사실상 내 자신의 알몸도 잘 살피지 아니하는 사람이다.

작품 첫째 수에서 보면 최 시인도 필자와 같은 생각을 가지고 살아가는 사람이 아닌가 생각해 본다. 수증기에 가려서 희뿌예짐에 안심을 하는 것을 본다. 둘째 수에서는 탕에 들어가서 몸을 불려서 몸에 때를 밀고 하루 동안의 피로를 풀기위한 것이지만 우리는 그 때가 살아오면서 저지른 잘못의 실체라고 시인은 생각한 것이다. 마지막 수에서는 그렇게 한번 때를 벗기면서 의인이 될 수는 없다는 것이다. 그러나 '내일 또 죄속성罪屬性이 소리 없이 자라겠지만' -인간은 살면서 죄를 안 지을 수는 없겠지만- 오늘 하루 목욕하듯 속죄하고 깨끗하게 또 살아보는 것이다.

1.
과녁 향해 흔들며 휘어 나는 화살처럼
잠든 대지 깨우며 휘어 나는 햇살처럼
사랑도
그처럼 휘며
끌리며 다가서는 것

곧게 가길 바랐던 세상 그 어떤 일도
마음이 흔들리며, 갈등하며 그렇게
휘면서, 비틀거리면서
조금씩 나아가는 것

2.
휘어지지 않았다면 부러졌을지 몰라
멀어지려 하는 마음 당기며, 다잡으며
입초리
배시시 올려
달큰하게 사는 것

「휨에 관하여」 전문

최 시인은 작품 「휨에 관하여」는 사람들이 삶을 어떻게 살아가야 하는가? 에 대해 적나라赤裸裸하게 표출한 것 같다.

사람과 사람 사이의 사랑도 자연현상과 같이 즉 과녁을 향해 날아가는 화살같이, 또는 햇살과 같이 사랑하는 사람에게 딸려 가는 흡입되어 가는 그런 사랑을 하고 싶다는 것, 그러나 모든 사람들은 휘어지면서 가질 않고 곧게 가기를 바라고 있지만 삶의 방식은 그렇지 못하다. 바로가고 싶어도 흔들리며 가게 마련인 것이다. 휘어지지 않으면 모든 사물은 부러지는 법, 그것을 방지하기 위해서는 휘어지며 멀어져가는 발걸음을 그래도 당기고 잡고 그렇게 사는 것이다. 휘다가 흔들리다가 다시 제자리로 오는 것 그것이 사람의 삶이고 사랑이다.

꽃이라는 이름으로 잡아둘 수 있나 봐라
끝내 가야할 길이면
가는 거다, 뚜벅뚜벅

그날은
속히 오리니

백 년이든
천 년이든

「얼음꽃 · 3」 전문

최 시인의 작품 「얼음꽃 · 3」은 우리가 아무리 예뻐하고 사랑하는 꽃이 있어도 그것은 '화무십일홍花無十日紅'이라고 했다. 시인은 바로 이러한 상황을 얼음꽃으로 노래한 것이 아닌가 싶다. 그것은 누구라도 언제, 어디서, 화려한 삶을 살아갈 지라도 오래 가지를 못한다는 것이다. 우리 인간사에도 마찬가지일 것이다. 3대 거지가 없고 3대 부자가 없다는 말, 그런 일들을 시인은 언급하고 있는 것 같다.

떨어지는 건 비우는 것
원래대로 되는 것/
빈손으로 왔다가
제자리로 가는 것/
뭔 욕심
그리도 많아
차마 놓지 못할까

다 두고 간다는 건 마음도 둔다는 것/
마음 두고 간 자리에 그리움이 차는 것/
마침내 떨어진 거기 緣이 結로 맺는 것
「낙화落花」 전문

최 시인의 작품 「낙화落花」는 지금까지 우리 삶에 대해서 결산하는 느낌을 갖게 한다. 끝까지 읽고 난 다음 마음이 숙연해 지는 것은 무슨 연유일까? 나이 든 사람들은 마음이 더하겠지만 젊은 사람들도 읽으면 마음 그 자체가 숙연해질 것 같다.

작품 「낙화落花」의 첫째 수를 읽어보면 잘 사는 사람이나 못사는 사람들 모두가 떠날 때는 아무것도 갖고 가지 못한다. '공수래공수거空手來空手去'는 마찬가지이다. 모든 재산이나 물질은 잠깐 맡아서 관리하다가 떠나는 것이므로 '내 것'이라는 개념을 버리고 타인에게 봉사하며 좋은 일 열심히 하다가 떠나는 것이다. 둘째 수에서는 떠나는 사람은 마음을 두고 떠나게 되며 그 마음이 있는 곳에는 그리움이 쌓이도록 이 세상에 살다가 떠나라고 시인은 말을 남긴다.

문학작품은 어쨌든 간에 삶의 정서가 풍부하게 담겨져 있어야 하고 독자로서 느낄 수 있는 높은 수준의 감동을 수반해 있어야 한다는 것은 자명한 사실이다.18)

사자死者와 산 자의 경계는 오직 ㄴ
현재 내가 살아있음 보증하는 받침 하나

저 계단
내려서게 되면
아득한 나락일 텐데
「ㄴ」 첫째 수

1.
하루하루 하다 보니 하, 이만큼 했네

---

18) 박영교 『시와 독자사이』 (도서출판 청솔) p.130

하찮은 일이라도 혼신을 다해야 해
하늘도 허락하셨네
'ㄱ'에서 'ㅎ'까지

「ㅎ」 첫째 수

대구大邱의 문무학 시인이 우리나라 한글 자모를 가지고 작품을 쓰는 것을 보았다. 최 시인도 한글 자모의 상황을 인용하여 작품을 잘 쓰고 있음을 볼 수 있다. 전자의 작품인 「ㄴ」 첫째 수를 자세히 보면 우리말의 낱말 속에서 받침 하나가 붙는 것과 떨어지는 것의 차이점을 살려서 살아있는 자와 죽은 자의 차이를 너무나 잘 보여주고 있다.

후자인 「ㅎ」 첫째 수는 우리나라 한글 자음의 시작인 ㄱ에서 ㅎ까지에 대한 언어의 사용과 ㅎ으로 시작하는 언어를 동원하여 작품을 만들어 놓은 것을 보면서 최 시인의 언어구사력에 대한 것을 떠올려 본다. 의사로서 병원의 일도 많은데 좋은 작품을 쓴다는 것은 어려움이 많았을 줄 안다.

야콘 깎아 오래 두면
쉬이 변색하더라

약혼하고 오래 끌면
때로 변심하더라

미뤄둔
버킷리스트도
흔히 변질하더라

사과도 오래 두면 쉬이 변색하더라
사과도 미뤄 두면 점점 어색하더라

아, 먼저

내미는 자의
아름다운 사과여

「미루지 말아야」 전문

최 시인의 작품 「미루지 말아야」도 우리나라 말, 낱말에 대한 작품이다. 동음이의어同音異議語에 대한 단어, 같은 소리 값으로 들리는 발음되는 언어를 통해 작품을 구성한 것이다. 그냥 웃어넘길 수 있는 말(단어)이지만 그것으로 작품화하는 것을 보면서 최 시인의 '작품 창작법'이 다양함을 느낄 수 있었다.

장 본다고 잠깐 들른
식품 코너 야채 진열장

막내딸 혼잣말로 '추웠겠네' 말 거는데
수그려 자세히 보니 이름표 '추부깻잎'

그러게, 추웠겠네 고향 잃고 왔으니

뼈와 살 파고드는 찬 데 내몰렸으니

제 부모 품안을 떠나 방황하는 홀씨 같은.

「실향失鄕」 전문

최 시인의 「실향失鄕」, 이 작품도 막내딸이 하는 말을 통해 그곳에 있는 '식물'의 이름과 비슷한 말이므로 언어의 묘미를 만나게 된다.

둘째 수에서는 그것에 대한 식물에 의인화 시켜서 감정이입感情移入을 통해 그 식물이 실향失鄕을 한 것에 대한 아픈 마음을 토로하고 있다.

그땐 너무 꼿꼿했어, 힘 부쳐 굽은 허리
내 어른들 왜 숙이셨는지 오늘에야 알겠다

뼈 새로
바람이 숭숭
인생 어느 가을 녘

한평생 짐 진 무게 가볍지 않음 알아
고개 쳐들어 못 보던 것 몸을 굽혀 줍는다
모른 채 밟고 지나쳤던
작은 벌레,
삶과 의미들

「겸손을 배우다」 골다공증 전문

요즘 나이 든 어른들의 모습을 보면 하나같이 굽은 허리를 볼 수 있고 여자들은 유모차를 앞세워 걸어가는 것을 자주 볼 수 있다.

최 시인은 의사로서 골다공증으로 뼛속에 구멍이 숭숭 뚫린 인생의 가을녘을 언급하고 있다. 또한 한평생 무거운 짐을 지고 살아 왔으므로 고개를 들고 볼 수 없다가 지금은 자신의 발걸음 속에서 작은 벌레들이 밟혀서 죽은 것과 삶의 의미를 되새길 수 있는 시간적 여유를 갖는다고 본다.

1. 이석증
숨어든 달팽이가 툇마루 끝 뒤집혔다
허위허위 젓는 발끝 여린 속을 갉아서
모질게 돌아가는 세상 선명하게 새기는

2. 서낭당
바위처럼 살라지만 발끝 채는 게 돌부리
박힌 돌은 허공으로 뿌리를 내리고서
저 보고 엎디라 한다 돌무덤 만들어놓고

3. 데모
내가 나를 향해 심장 하나 던진다

-그런다고 변하겠어 꿈쩍 않는 바위치기
-그러게, 쉽게 변할까만 그냥 돌 하나 얹는 거

「돌」 전문

최 시인은 작품 「돌」에 대해서 같은 돌이지만 그 돌에 대해 쓰임이나 생성에 대해서 그것을 작품화하고 있다.

먼저 이석증耳石症은 귓속에 결석이 떨어져 어지럼증이 생긴 상태를 말하고 서낭당에서는 오고 가는 사람들이 돌 하나씩 올려놓고 자신의 소원을 비는 돌이다. 그리고 데모하는 사람들의 돌은 자신의 일을 이루기 위해 상대방의 마음에 던지는 돌이지만 결국 자신에게 던지는 돌이다. '그런다고 변하겠어?'라고 자문하지만 '그냥 돌 하나 얹는 거'라며 위로하는, 모든 시작은 작은 변화 하나에서 시작함을 시사하고 있다. 그 돌의 성격은 모두 다른 성향을 가진 돌이지만 어떻게 보면 같은 차원의 돌이라고 생각할 수도 있는 것이다.

저런 자식 낳아서 어쩌겠어, 한탄 섞인/
어머니 잠꼬대에
가슴이 뜨끔하다

누구냐
물어보지만
모르겠다,
시침 뚝

행복했던 좋은 일만 꿈꿨으면 좋으련만/
꿈속에서 싸웠대,
깊숙한 곳 찔리데
여생은
잘해드려야지
다짐하는 사람 있다

바로 곁에 누웠다가 가슴 뜨끔하든지
함께 자지 못해서 찔리는 구석 있든지
멀리서 가보지 못해 차마 눈물 흘리든지.

「잠꼬대」 전문

최 시인의 가족은 오남매라 했다. 작품 「잠꼬대」는 최 시인이 고향집에서 어머니와 함께 하룻밤을 보내면서 생긴 일인 것 같다.

형제 중 누군가 어머니와 함께 잠을 자다가 어머니의 잠꼬대를 듣게 된다. 어머니에게 여쭈어 봐도 '시침 뚝' 대답을 하지 않아서 가슴이 뜨끔한 자식의 마음이다. 좋은 일들만 꿈속에 나타났으면 좋겠지만 항상 꿈이라는 것이 보통 서운할 때의 생각들이 나타나 보이는 것이다.

마지막 수에서는 함께 자지 못하고 일찍 올라오는 한 아들의 찔리는 마음이 있고, 아예 가보지 못하고 눈물만 흘리는 자식도 있다고 말하는 여러 자식들 각각의 생각을 잘 엮어서 표출하여 작품화하고 있다.

허구한 날 배곯기를 밥 먹듯 하던 시절
싸라기 쌀 한 포대 등에 지고 오시더니

굶주린
산과 들녘에
쏟아 부어 놓으셨다.
퍼석한 밥이라도 더 먹으려 덤비는 입
싸락싸락, 싸하도록 내리는 저 둔덕에

차라리
함박눈 펑펑,
고봉으로 쌓였으면

「싸락눈」 전문

최 시인의 작품 「싸락눈」은 요즘 아이들에게는 잘 이해되지 아니한 작품이다. 왜냐하면 먹을 것이 없어서 배를 곯아본 아이들이 없기 때문이다.

지금은 너무나 먹을 것이 풍부해서 살과의 전쟁을 하고 있는 실정이다. 시인은 조금은 그런 삶을 살아온 세대가 아닌가 한다. 싸락눈, 이것으로 싸라기밥이라도 해서 포식을 하고 싶다는 생각이다.

우리나라 보릿고개가 있던 시대 그때를 지금은 알까? 어느 대통령이 국민의 고픈 배를 채우겠다고 직접 외교 전선에 나서겠는가? 박정희 대통령이 통일 볍씨를 얻기 위해 필리핀에 갔을 때 마르코스 필리핀 대통령에게 홀대를 받았다 한다. 그 수모를 겪으면서 얻어온 볍씨로 우리나라 국민들은 보릿고개를 면하게 된 것이다.

최 시인은 그런 아픈 세월을 조금이라도 겪은 의사이므로 앞으로 훌륭한 의사醫師로서, 시인詩人으로서 크게 성공할 것을 믿는다.

엄마에게도 젊은 시절 있었단 걸 잊었었다

빛바랜 시간 속에 분주한 여인이여

“오늘이 무슨 요일이나?”

묻고,

묻고,

물으시는

「사진 한 장」 전문

내 자신에게만 젊음이 있는 줄 알았는데 어머니의 젊은 날 사진을 발견하고 분주하시던 어머니 생각을 해 본다.

최예환 시인은 이제는 다 늙고 힘없는 어머니, 날짜도, 요일도 기억 못하는 어머니, 묻고 또 물으시는 어머니로 작가의 아픈 마음을 다 내 놓았다.

'어머니' 하고 부르면 누구나 가슴 저리고, 아프고 그리운 이름이다. 철이 없어서, 바빠서 늘 핑계만 대다 보니 어느 날 훌쩍 이승을 떠난다. 그 때서야 아프고 그립다. 그 자식은 부모가 되고 또 그 어머니의 모습이 된다.

가냘파도 놓지 않아 살아갈 수 있는 우리
한겻 차올라도 손으로 만질 수 없어
가만히 귀에 새기네, 나직한 숨소리 하나

목에 걸려 있어서 그 결 아득하기만 해
새록새록 먼 길을 아기처럼 따르시니
남몰래
훔쳐보면서
차마 말할 수 없네

놓지 마요 놓지 마요
그 숨 결코 놓지 마요
달려갈 수 없기에
동동 구르고 있지만
오히려
떠나시는 길
붙잡고 있지 않나

크게 불어 젖혀서 응어리 풀어질까
아아히 치솟았다 밑바닥까지 내리꽂는
홍건한
당신 눈물이여
여기 마냥 젖을 밖에.

「아버지의 숨」 전문

최 시인의 작품 속에는 '아버지'에 대한 작품이 여러 편이 실려 있다.

그중 「아버지의 농막」, 「기침소리」 등이다.

아버지의 숨소리를 떠올리면서 그 나직한 숨소리를 귀에 새길 수밖에 없었던 그 때 그런 생각을 해 본다. 저 먼 길 가시려나 '아기처럼' 떠나시려는 길, 아버지에게 '숨 결코 놓지 마요.' 하면서 마지막 부탁을 하는 자신은 아버지의 얼굴을 훔쳐보면서 흥건한 아버지의 눈물을 보는 최 시인의 아픈 마음을 건드리는 것 같아서 함께 마음이 아프다.

굽은 등 어머니
허리춤에 둘러쳐진
외줄기 인생길 질끈 동이시고
한 그릇 갱죽만으로도
넘으셨던 보릿고개

새벽마다
눈물로 매달리셨던 그 자리
하늘에 이은 끈 결코 놓지 않으시어
지고至高한
그 사랑 입어
여태껏 춥지 않았네

해질 녘
멍하니 먼 산 넋 놓으시고
'자고 가거라' 그 말씀 몇 번이고 뇌시니
정보다
들인 공보다
서러워 목이 메네.

「끈」-요양원 가는 길. 전문

최 시인의 작품 「끈」에는 부제(-요양원 가는 길)가 붙어 있다.

하늘보다 더 높은 어머니, 자기 자신을 존재하게 해 주신 어머니, 자식에게 바다 같은 최 시인의 어머니, 새벽마다 하나님께 눈물로 매달리며 자식을 키워내셨던 그 어머니다.

'한 그릇 갱죽만으로도/ 넘으셨던 보릿고개' 든든한 그 어머니가 기독교 정신으로 하나님께 눈물로 호소하시던 그 지고至高한 사랑으로 우리는 춥지 않았다고 최 시인은 말한다. '해질 녘 /멍하니 먼 산 넋 놓으시고' 보다가 "자고 가거라" 그 말씀 여러 번 하시고 또 하시면서 아들을 오래도록 보고 싶어서 그리워하는 마음을 지금도 최 시인은 잊을 수 없는 것이다.

이상에서 최예환 시인의 작품을 자세히 읽어보았다. 그는 훌륭한 시인으로 성장하게 될 자질이 있을 뿐만 아니라 의사醫師로서도 훌륭하게 해낼 수 있는 역량을 갖고 있는 의학박사醫學博士이다.

부모에 대한 효성이나 자식과 아내에 대한 정의情誼나 어느 것 하나도 소홀함이 없는 시인이다.

그는 끊임없이 작품을 쓰면서 다양한 문학인과 교류하고 열심히 배우는 습관을 잃지 않고 있다. 또 항상 겸손한 마음으로 세상을 바라보는 최 시인의 자세가 바람직하다. 어려운 사람들에게 열심히 봉사하는 모습을 보면서 의술 자체가 남에게 봉사하는 일이지만 자신을 낮춰가면서 살아가는 모습을 볼 때 그가 자기의 격을 스스로 높여갈 줄 아는 사람다운 시인이고 의사임이 자랑스럽다.

문학은 사람이 살아가는 길에 뜨겁고 눈물 있는 정원의 꽃 향이며 춥고 바람 부는 날 따끈한 한 잔의 차와 같은 안식이다. 어려운 세상살이에서 빛나는 언어로 사람들에게 삶의 활력을 부여할 뿐만 아니라 아름다움을 향한 정신적 투혼을 건져 올릴 수 있는 것이 바로 문학의 힘이다.

앞으로 훌륭한 작품도 많이 쓰고 《봉화제일의원》도 번창하게 키워나가기를 기원하는 바이다.

전영임 시집 『나무가 그리는 그림』 해설—박영교 (시인 · 한국문인협회 이사)

情이 깊은 詩, 情이 그리운 深香

시를 쓰는 시인은 자연과 사람에 대하여 사랑이 없으면 훌륭한 시를 쓸 수 없으며 좋은 시를 꾸준하게 산출産出해 나갈 수 없다. 물론 소설이나 수필 및 다른 장르의 문인들도 매일반이지만 특별히 시인은 자연이나 사물을 직접보고 그 자리에서 감정을 바로 직설적으로 쓰든 은유적으로 쓰든 살아있는 느낌의 표현을 잡아내기 때문이다.

전영임 시인은 시를 접하기 전에 수필로서 '신라문학 대상'을 수상하여 한국문인협회기관지 『월간문학』으로 등단한 후에 시, 시조에 도전장을 걸고 열심히 써서 시조時調로서 『월간문학』 신인상에 당선하였다. 전영임 시인은 시적 작업을 매우 꼼꼼히 하면서 퇴고를 끊임없이 하는 시인이다. 시의 작업에 대하여 하나를 마치고 나서 또 다른 작품을 잉태하면서 앞의 작품을 퇴고하고, 새로운 작품을 완성해 가는 방법을 쓰고 있는 것 같다.

그의 시를 읽어보면 시적으로 경직된 곳을 거의 찾아볼 수 없으면서 언어의 조탁彫琢을 꾸준히 하며 새로운 언어의 묘미를 찾아내는 공부를 한 흔적이 돋보였다.

시인의 눈과 귀는 오히려 보이지 않는 것을 보아내는 힘이 있어야 하고 들리지 않는 것들을 들어내어지는 힘, 끊임없는 작업의 연속이어야 한다. 또한 시인은 한 시대를 대변할 수 있고 과거에서 현재로 그리고 미래로 통하는 통로라고 말할 수 있으며 그 시인의 체험의 폭과 생각의 깊이는 바로 그것이 문학의 바탕이며 보다 깊은 감동을 줄 수 있는 작품의 근원이라고 하겠다.19)

전영임 시인의 작품을 읽어보면 언어의 조탁이 자연스럽고 서정적인 맛이 우러나오는 인간의 삶 그 자체라고 말할 수 있다. 그는 작품에 있어서 어떻게 하면 독자들이 자신의 작품을 대해서 잘 읽을 수 있겠는가를 생각하면서 작품을 구사하고 꾸준히 퇴고해 나가는 것을 볼 수 있었다.

허공에 나비 한 마리 그리고 있는 문장
찬찬히 따라 읽다 번득이는 한 소절
날갯짓 몇 번을 할까
가늠해 보는 시 한 수

쉼표 하나 찍어 놓고 바위에 사뿐 앉아
뭉툭해진 붓끝을 다시 다듬는 사이
눈결이 따라다니던
시어 몇 줄 옮긴다

나는 아직 망망한데 나비는 감감소식
꽃잠에 빠졌는지 일어날 기미 없다
어쩌나,
불의 혀 같은
종장 아직 남았는데

「필사하다」 전문

작품 「필사하다」를 읽어보면 시조작품의 종장이 얼마나 중요한 것인가를 시인은 먼저 알고 작품을 쓰는 데에 있어서 시인이 신경을 쓰고 있는가를 잘 알려주는 작품이다. 쉼표 하나 찍고 문장을 읽다가 번득이는 문장이 생각나면 그것이 작품의 근간이 될 수도 있다는 것, 자신의 무디어진 생각의 날을 세우면서 시어 한 줄도 놓치기 싫어하는 시인의 자세, 종장을 만드는 작업이 어렵고 무섭다는 것을 시인은 스스로 표현하고 있다.

---

19) 박영교 『시와 讀者사이』 도서출판 청솔 2001, p.123

비 오는 편의점 창가 혼자 먹는 컵라면
창밖에 주룩주룩 면발 같은 비 내리고
후루룩, 뜨거운 눈물 대충 씹어 삼킨다
빗방울 창문밖에 대롱대롱 매달리듯
무심한 기다림으로 오늘 하루가 간다
사랑이 다 식은 거야 성에 끼는 둥근 안경

혼자 산고 치르며 태연히 몸 풀었지
사랑의 진정성은 무엇일까 곱씹는 건
허투루 마음 끓이던 내가 내게 묻는 말

뜨거운 면 후후 불며 서린 눈가 닦고서
사람 사이 사는 법 한 번 더 새긴다면
사랑도 먹을 수 있을까
점点 하나 마음心에 찍고

「점심시간」 전문

작품 「점심시간」은 전영임 시인의 출세작이다. 이 작품은 한국문인협회 기관지 『月刊文學』(2019년 12월호)의 시조부문 당선작품이다.

"전영임의 「점심시간」은 소재를 선택하는 감각과 작품에의 깊이를 더하는 시적사유가 돋보인다. '점심시간'이란 소재로 우리시대의 풍경과 고뇌의 한 단면을 선명하게 우려낸 것이 놀라웠다. 함께 응모한 다른 작품들의 수준도 고른 편이어서 믿음이 갔다." 심사평을 한 심사위원의 평이다.

전영임은 작품을 쓰는데 있어서 시원스럽게 써내려가는 것과 우리가 말하면서 살아가듯이 쓰는 것이 특징이며 그렇게 작품을 쓰면서도 서정적인 분위기와 서경적 작풍을 그대로 잘 살려내면서 읽을거리를 만들어 나간다는 장점을 갖고 있다.

심장 어디 뾰족이 박이고야 말아서
이제는 쉽사리 뽑아낼 수도 없다
깊숙이 파고든 자리 아주 뿌리 내리는,

뚫고 드는 날끝은 뜨겁기만 했는데
수시로 움직일 땐 우리하게 아픈데

그런 게 사랑이라며
꼭 끌안는 그 여자

「슴베*를 품다」 전문

전영임 시인은 이 작품 「슴베*를 품다」에서 무엇을 말하고 싶은 것일까?

시인은 슴베란 칼, 호미, 낫 따위에서, 자루 속에 들어박히는 뾰족한 부분이라고 주를 달아놓은 작품이다.

우리가 서로 연애를 하거나 사랑하는 사람 앞에서 해 주고 싶은 말이 있어 그 사랑하는 사람의 마음 앞에서는 하늘의 별도 따다주겠다는 언어를 서슴없이 하면서 이제 결혼을 하고 나면 주로 남자들이 그 슴베로 가끔씩은 여자의 마음을 아프게 건드려 놓곤 하는 일이 있는 줄 안다. 사람이니까 마냥 좋은 일만 있게 할 수가 없지만 조그마한 것 하나 가지고 다툼을 벌여놓고 그 아픔을 가지고 슴베를 건드리는 것이다.

여자들은 마음이 연약하다. 그 연약함으로 우리 아이들을 키워 나가는 굳건한 어머니의 표상으로 살아가는 것을 보면 우리 남자들은 그 앞에서 너무나 큰 어머니의 표상을 보면서 고맙고 죄송하고 그리워할 줄 알아야 한다고 생각한다. 사랑이라는 이름으로 다 감싸고 넘어갈 수는 없는 일이다.

한 폭의 수묵화 해 지는 뭍의 섬/
도저한 강물 소리 현을 타듯 노래할 때/

점점이 흩는 모래알/
깊은 잠을 뒤채요/

별을 따러 가려는가 피라미도 자맥질/
온몸 던져 긴긴밤 홀딱 세워 보지만/
만만한 세상은 없지/
너무 멀어 섧구요/
꽃가마 타고 오던 향기로운 봄날은 남아/
자욱하게 서린 정 홀연히 사라져도/
한 생이 또 다른 생을/
품어 안는
저문 강

「무섬 1 - 외나무다리」 전문

작품 「무섬 1 - 외나무다리」는 경상북도 영주시 문수면 수도리에 있는 마을로 마을의 3면이 물로 둘러싸여 있는 물돌이 마을이다.

낙동강 칠 백리를 흘러가면서 무섬마을을 만들어 놓은 곳이 매우 많지만 그 마을 크기로 본다면 제일이 안동시의 하회마을이고 다음은 영주시에 소재하고 있는 수도리 마을이지 싶다.

이 무섬 마을은 외나무다리 하나로 외부와 소통하고 살아가야 하는 그 옛날은 너무나 불편함에 대해서도 많은 생각을 해야 할 것이다. 요즘은 다리를 놓아서 편리함과 함께 많은 관광객이 몰려오지만 지금도 어려운 삶은 여전할 것이다.

젊은 나이에 그곳으로 시집 올 때는 가마를 타고 그 곤드라운 외나무다리를 밟고 건너왔을 것이고 삶에도 그러했을 것이라고 생각한다.

아이야,

어디서든

봄비처럼 스미거라

바짝 마른 대지를 촉촉이 적시면서

새싹들

움트는 거기

생명수가 되어라

「봄비」 전문

작품 「봄비」는 감정이입感情移入의 작품이다. 봄비를 어린 아이에 비유하여 봄비가 하려고 하고 있는 모든 것을 어린 아이가 할 수 있는 세계를 열고 있는 것이다.

시인이 하고 싶은 말이나 하려고 하는 이야기가 있으면 그이야기를 어떤 동물에게 감정이입을 시켜서 그 동물로 하여금 말이나 그 이야기를 하도록 하는 것이다. 시조時調에서는 주로 사설시조辭說時調에 그런 상황을 자주 부여하고 있는 것이 보통이다.

그런 의미에서 전영임 시인의 시적 재치를 엿볼 수 있는 작품이기도 하다. 좋은 작품은 어렵고 힘든 생활이나 삶의 절실함 속에서 쓰인 작품들이 독자들의 마음과 정신을 사로잡는다. 아무리 좋은 미사여구美辭麗句라도 그 속에 절실한 생활이 없고, 눈물과 한숨이 없고, 진실과 그것의 아픔이 없고, 작품의 재치가 없다면 공감과 공명共鳴을 얻어낼 수 없는 것이다.

투명한 유리관 속 가마득한 나이테로
슬픔인 듯 고뇌인 듯 묘묘한 미소하며
묵혀둔 오랜 사유를
만나보고 싶었습니다

무애한 아량으로 실답게 살았지만
종내엔 죽음의 길 무상한 삶을 괴고
초연히 우주의 중심
반가좌를 튼 당신

연꽃무늬 감싸 안은 비단 자락 고요하고
실눈으로 보는 세상 아득한 극치의 길
역사를 켜켜이 얹은
시간 위의 기다림

한 하늘 정감어린 둥근 해와 초승달
고졸한 천년 면벽 적멸의 해탈일까
설백한 날빛 말씀을
유진으로 받습니다.

「물아物我 의 시간」- 금동미륵보살반가사유상. 전문

전영임 시인의 「물아物我의 시간」은 부제가 붙어 있어서 잘 생각할 수 있는 작품이다. '-금동미륵보살반가사유상'은 여러 가지가 있어 대부분 국보로 지정되어 있어서 보기가 힘든 작품이다. 국립중앙박물관이 소장한 금동미륵보살반가사유상'은 국보 제78호로서 삼국시대 대표적인 불상의 하나로 매우 귀중하게 보이는 작품이다.

이 금동미륵보살반가사유상의 불상을 보면서 유리관 속에 앉아서 오랜 시간 동안 미묘한 미소인 듯 울음이 스며 있는 듯한 고뇌의 미소를 보면서 물아일체의 세계로 들어가고 있었다. 반가좌를 하고 앉은 그는 무엇을 생각하고 고뇌하고 또 슬픔을 반추反芻하고 있을까? 하는 시인의 생각을 아주 깊게 만들고 있는 것이다.

코로나가 길을 막아 감감했던 여섯 달
기억을 지워가는 요양병원 유리창 안
저승꽃
활짝 피우신

당신을 뵙습니다

손끝조차 못 만지는 야속한 시간 앞에
엄마, 불러 봐도 분절되는 목소리
허공만
타는 눈빛이
물음표만 찍습니다.

「근황을 묻다」 전문

전영임 시인의 작품 「근황을 묻다」는 현실의 아픔과 어머님에 대한 그리움을 가득 담은 작품이다.

요즘 코로나19로 인해 모임도 못 갖게 되고 일반 병원이나 요양병원에 병문안도 할 수 없는 상황에 놓여 있는 현실이다. 이 작품은 코로나19로 인해 요양병원에 오랫동안 입원해 있는 노모를 찾아가서도 직접 손 한번 잡아보지 못하고 유리창 너머로 보면서 '엄마' 한번 불러 봐도 분절되는 목소리만 들려올 뿐 안타까운 마음을 작품화한 것이다. 둘째 수 종장에서 전영임 시인의 마음을 잘 대변해주고 있다. "허공 만/ 타는 눈빛은/ 물음표만 찍습니다."

세월이 만들어낸

성글어진 지문들

절절한 틈새마다 미쁘게 덧바르는

생이란

마주 보면서

서로 메워가는 일

「사춤」 전문

전영임 시인의 작품 속, 옛날에는 잘 쓰이던 언어를 요즘도 자주 쓰는 어휘를 알맞은 문장의 적재적소에 잘 쓰고 있음을 볼 수 있다.

요즘 젊은이들은 잘 알지 못하는 어휘이지만 조금 나이 든 독자들에게는 낯익은 언어임을 잘 알고 있다. 그러나 그런 언어를 적재적소에 쓰지 못하면 아주 엉성한 문장이 되어버린다는 것을 글 쓰는 사람들은 잘 알고 있다. 시의 제목도 그렇지만 시의 내용에 있어서도 '성글다' '미쁘다' '메우다' 등등의 언어도 마찬가지 언어이다.

우리의 생활 속에서 틈새가 벌어진 것을 그 벌어진 틈새를 아주 예쁘게 단장하는 일이라든지 또는 그것을 잘 다듬어 미쁘게 하는 작업을 우리 삶에 있어서 사랑에 대한 서로의 배려나 그 둘 사이의 벌어진 사랑의 틈새를 마주보며 살면서 서로서로 보듬어 주고 그 아픔이나 멀어져 가는 사랑의 거리를 좁혀주는 것으로 비유하여 쓴 작품이다.

남녀 간의 사랑이나 부부간의 사랑은 신이 주는 좁혀진 영원한 거리이다. 항상 그 거리를 유지하면서 살아간다는 것은 인간들의 삶의 현장에서 우리 사람들의 영원한 숙제일 뿐이다.

물소리 산새소리 송뢰 이는 산기슭
그윽한 매화 향기 따라드는 도산서당
앞마당 들어서 뵙는 단아한 당신 성품

청빈낙도 그 삶을 숙명으로 여기시며
신의 소리 들을 수 있는 성학을 완성해
큰 사유 이끌어내신 해득함을 만납니다

갈마드는 체관 속 혈류는 탁해져도
맑은 물, 바람같이 보내오신 빛난 말씀
경'敬'자로 품어 주신 혼 겸허하게 새깁니다

거문고 타는 손결 애태우던 마음 한 길

기약 없는 이별은 님이 주신 귀한 애감愛感
마지막 남기신 말씀

"저 매화에 물을 줘라"
「퇴계退溪, 흔적을 만나다」 전문

전영임 시인의 「퇴계退溪, 흔적을 만나다」 이 작품 네 째 수에서는 퇴계가 48세 때 단양군수로 발령을 받고 난 뒤 시, 서, 거문고, 노래와 춤에 능한 18세의 관기 두향과의 사랑에 대한 시구詩句이다. 퇴계와 이별을 할 때 매화 한 그루를 받아와서 키운 것이라고 한다.

퇴계선생은 도산서원에서가 아니라 영주시 순흥 소수서원에서 많은 제자들을 키워냈으며 모든 일상을 백운동서원에서 보냈음을 독자들은 알고 있는지 모르겠다. 퇴계의 성학십도나 성리학의 모든 완성을 스스로 터득하고 또한 이기이원론의 성리학性理學을 이루어냈다. 이황의 학문적 근본적인 입장은 진리를 이론에서 찾는 데 있지 않고 평범한 생활 속에서 진리를 찾는 것이다. 학문의 인생관을 최후로 경敬에서 찾고 실천하려고 한 분이시다.

1570년 고향에서 죽음을 맞고 그가 죽은 후 4년 뒤에 도산서당 뒤편에 서원을 지어 도산서원이라는 사액을 받았다고 한다.

1.
부풀면 떨어질 줄 뻔히 알고 있어도/
그것도 숙명이라 어찌할 수 없어서/
단심에 낙화하지만/
다시 피는 그 찰나/

2.
가냘픈 우리의 기적 지금 보고 있나요/
무거운 쇠창살도 거뜬히 드는 걸요/

생각을/
뒤엎어 보니/
안 되는 것 없네요.

「물방울」 전문

전영임 시인은 작품 「물방울」에 대하여 물방울이란 힘없는 것들의 삶에 대해서 많은 것을 생각하게 하는 작품을 써놓고 있다. 그 작은 물방울을 통해서 또 다른 삶의 창조를 일으키고 있음을 말해주고 있다. 요즘 정계를 보더라도 힘 있고 권력이 있는 정치인들은 없는 것도 있게 만들고 없는 힘도 있게 하는 그들을 생각하게 하지만 끝내 마지막에는 자신을 뒤돌아 볼 수 있게 되는 것이다.

계란으로 바위를 치면서 살아온 민초들의 삶도, 힘없는 빗방울이지만 꾸준한 노력에 의한 삶의 슬기는 바위에 구멍을 뚫고 어려움을 극복해내는 일들을 할 수 있다는 시인의 의지가 새롭게 보여 지고 있는 작품이다.

별들이 지고 있다 한순간에 떨어졌다
인간 시절 과오를 까마득히 잊었지만
그네는
단 한순간도
잊을 수 없었던 일

반짝이는 별일수록 현실을 외면하며
기억의 숲길마다 불 지르고 싶겠지
깊숙이
박은 못 따윈
눈 감으면 그만이니

봄이 와도 피멍 들어 피우지 못한 꽃을

예초기 날을 세워 톺아보는 저 눈길
닫혔던
침묵 터지니
토혈이 낭자하다

「폭로(me too)」 전문

전영임 시인은 많은 일들을 눈으로 실감하면서 이 작품을 썼을 것이다. 3수 1편인 이 작품은 현실을 외면하지 아니한 작품이다.

첫수는 한 순간도 잊을 수 없었던 일을 그들은 자신이 한 일에 대해 까마득히 잊고 넘어가고 있었음을 폭로하고 있으며 둘째 수에서는 지위가 높고 자신이 잘나가는 높은 관직에 있는 사람일수록 자신이 저지른 일을 대수롭지 않게 잊고 넘어가는 것, 기억나는 잘못된 것들은 자신이 걸어온 숲길에 불사르고 싶을 것이다. 남의 마음에 깊게 박은 못들도 눈 감고 돌아서면 그만으로 아는 위정자 그들의 심보일 것이다.

마지막 수에서는 피해자 그들은 봄이 와도 마음의 피멍이 풀리지 않고 아픈 마음을 안고 어디 하소연할 데도 없는 눈길, 닫혔던 침묵을 터뜨려 토혈하고 있는 피해자 그들의 절규를 그려놓았다.

때 이른 풀벌레 소리 처음으로 듣던 날
기우는 석양 끼고 찾아드는 봉정사
소나무 허리 굽히며 가슴 안고 서 있다

후문으로 들어선 대웅전 너른 법당
참회의 기도 소리 깨달음이 간절한
행자의 저린 독경에 합장하는 솔가지

수심으로 걷던 걸음 기척도 숨죽이고
더 낮은 자세로 머리 숙여 익힌 참선
초연히 어루만진 얼 나를 비워내는 시간.

「봉정사의 저녁」 전문

봉정사의 극락전은 우리나라 목조건물로 가장 오래된 것이라고 한다. 전영임 시인은 석양에 봉정사를 찾아들었다. 소나무도 허리 굽혀서 합장하고 있는 듯한 곳 풀벌레소리 들으며 자연 속에 자신을 찾아보는 시간이다.

마음에 가득한 수심愁心을 털어버리고 사바세계로 돌아오고 싶은 시인의 마음, 흐르는 물과 같이 낮은 데로 흐르도록 자신을 불상 앞에 머리를 숙이면서 지난날을 초연히 어루만지며 나 자신을 비워내는 시간을 가진 듯하다.

이보게, 가을 하늘에 동물농장 세났는가
어째 저래 온갖 동물 다 올라가 있는가
어린 날 우리와 놀던 진돌이도 저기 있네

자네는 그곳에서 이물 없이 평안한가
꿈결에도 소식 한 장 보내오지 않으니
귓전에 목소리 울려 가끔 두리번거리네

바지랑대 꼭대기 고추잠자리 앉을 때
쑥부쟁이 들고 다니며 잡으려고 했었지
알았나, 잡을 욕심보다 노래가 좋았던 거

이제는 가물하게 멀어져 가는 기억
잊을까, 하늘 보며 자네 얼굴 떠올리다
천상의 어느 언저리 잘 사는지 안부 묻네.

「가을 편지」 전문

전영임 시인의 이 작품 「가을 편지」는 우리들이 어린 시절 가을날 푸른 하늘에 피어오른 뭉게구름을 보면서 동물의 형상이나 아이들의 모습 등 그런 것들을 보고 주고받던 모습을 상상하며 그것들을 생각해 볼 수 있는 작품이다.

이제는 그 어린 시절을 훨씬 넘어 지금은 결혼하여 아이들을 낳고 키워서 바쁜 시간들을 보내면서 지난 날 그 어린 시절의 생각들을 하며 노래 부르며 하던 일들이 가물가물하게 멀어져 가는데 그 친구의 얼굴을 떠올리면서 하늘의 어느 언저리에 잘 사는지 궁금하게 생각되어 안부를 묻는다.

안향의 청빈한 숨결 머무는 소수서원
고즈넉한 솔밭 길 비켜선 오솔길에
진여체 그리워하는 단장 깊은 목소리

적조된 세월 동안 귀동냥 배운 글로
혜안의 누 백 년을 절절하게 살아와
죽계를 노래하는데 머리 절로 숙여지네.

「시를 읽는 소나무」 전문

우리는 지금도 소수서원에 들어서면 아름드리 소나무와 은행나무가 하늘을 떠받히고 있는 것을 볼 수 있다. 그 나무들을 학자수學者樹라고들 한다.

영주시 순흥면 내죽리에 있는 소수서원은 5대 서원 중 한 곳으로 우리나라 최초로 임금이 이름을 지어 내린 '사액서원'이다. 조선 중종 때 '백운동서원'이라 했다가 명종 51년(1550년)에 퇴계 이황 선생의 건의로 소수서원으로 불리었다고 한다. 사적 제55호이다.

첫째 수는 소수서원 경내에 있는 아름드리 소나무와 은행나무들을 학자수라는 이름으로 많이 불려지고 있으며 안향선생의 숨결이 살아 움직이는 곳이기도 하다. 둘째 수는 퇴계 선생의 제자 배순에 대한 이야기인 듯하다. 수많은 제자들을 키워낸 이황은 제자를 두는 데는 차별을 두지 아니하고 가르치신 것을 잘 안다.

바람에 간들거리는
작은 꽃을 담으려

흔들지 말라고
흔들리지 말라고

통사정
꿇어 엎드려
겸손을 배우는 날.

「출사하다」 전문

전영임 시인의 작품 「출사하다」는 단형시조이면서 많은 것을 내포하고 있는 작품이다. 우선 제목을 알고 나서는 '출사'라는 낱말을 한자로 표기를 곁들여야 할 것 같았다.

'출사出寫'가 맞지 않겠나 싶다. 카메라를 통해 작품을 찍으려고 할 때는 여러 가지 사용하는 기구가 있는데 민 것을 당거서 찍을 땐 망원렌즈가 필요하지만 가까운 피사체를 담으려고 할 때는 접사 링을 끼워서 사용하는 것이 보통이다. 피사체를 담으려고 하는 그 시점에 바람이 분다거나 주위환경을 잘 선정하기 위해 전영임 시인은 흔들리지 말고 조용히 꿇어 엎드려서 촬영하는 수법을 쓰게 된다. 이런 작업을 하면서 조그마한 사물 하나에라도 그것을 담기 위해서는 나 자신이 겸손함을 갖고 정중히 모실 줄 아는 겸손을 배운다고 전영임 시인은 말하고 있다.

헤엄치고 있었다 바다가 아니어도
모두 보내자 했다 떠나온 본향으로
동공이 허예지도록
간절히 바라던 눈

승천이 꿈이었나 단단히 세운 비늘
곧게 편 지느러미 파도치는 꼬리까지

입안에 할 말 물고서
하 세월 참아 온 저,

뱃속을 좍 가르고 내장 다 훑어내도
처음 먹은 그 마음 절대 놓지 않으니
천년도 꺾을 수 없어
염원하는 그 울음.

「목어의 꿈」 전문

작품 「목어의 꿈」은 그 울음을 통하여 불교의식의 체험을 터득하고 모든 생물에 대한 삶의 존엄성을 읽게 해 주는 작품이다.

목어木魚는 다른 이름으로 목어고木魚鼓 어고魚鼓라고도 한다. 불교에서는 범종梵鐘·법고法鼓·운판雲板·목어고木魚鼓 등과 함께 불전사물佛殿四物에 속한다고 한다.

옛날 어느 큰스님 밑에 제자가 있었는데 수행은 하지 않고 엉뚱한 일만 하다가 젊은 나이에 요절을 했다. 몇 해 지난 다음 스님이 출타하기 위해 배를 타고 가는데 등에 큰 나무가 난 물고기가 나타나 큰스님에게로 다가와 눈물을 흘리는 것이다.

큰스님이 숙명통으로 바라보니 전생의 제자였다. 등에 나무로 인해 고통을 받고 있다는 것이다. 큰스님이 수륙제를 지내주었더니 꿈에 제자가 나타나 스님의 법력으로 중생의 몸을 벗었다고 말하며, 등에 났던 나무로 물고기 모양을 만들어 걸어두고 두드릴 때마다 잘못을 생각하는 도구로 삼게 해달라고 하였다.

그리하여 목어가 생겨났으며 이 목어가 변하여 입과 꼬리 부분만 남은 것이 바로 목탁이 되었다고 한다.

이름만 되뇌어도 발갛게 꽃물 든다/
마음에 싹 틔우다 불각시 피어나면/

당황해
숨기려 해도
눈치 없이 피는 꽃

「홍조」 전문

달그락, 수저 소리/
간이 잘 밴 웃음소리/
구수한 청국장 냄새 창문 타고 모여드는/
허기진 들바람조차/
배불리던 실골목.

「저녁 골목」

위의 작품 「홍조」와 「저녁 골목」은 전영임 시인의 순박하고 순수한 마음에서 우러나온 작품이기도 하며 농촌의 구수한 마음까지 표출되는 작품이기도 해서 함께 묶어 보았다.

전자인 작품 「홍조」는 우리가 살면서 흔히 있는 일로 젊은이들이 어른들에게 아주 큰 칭찬을 받거나 조금은 펼쳐놓고 할 수 없는 좋은 일을 했을 때 어른들 앞에서 칭찬을 받았을 때는 감출 수 없이 당황한 얼굴이 붉어지는 것을 볼 수 있다. 이것은 순수한 마음에서 우러나오는 감출 수 없는 일이 아닐 수 없다. 예부터 감출 수 없는 세 가지는 많이 있다. 그 중에 잘 알려진 일은 숨기려고 해도 숨기지 못하고, 감추려고 해도 감출 수 없는 세 가지는 기침, 가난, 그리고 사랑이라고 한다. 사랑에 빠지면 잠을 계속해서 잘(fall asleep) 수가 없다고 한다.

후자의 작품 「저녁 골목」도 도시에서는 찾아볼 수 없는 작품이다. 골목길을 들어서면서 옆집 돌담이나 울타리를 지나갈 쯤 이면 저녁 준비를 하고 상을 차리는 상에 수저 놓는 그 소리, 그리고 청국장 또는 된장국 끓이는 냄새가 코를 찌르고 드는 이웃집 저녁상 차림까지 아는 그 시절을 기억해내게 한다.

요즘은 사람의 향기를 맡기가 쉽지 않다. 개인적으로 만나는 사람들은 항상 자신의 이익이나 무엇을 얻기 위해서 접근하는 사람들이 많다. 그저 아무 일 없이 남에게 도움을 주고 덕을 베풀기 위해 접근하는 사람들은 요즘 세상에는 드물다. 우리 살아가는 길에 꽃향기는 잠깐이지만 좋은 사람의 덕을 쌓은 향기는 만리萬里를 가고도 남는다고 한다. 그것을 인향만리人香萬里 또는 덕향만리德香萬里라고들 말한다.

바람이 불 때마다
서로 낸 상처 핥으며

속울음 못 감추는
고요한 비명 소리

멍그늘
되짚어가는
애가 타는 저문 강.

「갈잎 사이」 전문

전영임 시인의 작품은 우리가 말을 하는 식으로 작품을 다루고 있다. 작품 「길속의 길」도 읽어보면 종장처리도 그렇게 하고 있다.

「어쩌면
이정표에도 없는
꽃길 숨었나 해서」

아주 친근감을 얻고 있다.

작품 「갈잎 사이」도 다른 시인들이 하지 아니한 언어를 구사하는 것을 볼 수 있다. 강가에 서 있는 갈대의 서걱이는 잎들이 바람에 서로 서로 자신들이 낸 상처를 어루만져주고 핥아주며 서로를 위로하면서 살아가는 언어를 쓰고 있다. 중장에 있는 언어를 통해 하고 싶은 말을 숨죽여가며 고요하게 말을 전하는 모습, 그리고 지난 상처를 준 일들을 되짚어가면서 서로를 애가 타게 덮어주는 모습이 자신의 모습인 것이다.

말에 베인 상처에
아렸던 날 있습니다

이제 와 다시 보니
내 벼린 혀끝인 걸
되돌아
나를 향할 줄
짐작조차 못 했던.

「부메랑」 전문

불식시 쳐들어와
심중을 두드린다

주옥같은 언어를
찰나가 눈치 챌 때

손끝은
수신음마다
해독하며 그린다.

「시는 내게」 전문

전영임 시인은 시를 쓰는 것도 좋은 습관도 가지고 있고 또 시詩 언어를 말하듯이 다루는 솜씨도 세련돼 있다.

작품 「부메랑」에서 남에게서 '말에 베인 상처'를 통해 나중에 보면 '내 벼린 혀끝인 걸'로 결국에는 나 자신이 말을 잘하면 상대방에게서 돌아오는 말이 좋다는 뜻이 되겠다. 옛말에 '가는 말이 고와야 오는 말도 곱다.'

는 것에서 오는 교훈적인 작품이다.

시를 쓰거나 글을 쓰는 사람들은 항상 메모할 준비를 해가지고 다녀야 한다는 말을 늘 하곤 한다. 전영임 시인의 작품 「시는 내게」는 바로 그런 것을 의미하고 있는 듯하다. 가령 '불각시 쳐들어와' 등의 시구詩句가 바로 그런 것을 의미한다고 생각한다. 이 작품의 종장도 바로 그런 것이다.

추녀 끝 매달려도 그저 그게 좋은 것은
그 목소리 어디든 보낼 수 있다기에
어디 먼
그곳에 있을
네게 가 닿으라고

끝없는 바람결에 내가 나를 때려도
아픔을 견디면서 그래도 좋은 것은
돌올한 그 소리 울려
오는 길 밝히려고

가슴에 새긴 금석 너와의 굳은 약속
빗물에 씻겨가도 햇살에 바래져도
무시로
초로하는 마음
댕 댕 댕,
길을 낸다.

「풍경 소리」 전문

풍경은 자기 자신의 몸을 쳐서 목소리를 내어 자신을 알리는 것이다. 어디에 있든지 어느 곳에 달려 있든지 그 목소리는 한결같다. 가난한 사람이든 부자이든 간에 자신의 목소리는 한결같은 목소리인 것이다.

첫째 수에서는 추녀 끝에 매달려 있어도 서럽게 생각하지 않고 좋은 것은 풍경소리를 통해 먼 데 있는 너에게 내 마음의 소리를 전해 듣게 할 수가 있어서 좋았다, 했고 둘째 수에서는 내가 내 자신을 치고 내 몸이 부서지도록 아파도 그 아픔을 견뎌내면서도 그대가 오는 길을 밝혀주기 위함이라고 했다.

마지막 수에서는 너와 나 새긴 금석 같은 약속이 빗물에 씻기고 햇볕에 빛이 바래져도 지금까지 한결 같은 마음으로 네가 오는 길을 내어주기 때문이다.

몇 안 남은 이파리
그 나무 아래 벤치

먼 산 노을 바라보는
홀로 앉은 은발 머리

슬며시
단풍잎 하나
툭, 내려앉는 오후.

「동행」 전문

「동행」이라는 이 작품 속에는 함께 돌아갈 수 없는 자리까지 와 있는 것들이다. 몇 안 남은 이파리를 달고 있는 나무도 마찬가지로, 그 풍성한 잎들을 함께하고 있었던 그는 온갖 세월을 다 보내고 이제는 이파리 몇 개 달고 이 늦가을 아니면 초겨울의 계절에 와 서 있는 나무, 먼 산 붉은 노을을 깔고 있는 서쪽으로 넘어가는 마지막으로 붉게 타면서 보이는 노을, 그 노을을 바라보고 홀로 앉아 있는 은발의 머리를 하고 있는 한 노인도 젊은 날의 그 좋은 세월을 다 보내고 마지막 계절에 와 앉아 있는 그 모습, 그 모든 것들이 세월의 마지막에 와 있는 것이다.

종장에서는 단풍잎 하나가 슬며시 떨어진다고 했으며 그 시간 때가 하루를 다 보내고 오후라는 시간에 와 있다.

세상에, 낭구가 그림을 그린대이
못 배운 나보다 백배는 더 똑똑한 갑다
남녘 문
열어놓고서
시름으로 뱉던 말씀

그 나무 부러웠을까 등치 아래 잠든 당신
실바람 이명처럼 그 음성 나를 때마다
매끈한 너울가지가
웃어주던 유년의 집

오늘은 먼 기억 속 당신을 그리네
낫낫한 붓이 되어 처연하게 그리네
메말라 야윈 가지가
생기 살금 머금네.

「나무가 그리는 그림」 전문

작품 「나무가 그리는 그림」은 전영임 시인의 생전의 아버지의 이야기, 돌아가신 아버지에 대한 그리움을 토로한 작품이다.

앞에 언급한 작품 「근황을 묻다」는 살아계셔서 요양병원에 계시는 사랑하는 어머님에 대한 그리움을 작품화한 것이라면 「나무가 그리는 그림」은 아버지 살아계실 때 남쪽으로 향한 문을 열어놓고 말씀하시던 그 말씀을 되뇌어본다.

"세상에, 낭구가 그림을 그린대이/ 못 배운 나보다 백배는 더 똑똑한 갑다."

이 말씀이 돌아가신 후에라도 자식인 전영임 시인의 뇌리에 말씀으로 살아남아 오랜 세월을 그리움에 젖게 하고 있다. 이 시는 전영임 시인의 시집 표제 작품이기도하다.

전영임 시인은 수필도 경지에 올라있고(제26회 신라문학대상수필부문 수상) 또 시, 시조도 자신의 작품성을 스스럼없이 잘 표출하고 있다. 시인의 가정 이야기라든가 또한 생활 속에서 파내는 작품이 좀 아프면서도 독자들의 심금을 울리고 있다.

문학文學은 인간人間이 살아가는 길道이라고 생각한다. 그러한 문학은 사람이 살아가는 길에 뜨겁고 눈물이 있는 정원庭園에 살아있는 꽃향기이거나 아니면 부패한 정치판 속에서 깨끗한 이슬을 건져 올리는 이야기라고 할 수 있다. 어려운 세상살이에서 보석寶石같은 언어로 사람들에게 삶의 활력을 부여해 정신의 투혼鬪魂을 건져 올릴 수 있는 것이 바로 문학文學의 힘이며 우리들에게 비춰지지 않는 정체성(Identity)을 잡아내어 일깨워주는 것이 살아 있는 문학이라고 생각한다.[20]

전영임 시인의 시집 전편全篇을 차근차근 읽어보았는데 지면관계상 좋은 작품을 더 언급하지 못한 점을 밝혀두는 바이다. 앞으로 대성하는 시인으로 발전하기를 바라면서 더욱 훌륭한 작품을 써서 독자들에게 보답해 주기를 바라는 마음이다.

20) 박영교 『시조작법과 시적 내용의 모호성』 도서출판천우 서울, p. 149

최정규 제3시집 『아름다운 반란』 해설——박영교 (시인 · 한국문인협회 이사)

詩的 個性과 平凡한 삶의 肯定性

1

시는 우리 인간생활의 활력소이며 질적 삶을 업그레이드 시켜주는 원기소元氣素이다.

시를 통해서 시인은 끊임없이 자기자신을 만들어 가면서 인격, 개성, 자신의 정체성(Identity)의 확립과 그것을 형성해 나가는 과정일 뿐만 아니라 독자들의 안목까지도 높여 나가는 일을 감당하고 있는 것이다.

시인이 사람讀者들에게 감동을 줄 수 있는 작품을 쓴다는 것, 그것은 매우 어려운 작업이다. 시는 민중을 떠나서는 생각할 수도 없고 존재가치를 논할 수가 없다. 시가 소수 층에 의하여 읽혀지는 것이라면 시가 모든 인간의 마음 속병을 치료할 수도 없다는 것이다. “문화와 교양이 소수층에 의해 독점되어 있고 시라는 것도 그들만이 알아보는 특정한 기교로 되어 있는 계급사회에서 인간이 아무런 계급적 특권 없이 평범한 하나의 인간으로서 떳떳하고 정직하게 사는 것보다 더 시적인 소재가 없으며 이러한 인간의 자연스러운 발언을 떠나 시적인 언어가 있을 수 없는 것이라고 백락청白樂晴 〈詩와 民衆言語〉씨가 말하였다.

문학의 작품들은 이미 기존해 있는 언어들을 엮어서 문장을 만들고 또한 새로운 창조적인 의미를 부여할 수 있는 작업으로 생성되는 산물인 동시에 독자들의 마음속에 오래 살아 숨쉬는 정신적 산물이다. 그러기 때문에 시인은 자신의 작품에 대해서는 신념을 가져야 할 것이며 또 그것에 대해서는 책임도 함께 수반되는 것이다.

필자의 눈에 비친 시인 최정규崔正奎님은 인생의 삶에 대해서 긍정적 삶을 추구하고 있으며 그의 시적 언어는 백락청이 말한 평범한 하나의 인간으로서 떳떳하고 정직하게 사는 사람들의 자연스러운 발언에 바탕을 깔고 출발하고 있음을 그의 시를 대해보면 느낄 수 있을 것이다.

2

시인 최정규 님은 강원도를 너무 사랑하는 시인이다. 그리고 그가 살고 있는 곳 삼척三陟 땅을 또한 보석처럼 한없이 아끼는 시인임을 발표하고 낭송朗誦하는 작품 여러 곳에서 발견할 수 있었다.

그의 제3시집 『아름다운 반란』은 그 전편全篇을 4부로 나누고 있으며 최 시인의 작품 속에는 시를 쓴 시인의 체온을 느낄 수 있는 작품들이 대부분이다. 환언하면 글을 쓴 시인이 직접 그 곳에 가서 보고 그 땅을 밟고 느끼고 체험한 것에서 얻어진 소재로 쓴 작품들이라고 말할 수 있다는 것이다.

제1부 '역마살'(기행시편)에는 〈영주 사과밭〉 등 15편의 작품을 싣고 있었으며 대부분의 작품들이 기행시편들이었다. 제2부는 '아름다운 계절'로 17편의 작품을 싣고 있으며 내용은 주로 계절의 변화에 따른 시편들이다. 제3부는 '강원의 유역을 돌아' 17편의 작품들이 강원도 지역을 돌면서 아름다움과 쓸쓸함, 자연과 그것의 훼손 등에 대한 삶의 정한情恨을 피력하고 있는 시이다. 제4부 '사노라면'에서는 18편의 작품을 싣고 있으며 삶에 대한 회한, 그리움, 또는 염원 등을 대부분 쉬운 필치로 쓰고 있는 시편들이다.

작품 한 편 한 편들을 들어 감상해 보자.

빨간 유혹이 탐스럽다.
울도 담도 없는 과수원
여름 햇살 흠씬 배인 사과

한 입 배어 물면
싱그런 교성嬌聲이라도 터질 듯

범하고 싶은 화냥끼

눈으로 실컷 따먹고
빈 입 다시고 나니
허기가 느껴진다.
농익은 열정
몰래 마음으로 훔쳐 품은
죄목은 무엇일까

교태 묻어나는 빨간 유혹
드레드레 바람 타는 풍경 두고 오는 길
영주 사과밭이 자꾸만 눈에 밟힌다.

「영주사과밭」 전문

이 작품은 년 전 〈소백문화제〉 때에 삼척문인협회 회원님들을 영주문인협회 회원들이 초청하여 그때 영주를 다녀가신 최 시인의 마음 속 '영주의 느낌'을 강하게 느낀 점을 표출한 시이다. 부석사 올라가는 길 죽계구곡 바로 옆 사과밭에서 탐스런 사과를 따먹고 싶어 한 욕구를 그때 그 시간의 감정으로 강한 마음의 갈등을 나타낸 시이다.

최 시인은 이 작품 속에서 '에덴동산 중 금단의 실과'에 대한 우리 인류가 시작된 이후 최초의 죄를 이야기하고 싶었던 것이다.

다음 작품은 경상남도, 전라남도를 기행하면서 쓴 기행 시이다. 구례 산수유 밭을 구경하면서 생각하고, 느끼고, 또 자신의 마음까지 노란 빛깔로 물들일 것 같은 느낌을 감상하면서 시인)은 이 시를 쓴 것이다.

사는 얘기 정겨운 골마다
여정 길 노랗게 반기는
산수유 꽃 떼

꽃샘 한 추위에
언 손 비비며 따라나서는
그대 안부
눈 나누어 인사 나눈다

봄의 전령
산지사방에 연두 고운 물 빛
흠씬 들이고 나면
다시 설레일 그리움

여행길 구례에서
노랑 인정 품어 가면
어떤 빛깔로 거듭날까
이 아름다운 봄에
나는.

「구례를 지나며」 전문

최정규 시인은 감정이 매우 풍부한 시인임을 그의 시를 통해서 알 수 있다. 정이 많고 눈물이 많은 시인인 동시에 마음이 부자이면서 함부로 자신을 나타내 보이지 않는 시인이다.

전라도 구례 산수유 밭을 거닐면서 꽃샘추위에도 봄의 전령사인 양 고운 꽃 향을 뿜어낸다. 그 노란 꽃 인정을 품어 가면 나(시인 자신)는 이 아름다운 봄에 어떤 빛깔로 거듭 나게 될까? 하는 반문을 하면서 끝을 맺고 있다.

'봄'하면 여자의 계절인 것이다. 이 봄에 자신의 변신 등을 생각해 볼 수 있는 마음 그 자체가 이미 봄기운인 것이다.

다음 작품을 보자. 이 작품의 배경은 '하동포구 갈대밭'이다. 독자가 이 작품을 읽으면서 사람들의 삶이나 갈대밭 속에 둥지를 틀고 사는 짐승들의 삶이 다를 바가 없다는 것을—

죽어서도 몸 눕히지 못하고
겨우내 울었으리
허허로운 바람에
처절한 몸부림으로

오백 리 골 골이 모여
굽이돌아 내린 섬진강
갯 목에서 숨 죽여
안쓰러움에 갈대 안고 흐느끼는
나직한 강울음을 듣는다.

언제부터였을까
하동포구에 풀어놓은 모듬살이
세상 귀먹고
문명에 눈멀어도
견고한 뿌리내림의 어미사랑

울음에 마른 가슴
선 듯 내어준 갈피갈피
둥지 틀어 사랑 차리던 철새
겨울 물고 떠나고
강은 저물도록 바다로 흐른다.

「하동포구 갈대밭」 상반부

이 작품을 읽으면서 시인의 성정性情적 깊이와 삶의 깊이를 엿볼 수 있었다. 하동포구 갈대숲을 보면서, 그들과 그 속에 숨어사는 새들의 생활상을 체험하면서, 최 시인 자신의 생에 대한 편린들을 그리는 외롭고 미련한 삶을 자기 자신의 삶과 생활을 통해 뒤돌아보는 자기성찰의 시이다.

시는 그 시인의 분신이라고도 말하며 그 시인의 인격이라고도 한다.

그리고 그 시 속에 표현된 시적 감동은 그 시를 쓴 시인이 습관화된 인식의 세계로부터 벗어나 실제 그 현실과 함께 접촉함으로써 일어나는 것이라고 말할 수 있는데 그 느낌의 강도의 차이에 의해 감동의 강도가 다를 수 있는 것이다.

다음 작품을 보자.

앞의 작품은 문경聞慶 땅 '새재 문화'의 맨발로 걷기 체험을 하고 쓴 작품이고 후자의 작품은 남원 땅을 체험하면서 얻어진 그곳의 여적을 적은 시이다.

와! 이 살가운 전율
여우비 지난 오월 햇살
살 발로 밟는 십여 리
고른 마사토 길 따라
문경새재를 맨발로 걷는다.

올무에서 놓여난 발의 자유에
느슨한 세포들이 사열하고
안일한 서정들이 일어서는
현기증의 반란이다

「문경 새재 맨발로 걷다」 전반부

어둠 내리는 저물 녘
오늘은 경관 좋은 남원 땅에 들다.

봄물 한창 즐거운 연둣빛
잎새 속에 언 듯 묻힌 광한루
나그네 유혹이 신비롭다.

여장 풀고

월매 아지매 불러 대작對酌이라도 해야 할 텐데
여태 술을 배우지 못해
그도 안 되고
춘향 이도령 만나 사랑가나 읊을거나

두어라 고단한 여정
이 밤도 편히
초승목 깊은 잠에 들어
봄꿈이나 꿀 일이다.

「남원」 전문

위의 작품을 대하면서 시적 감동의 강도를 생각해 본다. 시인의 작품을 읽어보면 그 정감의 유로流露가 자연발생적인 감동으로 시를 쓰고, 느끼고, 시인의 시적 감동에 독자들은 공명과 위안을 얻는다고 할 수 있다.

전자는 작품에서 '발의 자유' 즉 새재문화를 체험하면서 얻어진 정감을 발을 통한 자유, 맨발의 체험으로 나아가서 마음까지 자유를 얻는 시인의 삶의 자유를 만끽해 보는 작품이다. 그 감동의 강도는 읽는 독자들의 느낌에 대한 강도로써 받아들여질 수 있다.

후자는 '남원'의 경관을 보면서 그곳에 여장을 풀고 그곳의 풍광을 체험하면서 시점이 조선시대로 넘어가고 있다. 이 작품을 읽으면서 느낀 점은 최정규 시인의 작품은 고민하면서, 고뇌를 깔고 쓰는 시가 아니라 쉽게 읽히고 쓰는 시편이라는 것을 알게된다. 그러나 시적 스텝이 너무 조밀하지도 않으면서 고루하지도 않고 리듬감과 박진감도 함께 내포해 있어서 그것이 장점이라고 생각된다.

다음은 작품 〈청풍호〉와 〈찻집 가마터〉 두 작품을 만나 볼 수 있다.

초이레 상현달이

고운 물무늬 딛고 건넌다

키 낮은 해바라기
노란 웃음으로 반기는
물 나루 산굽이 휘돌아
지친 여행 헹구는 넉넉한 호수 언덕

형식의 근육질로 남아
물속에 그림자 드리우고
속절없이 흐르더라
푸른 발함으로 흐르는 청풍호에는.

「청풍호」 후반부

국망봉 오름목
죽계 계곡 끝 골
배점 마을 어귀에 비껴 앉은
통나무 이층찻집 가마터에서
달빛 차를 청하다

달빛 차 마시고 정기 받으면
아들 잉태한다는 귀띔에
어지러운 혼돈의 시대
국태민안國泰民安할 성군聖君을 낳을까
천하통일할 덕장德將을 낳을까

「찻집 가마터」 전반부

시적 개성은 문체에서 탄생된다고 본다. 즉 시인의 개성에 따라 다양한 표현 방식이 나타내지는 것이며 다른 시인과 색다른 특이한 표현을 나타내게 된다. 위의 두 작품을 읽으면서 우리가 늘 대하던 사물을 통해 또 다른 세계를 이끌어낼 수 있는 것이다.

작품 〈청풍호〉에서는 청풍명월의 고장을 기행하면서 수몰민收沒民을 제일 먼저 생각하는 최정규 시인의 시적 휴머니즘이 살아 있는 작품임을 알게 될 것이다. 지금은 제천시 금성면 수곡리 일대의 호수, 호반의 도시, 굽이돌아 들면 외국에 와 있는 착각을 하게 되는 곳이기도 하다. 웰빙 시대를 맞아 그 호수 밑에 깔린 수몰민의 고향, 물속 그림자 등을 생각할 수 있는 작품이다. 여기서 최 시인의 시적 개성이 담긴 문장 표현 몇 개를 찾아보자.

> 비틀거리던/ 유람선// 허기져/ 떠나는/ 목/ 메인/ 절규//
> 초이레/ 상현달이// 고운/ 물무늬/ 딛고/ 건넌다//
> 지친/ 여행/ 헹구는/ 넉넉한/ 호수/ 언덕//
> 등의 문장들에서 찾아 볼 수 있다.

또 작품 〈찻집 가마터〉는 부제가 달려 있고 나라의 어지러운 혼돈의 시대, 민안과 성군, 통일과 덕장을 소원하는 작품이다.

영주 순흥 고을 배점 마을 '찻집 가마터'에서 달빛 차를 마시더니 최정규 시인은 조금은 망령을 부리고 있다. 지명知命의 나이에 그것의 담을 헐고 성군聖君, 덕장德將을 운운하는 것을 보니 말이다. 달빛 차 맛을 표현하기를 '여인의 교태 같은 차'라고 했다. 정말 훌륭한 표현이다. 왜냐하면 달빛 차를 일컬어 다른 사람(시인)이 한 번도 그런 좋은 말로 표출한 적 없기 때문이다. 이 작품에서도 살아 있고, 시적 개성이 있는 표현은 바로 그것이다. 그리고 하나 더 붙인다면 '지명을 헐어 그래도 아직 여자이고 싶음'의 표현도 정말 대단한 표현이라고 생각한다. 누가 감히 그런 표현을 쓰겠는가?

제2부에서 작품 〈매화주 익거든 님이여!〉, 〈그 사람〉 두 편을 언급해 본다.

꽃구름 두둥실 섬진강변

매화나무 마디마디
솜털 보송한 풋 열매 열리거든
정갈한 손길로 따다
매화주 빚어
내 더운 심장으로 익히리다.

〈매화주 익거든 님이여!〉 첫째 연

목련이 필 무렵이면
나의 봄맞이
길목으로 접어드는
교과서 같은 사람

수시로 하늘에 걸리는 구름
제 무게에 겨워 비가 되고
새초롬한 추위에
황사바람 일면
하얀 순결에
수척해지는 바램
꽃은 연두바람에 허물려도
나는 아직 봄 녘 서성이며
그 사람
교과서 밖으로 외출하기를 기다립니다.

〈그 사람〉 전문

위의 작품 〈매화주 익거든 님이여!〉는 3연으로 구성된 한 편의 작품이다. '매화주'를 먹고 취하면서 사랑을 위하여 매우梅雨야 내리든 말든 꽃샘바람인들 강바람 스밀세라 섬진강 맑은 물에 님과 함께 뱃놀이를 하고 싶음을 읊은 다분히 풍류風流가 한껏 집힌 작품이다. 사실상 최 시인은 술 한 잔도 잘 못하는 시인으로 앞 작품에 표현해 놓고 있는 것을 볼 수 있다.

매화주/ 빚어//
내/ 더운/ 심장으로/ 익히리라.//

위의 작품 속에는 훌륭한 시적 개성을 찾아볼 수 있는 시구詩句이다.

그리고 작품 〈그 사람〉도 전 3연으로 구성된 한 편의 시이다. 이 작품에서 최 시인은 기다림의 미학美學을 독자들에게 보여주고 있는 작품으로 잘 알려져 있다.

나의 봄맞이는 목련꽃이 필 무렵 내 길목으로 접어드는 교과서 같은 사람, 시인은 봄을 기다리는 정열적인 마음을 지니고 있지만 차분하게 기다려 주는 미덕美德이 있는 시인임을 찾아볼 수 있다. 시인이 기다리는 사람은 교과서 같은 사람, 멋도 없고, 곧이곧대로 사는, 융통성融通性도 없는 사람, 때로는 그 기다림이 허물어져도 시인은 그 봄 녘을 서성이면서 그가 교과서 밖으로 좀더 융통성 있게, 시인의 마음에 들게, 살아 주었으면 하는 기다림의 미학에 대한 훌륭한 시편이다.

다음은 작품 〈철쭉〉을 만나 보자.

뻐꾸기 울음 물고 터지는 진홍빛
파과지년破瓜之年, 꽃사슴에
초경의 부끄러움이다

신이 반했다는 절세미인
수로부인이 탐했다는 꽃
지금도 바래지 않은 자태

나이 들어도 낡지 않은 가슴에
설레는 꽃물 들이고
무심한 뻐꾸기 울음 들어라

〈철쭉〉 전문

위의 작품 〈철쭉〉에서 수로부인의 이야기는 누구나 할 수 있는 이야기지만 붉은 철쭉을 보면서 파과지년破瓜之年의 성어를 이끌어 내어 생각할 수 있는 시인, 여류시인이면서 감성이 남다른 시인임을 작품을 통해서 느낄 수 있었다.

나이 들어도 그 감성이 늙음에 물들지 않고 싱싱한 삶의 원천을 간직하고 있으며 아직도 목련과 같은 희고 순수한 마음을 소유하고 있는 시인이 최정규 시인이라고 감히 말할 수 있다.

그는 작품 〈나목 배우기〉에서도 시인은 살 가지의 울음을 통해 '또 다른 충만으로 뿌리내리는 견고함'을, 나목裸木에서 '버리면 가벼워진다는 걸, 포기하면 자유롭다는 걸,' 배우고 또 내 가지고 있는 것이 너무 많아 '나목'에게 부끄러운 자신을 토로하고 있음을 볼 수 있다.

또 작품 〈미시령〉이란 작품 속에서도 강원도를 사랑하는 깊은 마음이 깔려 있는 것을 보게 된다. '미시령'이란 이름은 이승만 대통령이 명명한 이름이며 그 정상에는 한자로 쓴 그의 친필의 비석이 서 있었다. 이 시에서 시인은 시적 발상부터가 정말 좋다. '속초를 한눈에 밟고 서다.' 어느 시인이 감히 시의 첫 구절을 이렇게 시작할 수 있겠는가? 그의 작품 속에는 강원도를 사랑하는 마음이 마음속 깊게 젖어 있다.

3

이상에서 최정규 시인의 작품을 단편적이나마 훑어보았다. 그의 시 속에는 정감과 뜨거운 감동이 넘쳐나고 글썽거리는 눈물도 보이며, 향수鄕愁의 발자국 소리도 들린다.

그의 삶은 긍정적인 믿음 위에 기초하였고 크리스천으로서 봉사적인 삶의 원천이 익혀져 있기 때문에 그의 시도 또한 긍정적인 삶의 궤도에서 벗어나지 않는다.

누구에게나 슬픔과 괴로움과 아픔이 없었겠는가마는 그의 시 속에는 그런 그늘이나 그림자가 보이지 않고 있음을 느낄 수 있다. 의식적으로 그런 것들을 피하여 글을 썼는지는 모르겠으나 독자들에게는 싱싱하고 즐겁고 기쁘며 활기찬 노래만이 들려주고 또 존재할 따름이다. 많은 삶의 아픔과 고통과 슬픔이 없지는 않을 것이지마는 굳이 독자들에게까지 옮겨져 읽힐 이유가 없다는 그런 긍정적 사유를 편 것이 아닌가 생각한다.

시는 그 시를 쓴 시인의 소유물이 아니다. 시집으로 묶어 내거나 지면에 발표한 후에는 그것은 독자들의 것이며 몫이라고 생각한다. 최정규 시인의 시 속에는 다른 시인이 따라잡을 수 없는 번득이는 문장표현이 들어 있고, 어느 여류시인도 표현하지 못한 문장들이 나타나 있음을 볼 수 있다. 그는 마음이 활달하고 불의를 보면 참지 못하는 마음의 소유자이다. 이것저것 눈치 보는, 기회주의적 시인이 아니며 모든 일에 있어서 정도이며 비굴한 일은 항상 추방하며 살아온 그의 삶을 시 속에서도 표현되어 생각해 볼 수 있도록 하고 있다.

제3시집 출간을 축하드리며 앞으로 더 훌륭한 작품을 써 발표해 줄 것을 바라며 더욱 대성하기를 바라마지않는다.

김기옥 시집 「꼬리를 보다」 해설—박영교(시인 · 한국문인협회 이사)

긍정적肯定的 삶의 방법과 그리움의 서정敍情

우리가 살아가는 이 지상에서 시인은 빛을 스스로 만들어내며 살다가 죽어서는 광채를 발하는 하늘의 우뚝한 별과 같은 존재이다. 그러므로 시인은 항상 자기 자신과 그의 작품에 대하여 절차탁마切磋琢磨하는 자세로 세상을 살아나가야 하는 것이다.

시인은 세상이 어지러울 때 깨끗한 정신력을 발휘하여 시대를 평정해 나가는 동시에 질서와 자리를 정리 정돈할 수 있는 힘을 표출하고, 자생할 수 있는 능력을 만들어 나가는 지혜와 청렴, 정체성(Identity)을 확립해 갈 수 있는 인재로서의 문인이어야 한다.

요즘 문단은 많은 문인들을 쏟아내고 있어서 오륙십 년 대와 같이 희소가치稀少價値를 생각할 때와는 또 다른 양상을 나타내고 있다. 지금은 시인이 되기는 쉬운 시대이다. 그러나 문단에 등단 후 좋은 작품을 발표하기 위해 부단히 노력해야만 진정한 문인이 됨을 요즘 등단한 시인들은 잘 알고 있다.

조선조에는 시를 짓지 못하면 과거에 급제할 수 없었고 급제할 수 없으면 관직에 나갈 수 없기 때문에 입신양명立身揚名하기 위해서는 시를 쓰고 공부하는 것은 필수적이었다. 지금에 와서 시인이나 문인이 되는 것은 선비정신을 이어받아 깨끗한 사람의 표상이면서 법 없이도 살아나갈 수 있는 인격적인 대명사가 되었다.

시인은 이 사회를 깨끗하게 정화해 가는 청량제淸凉劑인 동시에 한 지역의 정신적 지주支柱로서, 공인으로서 선두주자가 되어야 하며 어지러운 이 시대에 소금과 빛의 역할을 감당해 나가는 사람이어야 한다. 부패한 곳에서도 썩지 않는 시심이어야 하고, 용렬庸劣한 곳에서 당당할 줄 알며, 살아 있어야 할 곳에서 살아 있을 줄 알고, 목숨을 던져야 할 곳에서 구차하게 연명하지 않는 법을 아는 사람이 바로 시인인 것이다.

김기옥 시인은 한국여류시인으로서 한국문단에서 귀한 존재로 널리 알려진 시인이다. 벌써 여러 권의 시집을 상재上梓했고 또 시와 시집을 발표해서 이름 큰 문학상도 여러 번 수상한 강릉의 시인이다.

시인은 세상에 태어나 좋은 작품을 써 남기는 것은 사명이고, 시는 사회에 정신적인 정화작용(catharsis)을 하는 매체로서의 역할을 다 했을 때 훌륭한 작품이 되는 것이다.

수천 년을 달과 바람이 빚어낸 걸작품의 하나

햇살이 갯 이랑마다 와글거리는 갯 평선

수많은
생명체들을
끌어안고 삽니다

우주의 자궁이요 바다와 땅이 함께

끊임없는 바다를 묵묵히 받아주고

땅에서
더렵혀진 것들
정화하고 다독인다.

「갯벌·1」 전문–강화도 갯벌

김기옥 시인은 '강화도 갯벌'을 통해서 무엇을 독자들에게 보여주려고 하는가를 생각해 본다.

갯벌은 어촌의 어민들의 논밭이면서 생활터전이다. 누천년을 함께 살아온 삶의 터전인 동시에 생명의 젖줄인 셈이다. 수많은 생명체를 키우면서 그 생명체를 끌어안고 살아가는 삶의 터전이다.

육지에서 버려진 모든 더러움과 여러 가지 생활 폐수들을 묵묵히 받아주면서 그 오염된 모든 것들을 걸러서 정화시켜주는 동시에 어민들의 삶을 함께 이어주는 작업을 하는 곳이 바로 갯벌이다.

시인은 이 점을 모든 사람들에게 보여주고 싶어 하는 것이다.

이 나라 으뜸으로 모성의 표상이며
어질고 자애로운 어머니의 귀감이신
사임당 부덕과 예술 위대한 현모양처

지극한 효녀효부요 깊은 학문 덕을 갖춘
뛰어난 자아현실 해박한 능통이며
시, 서, 화 일가를 이룬 선각자적 예술 혼 불

세계만방 자랑으로 새겨주신 은덕으로
어머니, 아들 함께 화폐 인물 선정되심
이 멋진 거룩한 위엄을 길이 자랑 합니다.

「거룩한 신사임당」 전문

김기옥 시인이 살고 있는 강릉은 우리나라의 청정도시이면서 누구든지 살고 싶어 하고 선호하는 도시이다. 우선 바다가 곁에 있어서 깨끗한 공기와 그리움이 쌓여 있는 도시이다. 그리고 강릉은 신사임당의 고향인 동시에 율곡의 고향이며 탄생지이기도 하다.

김기옥 시인의 작품 「거룩한 신사임당」의 첫째 수에서 말하듯이 쓴 말씀, 모성의 표상이며 자애로우신 어머니, 서예 그림으로도 많은 업적을 남겨 놓았다. 우리나라 화폐에 모자가 함께 표현된 것을 보아도 자랑스러운 일이다.

우윳빛 별꽃 속에

빨간 등이 자랐다

파아란 하늘 끝에

주홍빛의 이정표로

가지 끝
수줍은 볼이
부리 끝에 찍혔다.

「까치밥」 전문

김기옥 시인의 작품 「까치밥」은 우리나라 농촌 생활에서 후덕한 미덕을 남기는 일이다. 우리 사람만 먹고 살아가야 한다는 생각을 넘어서 살아 있는 모든 동물과 함께 먹고 살아가야 한다는 진리가 거기에 담겨 있는 것이다.

나 자신만 먹고 살아가려는 것이 아니라 다른 사람과도 함께 그리고 날짐승까지도 배려하는 넓은 마음 가짐이 숨어 있는 미덕이다.

같은 꿈 가진 이는 생각의 향기가 같다

서로가 닮아 있어 고귀한 만남으로

따뜻한
마음 손잡고
고운 꿈을 키웁니다

아픈 삶의 파편들도 감싸주고 어루만져

서로를 응원하며 사랑으로 피어나게

같은 꿈
들킨 사람들
함께 꽃을 피웁니다.

「꿈이 같은 사람들·1」 전문

꿈이 같다는 것, 마음을 함께 한다는 것, 그것은 우리들 살아가는 길에 동행하는 친구이다. 함께 같은 꿈을 꾸면서 살아간다는 것 그것은 얼마나 의리와 정의情誼가 돈독한 것인가?

서로 모든 것들이 닮아 있고 마음까지도 한 방향인 것은 하늘이 맺어준 인연이다. 삶의 테두리 안에서 서로 의지하며 아픈 삶의 파편들도 함께 아파해주고 함께 모든 일을 도와주는 동행은 그 자체가 삶의 이상이고 행복이다.

물위에 떠있다는 무섬마을 외나무다리
내성천 모래강의 여름날이 만개하면
수많은 동식물 키워내는 자연의 요람이다

버들치 펄쩍뛰면 왜가리가 호강을 하고
원앙새 사랑 춤 꼬마물떼새 새 생명 부화
한편의 드라마처럼 치열하게 뜨겁다

뻐꾹 소리 매미소리 새소리와 물소리
태양이 머리꼭대기까지 올라온 여름은
물길이 유래를 읽어주듯 위풍당당 해맑다.

「무섬 마을」 전문-내성천의 여름

김기옥 시인이 무섬마을을 다녀간 것 같다. 「무섬 마을」은 영주시 문수면에 있는 전통마을이다.

무섬마을은 낙동강 칠백 리에 있는 물돌이 중에 한 곳이기도 하다. 그 중에 가장 큰 마을은 안동 하회마을이다. 영주의 무섬마을은 그 두 번째로 큰 마을로서 반남박씨 마을이었는데 성선김씨가 사위로 들어와서 삶으로 인해 박씨와 김씨 두 성씨가 훌륭하게 한 마을을 이루고 살아가는 보기 드문 마을이다. 한 눈에 풍광이 다 들어오고 자연의 생명체가 어우러진 아름다운 마을이다.

봄을 열어 읽어보면 톡톡 튀는 용수철이다
봄기운의 설레임은 미로의 능선에서
공포의 코로나19로 자유, 평화를 잃었다.

위대한 우리나라 위기엔 똘똘 뭉쳐
결코 포기하지 않는 민족의 원형질로
한 고비 넘을 때마다 지혜, 용기로 극복

고운 봄 인간에게 오만함 일깨우려
재앙을 내린 걸까 마음의 거린 잊지 말자
불안 속 배려와 극기 슬기로운 삶으로.

「미로의 봄」 전문

김기옥 시인은 「미로의 봄」, 이 작품을 통해 사람들은 고운 봄이 왔는데도 코로나19로 인해 봄기운을 잃어버리고 또한 자유와 평화도 잃어버렸다고 했다. 우리는 어떤 일이 일어나도 그 위기를 이겨내는 위대한 우리 민족의 정체성(Identity)을 찾아볼 수 있었으며 그러한 위기가 올 때마다 우리 국민들은 모든 지혜를 모아서 잘 대처해 나가는 훌륭한 국민임을 일깨운다.

놀 한 자락 깔아놓은 오묘한 빛의 노래
굳어버린 마음 더듬이 오늘에 불러내어
안온한 어머니 품처럼 신성한 빛의 신비

색색이 들려주는 스테인드 글라스
마음으로 스며드는 황홀한 파노라마
따뜻한 마음의 꽃등 아롱이는 빛 여울

성당 안 그 빛에 안겨 나도 몰래 기도 했네
내 모든 죄 용서 하소서. 짧은 시간 긴 여운
평화의 빛 리듬을 타고 환상 속 꿈 한 자락.

「빛의 향연」 전문

김기옥 시인은 작품 「빛의 향연」을 통해 빛이 우리 인간에게 주는 신성함을 노래하면서 그것이 마음속에 파고드는 황홀함과 그 빛 여울을 음미吟味한다.

마지막 수에서는 천주교 큰 성당 안을 들어서면 그 빛의 황홀함에 눌려 자연적으로 고개를 숙이게 된다. 그것을 통해서 마음속 경건함을 되찾는 길을 엿보게 된다.

성당에는 내 외부를 통합해서 빚어낸 빛과 소리의 조화로움을 얻어낸 대성전의 공간적 조화로움의 묘미, 이것은 마치 밤바다 어둠의 길을 열어주는 한 줄기 빛의 여운을 은은하게 발하는 외딴 섬의 등대와 같은 역할로 우리 마음속을 작용한다고 생각된다.

김기옥 시인도 자신의 마음속에 등대와 같은 성당의 색깔의 빛에 끌려 그 짧은 시간이 긴 여운으로 남아 환상의 마음을 열어서 자신의 생활을 힐링하는 것이다.

겨울바람에 시달린 갈대는 뼈만 남았다

수천 수 만 철새 떼가 뒤적여 놓은 뻘 속에도

하늘의
순리에 따라
빼끔빼끔 봄이 열린다.

철새들 날개사이로 계절이 들락거리고

순천만은 오감의 느낌 뻐꾹 소리로 육감이다
자운영
분홍 꽃 머리로
봄바람이 건너간다.

「순천만1.」 전문-봄

전라남도 순천만 하면 갯벌 밭의 갈대밭으로 유명하다. 김기옥 시인은 순천만 갈대를 통해 인생의 삶의 깊이를 말하고 있다.

순천만 서걱대는 갈대의 말소리를 들을 수 있고 그 말소리 속에서 한 겨울의 삶의 어려움을 들을 수 있었으며 겨울의 강한 바람에 시달리던 갈대의 아픔과 그 강한 바람에 시달려 가냘파진 앙상한 현상을 김기옥 시인은 뼈만 남았다고 노래하고 있다.

뻐꾹새 울음으로 봄은 다시 오고 자운영 분홍 꽃을 통해 갯벌에도 봄이 오고 있음을 시인은 알고 있다.

미세먼지 창을 가린 홀쭉한 잠 깨운 아침/
생각을 구겨 신은 마음의 창을 열어/
또 하루/
나를 불러내는
조잘조잘 새소리/

팔짱 꼈던 시간들이 소실점을 불러오듯/
느긋한 기다림이 어제와 오늘을 잇는/
뭉툭한 /
생각의 끈을
잡아당겨 펴본다.

「아침 소묘」 전문

작품 「아침 소묘」는 누구나 경험할 수 있는 평상을 풀어놓고 있는 시이다. 우리들의 삶을 조금만 생각하고 뒤돌아볼 수 있는 마음의 여유를 갖는다면 아침을 여는 좋은 시를 떠올릴 수 있을 것이다.

우리들의 아침을 깨우는 것은 자연의 이치를 생각할 수 있게 하는 것들이다. 김기옥 시인의 아침을 깨우는 것은 조잘대는 새소리이다. 또한 경칩驚蟄을 지나서의 아침을 깨우는 소리는 농촌의 개구리소리이다. 그렇듯이 그 지역의 특징 속에 다른 인물들이 등장해서 생각을 깨우고 있다. 느긋한 아침이 아니라 시인의 뭉툭한 생각의 끈을 잡아당기는 아침인 것이다.

오죽헌과 함께 자란 육백년 된 율곡매梅는

사임당과 율곡 남매들 봄마다 눈부신 향기

정갈한
청객(淸客)으로 맞던
기다림의 봄 편지

겨울껍질 터트리며 맨 먼저 봄을 깨워

영롱한 고독을 담아 철학으로 가슴 메우던

아직도
그 고운 꽃노래
오죽헌 봄 문 연다.

「율곡 매梅」 전문

작품 「율곡 매」는 2007년 10월 8일 천연기념물 제484호로 지정되었으며, 강원도 강릉 오죽헌 몽룡실 뒤곁에 심어진 매화나무이다. 오죽헌이 들어설 당시인 1400년경에 심었으며 신사임당과 율곡 이이가 직접 가꾸었다고 전하고 있다.

수령은 600년으로 추정되며, 높이 약 9m, 수관 폭 6m, 가슴 높이 줄기둘레 약 68cm이며 밑동 약 90cm 지점에서 두 줄기로 갈라져 올라간 나무이다. 아름답기로 유명한 이 매실나무의 품종은 꽃 색깔이 연분홍인 홍매紅梅 종류이다. 3월 20일 전후에 꽃이 피고, 매실의 알은 굵은 편이라고 한다. 김기옥 시인은 이 「율곡 매梅」를 통해서 강릉을 마음껏 소개하고 있다. 누가 이 고장을 노래하겠는가? 김 시인은 오죽헌의 봄을 청객淸客들에게 마음 놓고 열어 자랑하고 있다.

동해 푸른 고래 등 타고 정동진역 내려서니
바닷가 평행선 위로 꿈이 열린 간이역
산위에 크루즈선이 그림으로 걸렸다

흰 거품 날름대며 유혹하는 바닷길 따라
신비의 부채길 이천삼백만 년 동해 탄생 비밀의
탐방로 지각변동의 해안단구 기암괴석

심곡항 빨간 등대 헌화로 안내 받으면
수로부인께 꽃을 바친 아름다운 설화의 길
바다가 반갑다면서 물보라로 덤빈다.

「정동진 부채길」 전문

김기옥 시인의 작품 속 강릉자랑은 끝이 없다.

작품 「정동진 부채길」은 읽어보면 그대로 그림이 그려지는 작품이다. 정동진에는 크루즈 선박이 그림처럼 아슬아슬하게 높은 언덕에 반쯤 걸려 있어서 누구나 보는 사람이면 아찔하게 느껴진다. 그것이 3만 톤급 호화 유람선에 지어진 선크루즈 독특한 테마를 가진 호텔로 지어졌다.

먼 수평선 위로 떠가는 큰 선박들을 보면서 바다로 나가고 싶어 하는 크루즈 선은 오늘도 벼랑 끝에서 서성이고 있다. 그리고 기암괴석이 널려 있는 탐방로를 따라 올라가면서 바다의 수많은 파도의 말소리를 들으면서 아름다운 설화의 길을 열고 있다.

오래도록 마음속에 뒷모습이 밟혔다
귀여운 강아지의 사랑스런 인사법

차들의
물고 물리는
매연, 짜증 조바심

연줄에 매달려서 부푼 꿈 펄럭이며

남의 말 속닥이고 덧붙여지는 뜬소문

세상의
균형을 흔드는
중심축을 사는 법.

「꼬리를 보다」 전문

김기옥 시인의 작품 「꼬리를 보다」에서 시인은 무엇을 말하고 싶어 하는가? 그 첫째 수에서는 시내 그 수많은 자동차들의 꼬리에 꼬리를 물고 검은 매연을 내뿜으면서 길을 가는 사람들의 짜증스러운 모습과 조바심을 언급하고 있다. 둘째 수에서는 남의 말을 통해 그것에 덧붙여져서 돌아다니는 뜬소문을 만들어 세상을 시끄럽게 하는 일들을 말하고 있다.

요즘 정치인들의 말의 허세, 그 꼬리를 물고 잘못됨을 알고도 버젓이 거짓말로 세상의 중심衆心을 뒤흔드는 일을 보고하고 있는 작품이다.

마을은 햇살을 오래 품어 온기로 가득
442년 한결같이 지켜온 향약의 정신
위촌리 도배마을의 합동세배 하는 날

예의와 전통 깊은 강릉의 설 문화로
정월 초이틀 온 주민이 촌장을 모시고서
다 함께 세배 드리는 경로효친 손꼽는다

조선중기 대동계를 조직하여 함께 나누던
율곡 선생 만드신 향약정신 전승받아
강릉의 계 문화 전통 아름다운 효 사상

풍물놀이 흥 돋우면 주민 서로 양편으로
나누어 맞절하며 건강 행운 덕담 건네며
정겹고 따뜻한 온기 함께하는 고운 정.

「도배례都拜禮」 전문

김기옥 시인의 작품 「도배례都拜禮」도 강릉의 훌륭한 사상을 널리 홍보하는 작품이다.

이율곡 선생이 만드신 향약정신으로 계속 이어온 전통적인 일이다. 이 전통은 1577년부터 지금까지 442년간 이어지고 있는 일이다.

강원도 강릉시 성산면 위촌리 도배마을에는 특별한 설 문화가 있다고 한다. 이것을 김기옥 시인이 작품화한 것이 「도배례都拜禮」이다. 매년 설

다음날인 정월 초이튿날 주민들이 촌장을 모시고 세배를 드리는 합동세배合同歲拜를 한다고 한다. 이것은 경로효친사상, 남을 공경하는 사상, 효도의 근본이 되는 일로 고집스럽게 전통을 지키며 그 맥脈을 이어가고 있는 일들을 작품화한 것이다.

> 한라산
> 꼭대기의
>
> 아름다운 휴화산 호
>
>
> 흰 사슴이
> 물을 먹는
>
> 청정의 신성지역
>
> 해맑은
> 수정 함지박
> 물거울이 맑구나.
>
> 「백록담」 전문

김기옥 시인의 단시조이다.

제주도 여행에서 탄생한 작품으로 우리 살아가는 길에 한번쯤은 가볼 여행지가 제주도이다. 젊은 사람들은 같은 값이면 괌이나 하와이로 신혼여행을 간다 한다. 그래도 제주도만은 못할 것이다.

우리나라 제주도 하면 항상 허옇게 머리를 한 한라산을 떠올릴 수 있고 한라산 하면 백록담을 이야기할 수 있다. 올해 같으면 백록담에도 하나 가득 물이 담겨 있을 것으로 안다.

백두산의 백두대간을 따라 맑은 정기를 이어받은 한라산 백록담 백두

대간의 끝자락을 얘기한 것이다. 우리나라의 혈맥을 이어받은 땅 제주도의 아름다움을 노래한 것이다.

느닷없이
날벼락에

먹장구름
휘몰아쳐

빗줄기
바람타고

사정없이
퍼붓고는

시침 뚝
햇살이 반짝
무지개를 걸었다.

「소나기」 전문

우리가 여름날 소나기 오는 것을 가만히 바라보면 몇 발자국 안 가서 비가 그치고 또 몇 발자국 안 가서 억수같이 쏟아지고 퍼붓는 빗줄기를 만나게 된다. 이것이 소나기다.

가만히 보면 농촌생활에서 소를 몰고 가면 소의 등줄기를 갈라서 오른쪽에는 억수같이 비가 퍼부으며 오는데 비해 왼쪽에는 햇볕이 날 정도로 비가 한 방울도 오지 않는 것이 소나기라고 한다. 시인의 소나기도 시침 뚝 그렇다.

늘씬한 꼬리 펴고 반짝이는 깃털 세워

강남의 멋진 신사 가볍게 날아올라

고개를
갸웃거리며
지지배배 말이 많다

흥부네 박 씨 같은 긍정을 물고 오는

처마 밑 일가를 이뤄 꿈의 미로 찾아가는

고운 말
엽서를 쓰는
지혜로운 신선 새.

「제비」 전문

김기옥 시인의 작품 「제비」를 일킨는 말은 한마디로 '말이 많은 신선 새'로 시인은 일컫고 있다.

봄이면 매년 잊지 않고 꼭 찾아오는 제비들을 본다. 멋진 연미복 차림으로 강남 갔다가 돌아오는 그는 항상 말 많은 신사에 비견하고 있다.

사람들은 제비를 긍정적이고 좋은 일만 하는 새로 여기고 우리들 처마를 내주는 것이고 강남에서 물고 온 긍정의 씨앗으로 보답을 하고 사람들에게 좋은 인상을 주고 사람들에게 이익을 주는 새로 알려져 있다.

갯벌은 나의 영력 빼곡한 구멍마다

내 집에 오지 말 것 짱뚱어의 문단속

갯벌을
기는 모습이
산 속 개울 도롱뇽 같다/

큰 머리와 툭 불거진 눈, 웃음이 절로 난다

등지느러미 치켜세우고 솟구쳐 뛰는 모습

영화 속
무서운 주연
영락없는 괴물 같다.

「짱뚱어」 전문

작품 「짱뚱어」는 우리나라 남부지방 갯벌에 많이 서식하고 있으며 조선시대 말 정약전이 지은 「자산어보」에서는 눈이 튀어나온 모양을 두고 철목어凸目魚라고 기록하였다. 「전어지」에 탄도어彈塗魚라 하였으며 한글로는 '장뚜이'라고 불렀다.

옛날에는 짱뚱어를 잘 잡아먹지도 않았는데 요즘은 별미로 짱뚱어 고기를 잘 잡아먹는다고 한다. 옛날에는 곡식도 보리밥이나 귀리밥 등은 가난한 사람들의 표준밥상이었다. 요즘은 다이어트 식품이나 당뇨환자들이 즐겨 찾는 밥상이라고 한다. 시인은 짱뚱어의 못난 모습을 잘 묘사했다.

자리산 골짝
유유히 흘러

하동에서 광양까지

맑은 물
푸른 바람

매화향기 참게 매운탕

소박한
꿈 뒤척이며

손짓하는 휠링 길.

「섬진강」 전문

김기옥 시인은 「섬진강」을 통해 섬진강에서 나는 먹거리와 홍쌍리 매실 밭에서 나는 먹거리를 알리고 싶어 하는 것 같다.

섬진강은 지리산 남쪽에서 흘러 내려온 물줄기로 만들어진 강이다. 남쪽을 향해서 섬진강의 왼쪽은 경남 하동 오른쪽은 광양, 홍쌍리의 매실밭들과 매실 밭을 일구어낸 농민들이 살아온 광양만의 언덕을 이루고 있다. 쓰지도 못하는 땅을 개간하여 매실 밭을 일구어서 한 사람의 희생으로 이제는 넉넉한 살림으로 자리를 잡고 있다고 한다.

경인년 삼월 영동엔 겨울보다 깊은 눈발이

연사흘 폭설 허리를 감고 봄기운 울렁대는

매화꽃
꽃잎 위에도
흰 눈으로 얼었다

화창한 봄 기다리는 화신은 지쳐 떨고

숨 막히는 황사바람 거짓처럼 눈발치고

하지만
봄 햇살 앞엔
지쳐 사라지더이다.

「삼월 눈 폭탄」 전문

김기옥 시인이 살고 있는 강릉은 한겨울보다 봄, 즉 춘삼월春三月부터 오월까지 눈이 많이 오는 도시이다.

김기옥 시인은 그곳 강릉에서 '겨울보다 깊은 눈발'을 호소하는 것이다. 설중매雪中梅의 꽃잎 위에도 흰 눈이 펑펑 내리고 있으며 봄의 화신이 봄 눈을 보면서 가지마다 지친 마음으로 봄빛이 묻어나지 않고 있음을 시인은 안타깝게 생각하고 오죽헌의 대나무 위에도 하얗게 덮고 있다. 봄 햇살 앞에 흰 눈이 무릎을 꿇는 것을 보면서 시인은 안도의 숨을 내쉬는 것이다.

내 몸에
손대지 마

날카로운
억센 가시

말할 수 없는 것은
누구에게 상처 줄까 봐

보랏빛
투명한 눈빛
알까 몰라 내 마음.

「엉겅퀴」 전문

작품 「엉겅퀴」 는 엉겅퀴의 외형을 보고 얻은 작품이다. 그러나 그 내막은 간의 특효약성분인 실리마린을 엉겅퀴에서 추출한다는 사실이다.

우리나라 어느 곳에 가도 엉겅퀴는 많다. 그런데 그것이 약초의 중요한 요소를 차지하고 나서는 사람들에게 귀한 존재가 되어서 찾아도 찾아봐도 만날 수 없는 그리움의 존재가 되어 버렸다.

간경화 또는 간에 특효약인 실리마린 제품을 만들어서 제품 생산해 내는 제약회사에 납품하기 때문에 재배도 한다지만 구하기가 매우 어려운 귀한 존재가 되었다.

서해안 관음성지 간월도 간월암엔
그 섬과 육지를 잇는 피안의 나룻배 한 척
썰물 땐 걸어서 가고 밀물에는 배로 가는

절 마당 사철나무는 초록 망토 차려 입고
낮게 엎드린 수행자 무학도사 현신일까
말없이 깨달음 되는 일렁임과 끄덕임

망망대해 물길 위로 배가 가는가 물이 가는가
물결도 햇살에 부딪쳐 반짝이는 눈부심
평화의 방주에 들어 피안의 꽃 보는가.

「간월암에서」 전문

시인은 관음성지 간월도를 잘 알고 이 시조를 썼음이 곳곳에 드러난다.

작품 「간월암에서」를 읽으면 간월도 생각이 떠오른다. 간월도는 천수만에 있는 해안선 11Km로 작은 섬이었으나 1984년도 간척사업으로 해서 지금은 육지로 변했다.

간월도는 '달빛을 본다.'라는 뜻으로 조선시대 무학대사가 이곳에 머물다가 달빛을 보고 득도했다고 하여 붙여진 이름이라고 전해진다. 그에 딸린 작은 섬에는 간월암이 있으며 하루 두 번 썰물 때 모래톱이 열려 들어갈 수 있으며 밀물 때에는 바닷물이 들어와 닫혀서 들어갈 수 없다.

겨울잠 깬 개구리와

노랗게 핀
영춘화

코로나 바이러스로

설레야 할 봄
우울로 뺏기고

모두가
불안한 마음에
마스크 사러 줄섰다.

「경칩 무렵」 전문-경자년-

김기옥 시인이 경칩驚蟄을 통해서 독자들에게 무엇을 말하려고 하는가?

코로나 19 바이러스로 인해 모든 사람들의 생활고가 한꺼번에 밀려져 오고 있다. 경칩은 개구리가 입을 여는 24절기 중의 하나이다. 개구리뿐만이 아니라 모든 생명체는 잠에서 깨어나 활동하는 시기인데 우리 인간들은 마스크로 입을 꽉 막고 모든 생활의 전부를 마비시키는 것을 시인은 이 단수 시조로서 언급하고 있는 것이다. 모든 경제經濟가 마비상태에 들고 있음을 안타깝게 생각하고 있다.

강릉의 대표창인 경포바다 달려가면
쪽빛의 하늘바다 푸르게 넘실댄다

가슴이
활짝 열려요
두 손 번쩍 들지요

파도로 손짓하는 오리바위 십리바위

꼬깃꼬깃 구겨 있던 삶에서 날선 감정

새하얀
물 두루마리로

헹궈지는 내 마음.

「경포바다」 전문

김기옥 시인이 쓴 시 경포바다는 경포대가 있음으로 유명해진 것이다. 경포대는 강원도 강릉시 저동苧洞의 경포바다 북쪽 강기슭에 있는 누각이다.

마음이 울적할 때면 경포바다를 찾아가서 가슴을 열어젖히고 마음을 풀고 일상생활에서 꼬깃꼬깃 구겨져 있던 삶의 흔적을 한껏 펴보는 곳이기도 하다.

작품 둘째 수 종장이 일품이다.

"새하얀/ 물 두루마리로/ 헹궈지는 내 마음."

이 세상 가장 그리운 내 마음의 안식처

생명주고 몸 주고 사랑으로 정신을 키운

신이다
나 만들어 준
아름다운 하늘 강

끝없는 사랑과 온정 이름만으로도 가슴 저린

애증이 목에 걸려 코끝으로 몰려온다

별이 된
당신은 아직도
불효의 딸 지키신다.

「어머니」 전문

누구에게나 어머니는 항상 마음속에 큰 바위의 무게로 존재하는 인물이다. 언제 불러 봐도 눈물이 먼저 앞을 가린다. 왜 그럴까? 어머니는 자식에게 자신의 신체적인 것이든 정신적인 것이든 간에 인생 전체 속속들이 다 내어주셨기 때문이다.

김기옥 시인은 어머니는 나를 만들어 주신 신이라고 했다. 맞는 말이다. 끝없는 사랑과 정의를 남김없이 주신 소우주의 신이다.

김기옥 시인에게 있어서 어머니는 특별하신 분이시다. 그 어머니를 생각하면 애증이 목에 걸려서 눈물이 울컥 나오는 마음일 게다. 타계해서도 하늘에 별이 되어 자신을 지켜 보호해 주심을 믿고 있다.

인생은 그림이다

시작은
마음에서

삶으로 그리지만

생각 따라
달라진다
구도와
이미지, 색깔
투영되는 실루엣.

「그림」 전문

김기옥 시인은 그림이라는 글의 제목을 통해 인생을 그리고 있다.

우리가 살아가는 동안 그리고 싶어 하는 인생의 그림은 아무리 열심히 해도 잘 그려지지 않을 때가 더 많다. 자기 자신의 뜻대로 그림이 잘 그려지고 잘 풀려나가는 인생을 사는 사람도 있을 것이다.

옛날에는 개천에서 용이 날 수가 있었는데 요즘은 특히 현 시대에서는 절대 흙수저는 금수저가 될 수 없다는 것이다. 그러나 대부분의 사람들은 흙수저도 꾸준히 노력하고 열심히 살아가면 금수저가 될 수 있을 것으로 알고 살아가고 있다. 그것이 우리에게 용기와 희망을 안겨주는 생각이기 때문이다.

어디서 찾아왔니/
노크도 없이 제멋대로/
잊지 못한 마음 영력/
낙인 같은 그림자로/
터 잡고/
앉은 시간들이
가슴으로 차오른다.

「그리움」 전문

그리움이란 잠깐 앉았다가 떠나가는 손님이 아니라 항상 나의 마음속에 존재하면서 수시로 마음속에서 솟아오르는 옹달샘 물과 같은 것이다.

어디서 왔는지도 모르는 그리움이란 없다. 그리움은 노크는 할 수 있어도 함부로 문을 열고 들어갈 수 없는 것이 그리움이다. 그림이나 서예 또는 문인화를 그리고 난 뒤 마지막으로 낙관落款을 찍는다. 그 낙관을 찍고 글이나 그림 전체를 돌아보면서 만족한 작품을 생각하는 것이다. 항상 낙관 같은 그리움이 마음속에 남아서 가슴에 가득 차오르는 것이 바로 그리움인 것이다.

색동무늬
네모의 집
추억의방
그 속에는

동그란
바늘 쌈지

가위, 줄자
예쁜 단추

그리운
어머니 모습
추억어린 꽃 골무.

「반짇고리」 전문

누구든지 손때 묻은 반짇고리 속에는 항상 어머님이 살아 계신다. 언제 열어 보아도 그리운 어머님의 땀 냄새가 배어 있다. 곱디고운 어머니의 손가락에 색동 골무가 끼여 바늘땀마다 움직이는 모습을 그려볼 수도 있다.

김기옥 시인은 어머니가 남겨놓으신 그 반짇고리를 보면서 어머님의 젊음과 늙음을 생각해낸다. 그 반짇고리 속의 동그란 바늘쌈지, 가위, 줄자, 예쁜 단추, 꽃 골무 등을 통하여 돌아가신 어머니 모습을 그리워하는 것이다.

김기옥 시인의 작품 전체를 읽으면서 작품을 통해 그가 지닌 묵직한 시인의 역량力量을 들여다볼 수 있었다.

오늘날 시인은 많으나 맑고 깨끗한 좋은 시를 쓰는 시인을 만나기는 어렵다. 특히 요즘 각문예지마다 양산해 낸 그 많은 문인들의 이름은 있지만 그들이 써 내는 좋은 작품들을 만나기는 어렵다. 이제는 모든 문인들이 각고의 노력으로 자생自生해야 할 때가 아닌가 한다. 이런 상황 속에서 김기옥 시인은 우리나라 시조시단 속에서 샛별과 같은 존재로 우뚝 선 문인으로 항상 좋은 작품을 발표하면서 크게 성장하고 있다.

김기옥 시인의 작품을 읽으면서 시인으로서 각고刻苦의 노력한 땀 냄새를 맡을 수 있어서 마음이 든든하다. 좋은 작품을 잉태하가 위해서 자신이 감당해야 할 어려움이 있을 줄 안다. 그 가운데서 실생활實生活 속의 일들을 작품화 한다든지 그 지역의 생활상이나 문화유산文化遺産을 자신의 작품 속에 녹여 독자가 공감토록 하는 좋은 작품들을 만날 수 있어 좋았다.

좋은 작품은 어렵고 힘든 절실한 생활 속에서 탄생한 작품들이다. 또 이런 작품이 독자들의 마음과 정신을 사로잡는다. 독자의 공감이란 작품 속에 오직 진실이 녹아 있어야 얻어 낼 수 있는 것이다.

김기옥 시인은 훌륭한 시를 출산해 낼 수 있는 골격을 보면서 앞으로 큰 시인으로 성장해 나갈 것을 믿어 의심치 않는다.

김영기 시집 「풀꽃, 풀」 해설—박영교 (시인 · 한국문인협회 이사)

문학과 인간의 순수성과 그 정체성의 향기

백 년 앞을 내다보고 사는 사람은 정신병자 취급을 당하고, 10년 앞을 내다보고 사는 사람은 바보취급을 당하고, 1년 앞을 내다보고 사는 사람은 부귀영화를 누리며 산다는 말이 있다. 이 말은 우리 시인에게도 해당되는 말인지도 모른다.

문학은 인간이 살아가는 길道이라고 생각한다.

문학은 사람이 살아가는 길에 뜨겁고 눈물이 있는 정원의 꽃 향이거나, 또는 춥고 삭풍이 부는 날 따끈한 희망을 주는 내용이거나, 아니면 부패한 정치판 속에서 깨끗한 이슬을 건져 올리는 이야기라고 할 수 있다. 어려운 세상살이에서 보석 같은 언어로 사람들에게 삶의 활력을 부여해 가는 정신의 투혼鬪魂을 건져 올릴 수 있는 것이 바로 문학의 힘이며, 우리들에게 비춰지지 않는 정체성(Identity)을 잡아내어 일깨워주는 것이 문학이라 생각한다.

김영기 시인이 시조집을 내겠다고 원고를 보내온 지가 좀 시간이 경과한 것 같다. 김영기 시인은 공직생활을 마치고 (사)대한노인회영주시지회에서 또 새로운 공직을 맡아서 일하면서 그 바쁜 와중 속에서도 문학의 정체성을 찾아가며 꾸준한 문학의 길을 걸어와서 지금 이 자리에 와 있는 것이다. 자기 자신 앞에 수많은 일을 다 헤쳐가면서 스스럼없이 자신의 위치를 이끌어 가는 그의 정신적 힘을 높이 사고 싶다.

그는 누구보다 한 발짝 앞서 가면서 다른 사람들을 인도할 줄도 알고 자신보다 너무 앞서가는 사람에게는 충고의 위엄도 보여줄 줄 아는 직장인이며 동시에 훌륭한 시를 쓰는 시인이기도 하다. 김영기 시인은 자유시로도 문단에 등단했을 뿐만 아니라 시조時調로도 탄탄한 작품을 쓰는 시인이기도 하다.

영주문예대학은 2008년 3월부터 개강하여 제11기까지 무려 백 오십여 명 정도의 문학인을 배출해 낸 이후 김영기 국장이 국장직을 맡아서 발전에 발전을 거듭하여 왔다. 앞으로 더욱 발전 모델을 만들어 우리 영주문예대학도 학생들을 모집할 수 있도록 노력하여 주었으면 한다.

김영기 시인의 시집 「풀꽃·풀」은 전 4부로 나누어서 싣게 되는데 제1부. 산다는 것은 20편, 제2부. 할미꽃 20편, 제3부. 가을 산 20편, 제4부. 사모곡 20편 전 작품 80편이다.

작품의 내용은 우리가 살아나가는 것에 대한 희로애락喜怒哀樂과 자연친화적인 작품들로 삶의 긍정성과 그것의 정체성을 찾아 작품을 구성해 나가고 있을 본다. 그리고 가족과의 관계에 대한 작품도 언급하고 있다. 김영기 시인은 스스로 모든 일을 해 나가면서 무엇이든 하고자하는 욕망을 이루고 싶어 하는 시인이기도 하다. 하면 된다는 긍정성과 우리라는 조직적 사상을 함께하는 시인으로서 살아있는 삶의 의지를 여실히 보여주고 있는 시인이다.

김영기 시인의 작품을 제1부 부터 감상하면서 접근해 보도록 한다.

흰 구름 벗을 삼아
석양은 넘은 지 오래

두둥실 보름달은 강물 속 흐르는데

마음은
저 별을 쫓아 가
은하수로 떠도네

밤거리는 조용하고

내 마음 어수선한데

그래도 그리움은 하나같이 달려오는

밤바람
깊은 달빛들은
가슴속을 파고든다.

「무상」 전문

삶의 복잡성 속에서 우리가 살아나가는 일은 너무나 고달프고 어려운 가운데 살아가고 있음을 「무상」의 작품 속에 나타나고 있다.

일을 다 하고 저녁 때 나와 보면 하늘엔 보름달이 떠 있고 시인의 마음은 빛난 별들을 쫓아서 캄캄한 밤하늘로 올라보지만 갈 곳은 별을 따라 다니다가 은하수의 흐름에 뒤섞이고 있을 뿐이다.

밤거리를 돌아다녀도 마음은 잡히지 않고 그리움에 끌려 돌아다니다가 밤바람을 타고 흐르는 달빛만 가슴을 파고 든다고 한다. 할 일은 많고 자연에 심취하다 보면 하루를 넘어가고 있을 뿐이다.

인생이란 길 위에서 누구나 태어나면
쉼 없이 걸어가는 노숙자가 되는 거다
인생은
흘러가는 것
삶으로 채우는 것

사랑도 생활 함께 동행하면 좋으련만
우리들 삶 속에서 부도는 내지 말자
청명한
추풍秋風의 향기
물결치는 황금 들판

너무나 빨간 과일 능금 향 천리 길 펴고
이름 모를 들꽃들과 춤추는 고추잠자리
막걸리
한잔 기울며
계절 타는 농부들.

「인생 1」 전문

우리가 살아가는 인생길은 누구라도 태어나면 삶을 위하여 쉼 없이 걸어가야 하는 노숙자의 길이라고 시인은 말한다. 사람이 살아가야 하는 길은 늘 그렇게 삶으로 채워지는 것이라고 본다.

둘째 수에서는 사랑도 우리 생활과 같이 물 흐르듯 함께 동행했으면 좋으련만 그렇지 못하고 삶에 있어 부도내는 것이 싫으며 가을날 청명한 바람과 함께 항상 가을이었으면 좋겠다.

마지막 수에서는 영주의 가을은 사과 과육의 빨간 빛깔에서부터 오는 것으로 이름 모를 들꽃들과 함께 하늘을 나는 고추잠자리를 보면서 들판에서 마시는 막걸리 한잔이 그리워지는 농부들이다.

난 정말 너무나도 떠나기 싫은 길을
세월에 떠밀리어 여기까지 와버렸네
오늘도
벌써 저만치
또 끌리어 가고 있네

친구들은 함께 가자 날 못살게 구는데
갈 수 없는 사실들이 발목을 묶어놓고
떠나도
떠날 수 없는
그림자만 서성인다.

「세월 속에」 전문

김영기 시인은 작품 「세월 속에」서 세월에 끌려가는 자기 자신이 싫다는 것이다. 즉 자신의 의지로 여기까지 온 것이 아니라 세월에 떠밀리어 억지로 여기까지 왔다. 오늘도 벌써 하루가 세월에 떠밀리어 가고 있는 것이 안타깝다는 것이다.

함께 갈 수 있는 친구들은 여행을 가고 삶을 즐기자고 못살게 하지만 정작 시인 자신은 함부로 떠날 수 없는 발목 묶인 삶 속에서 모든 사람들은 다 떠나도 떠날 수 없는 자신을 그리워하고 있다.

김영기 시인의 작품 「인생 2」와 작품 「시계」는 같은 주제로 인생의 삶이 쉬지 않고 흘러가는 우리 인생의 삶을 노래한 것에 대해서 같다.

녹색등 청춘은 세월 속에 다 묻히고

그리움 애절함만 추억 속에 떠오른다

숨차게
달려온 나날
돌아보는 이 시간

격랑의 생활 속에 허우적거리다가

어느새 열정도 식어 적신호로 바뀌고 있다

한평생
산다는 것은
깜빡이는 신호등.

「산다는 것은」 전문

김영기 시인의 작품 「산다는 것은」 속에는 우리 인간들이 산다는 것은 푸른 녹색등과 같은 젊은 청춘은 세월이 다 갉아먹고 그리움과 애절함만 추억 속에 떠오르게 된다. 지금 여기까지 와서 돌아보면 만사가 겹쳐 오르는 것이다.

또 우리가 산다는 것은 어렵고 격랑의 세월 속에서 허우적거리며 살다가 어느새 삶의 열정도 다 식고 적신호로 이승을 떠날 때까지 살아가는 것이 인생이라는 것이다.

고향의 산골짜기
적막한 오두막집
아직도 설운 사연 녹아 배어 있구나

우거진
잡초 속에서
하나둘씩 돋아난다

지나간 세월 속에
추억만 잠지는 곳

바람과 흰 구름이 휘돌아 스쳐갈 뿐

물소리
산새 울음만
잠시 쉬어 가는 곳.

「빈집」 전문

우리가 사는 시골 마을에는 어린 아이 울음소리가 들리지 않는다고 한다. 왜 그럴까? 젊은이들은 삶을 위해 직장을 따라 도시로 도시로 다 떠나버리고 늙은이들만 고향마을을 지키고 있을 뿐만 아니라 빈집들이 계속 늘어나기 때문이다. 왜 그럴까?

김영기 시인도 자신이 살던 고향집을 가 보면 아직도 그때 어려운 삶을 살던 생각이 찬바람처럼 마음을 휘돌아 나가고 잡초 우거진 생각만 거듭난다. 지나간 세월 속에 추억만 잠자는 곳이 시인의 고향집 생각이다. 주위의 빈집들을 보면서 지난 세월의 아픔을 절감하고 있다.

정성을 쏟아 부어
걸어온 외길 인생

지금껏 이어지는
끝없는 당신 사랑
용솟음
뜨거운 숨결
위대한 문학사상

「정지용 문학관에서」 전문

영주문예대학 문학기행으로 충북 옥천에 있는 정지용 문학관 등 그 일대를 기행한 적이 있다. 그때 김영기 시인이 쓴 작품이다. 작품 「정지용 문학관에서」를 읽으면 그때 문학기행 갔던 생각이 떠오를 것 같다.

'얼룩백이 황소가/ 해설피 금빛 울음을 우는 곳/ 그곳이 참하 꿈엔들 잊힐리야', 고향의 서정을 노래한 시 「향수」로 유명한 시인 정지용의 삶과 문학 세계를 정리한 기념관이 있다.

정지용 시인은 1902년 이곳 옥천에서 태어났다. 입구에 들어서면 벤치에 앉아 있는 정지용의 인형이 인상적이며, 시인이 살았던 시대적 상황과 문학사에 남긴 그의 발자취를 더듬어 보는 '지용연보'와 문학세계에 대해 좀더 심도 있게 알아보는 지용의 삶과 문학, 시인의 육필 원고와 시와 산문 초간본을 전시한 시·산문집 초간본 전시관 등 테마별로 나누어진 전시관을 둘러보고 문학체험관에서는 음악과 영상이 함께하는 작가의 시를 감상할 수 있다.

또한 정지용 시인 생가도 복원되어 여행객의 발길이 이어진다. '향수'에 나오는 '실개천이 휘돌아나가'는 모습은 시멘트가 발라진 탓에 곧게 뻗어 있어 운치가 덜하지만 초가집 툇마루에 앉아 시인이 노래한 「향수」를 음미해 보는 낭만적인 시간을 가질 수 있다.

산은 강 못 건너고

강은 산을 못 넘네

힘겨워 오는 봄

산 오르기 숨 가쁘다
산그늘

내려와 앉아

마중하는 봄 손님.

「봄 마중」 전문

작품 「봄 마중」은 단형시조로서 맞아 딱 떨어지는 좋은 작품이다. 초장이 너무나 좋은 대조법으로 잘 시작된 작품이다. 어느 누구라도 이 작품 초장을 만들지 못할 것 같다.

중장도 초장을 받아서 잘 짜여진 구절이다. 봄은 겨울을 이기고 힘겹게 벗어난 봄은 '산 오르기 숨 가쁘다.'에서 봄은 산 아래서부터 올라가면서 연둣빛으로 변하게 되고 가을은 산꼭대기에서부터 시작하여 내려오는 것을 생각해 볼 때 얼마나 절묘한 표현인가?

종장에서도 초, 중장을 받아서 시 전체를 아우르는 언어를 구사하고 있음을 볼 수 있다. 너무나 알맞게 꽉 짜여진 작품이다.

화들짝 흐드러진 이른 봄 벚꽃 잔치

원앙들 사랑 찾던

서천 둑방 벚꽃 숲길

애꿎은

꽃샘추위에

꽃비만 휘날리고.

「벚꽃이 지네」 전문

지금 한창 벚꽃이 피고 모든 꽃들이 피는 춘삼월이다. 영주는 서천 뚝방 길이 벚꽃 길로 되어 있어서 밤에는 조명등으로 한결 보기가 좋은 곳이기도 하다. 또한 경북전문대학교의 교정과 외곽 길에도 벚꽃길이 한창인 것이 보기 좋은 영주를 장식하고 있다.

벚꽃이 활짝 핀 꽃길을 연인들과 아니면 집안 식구들끼리 걷는 밤 소풍은 걸을만한 길이다. 꽃들이 떨어지는 시기에 가면 하염없이 내리는 꽃비로 겨울의 흰 눈이 내리듯 낙화의 즐거움도 즐길 수 있는 곳이 영주이다.

이 땅에 무리 지어

어디나 피어난다

소박하고 너무 흔해

누구도 관심 없다

자세히

눈 여겨 맞춰 보니

모록모록* 소담하다

「망초 꽃」 전문

* 모록모록 : 작은 무더기들이 종종 모여 있는 모양. 나무, 풀, 꽃 따위가 한데 뭉쳐나다.

'망초 꽃' 시인 하면 한계순 시인이다. 한계순 시인의 망초 꽃은 아무도 알아주지 않는 사람들에게 자신들을 알아달라고 시위하는 망초 꽃이라면 김영기 시인의 망초 꽃은 아무도 관심 없는 자신들이 스스로 어디나 모여서 소담스럽게 다소곳이 피고 지는 망초 꽃을 노래하고 있다.

무명초 볼품없다
업신여기지 마라

꼭 있어야 할 곳에 인연 따라 태어났다

그 나름
한철 생애를 정열 바쳐 살고 있다.

「들풀」 전문

김영기 시인은 작품 「망초 꽃」이나 작품 「들풀」 같은 볼폼 없고 사람들이 알아주지도 않는 대상들을 왜 노래했을까? 하는 생각을 해 보았다. 아무도 알아주지 아니한 대상을 통해 시인이 바라보는 시각은 무엇인가? 우리의 삶에 있어서 무엇을 이야기하려고 하면 회장이나 그곳의 우두머리만 찾는 이 세상에서 가장 밑바탕에서 일하는 사람들의 고뇌도 알아주었으면 하는 마음으로 이런 작품을 쓰지 않았을까 싶어서다.

그 물음의 해답은 중장과 종장에서 잘 나타내주고 있음을 볼 수 있다.

우리가 창작활동을 한다는 것은 어떤 일보다 어려운 일이다. 특히 시, 시조, 소설의 창작은 더욱 어려운 활동이다. 어떤 창작활동도 마찬가지이지만 어느 한 장르에서 훌륭한 창작이라고 할 수 있는 작품은 독자의 공감을 얻어내고, 그 공감이 한 시대, 한 사회의 이슈(Issue)가 되거나 풍류의 기반이 되기도 하고 역(逆)으로 한 작품 속에 그 시대의 사상과 배경을 녹여내는 풍미風味가 있어야 한다.

시조는 시로서 형상화되어야 하고 시조로서 율격이 맞아야하기 때문에 시조를 창작하는 시인은 이중고二重苦를 겪을 수밖에 없다. 현대시조는 그 율격이 자수율뿐 만아니라 음보율도 함께 병행하는 시인들도 있다. 또한 시조의 외적 표현 방법 면으로 보면 각 장章마다 한 줄로 표현하여 3장章 3행으로, 각 장마다 2줄씩 6행으로 나타내는 시인들도 있고, 또 각 수首를 줄글로 표현한 시조도 있다. 시조를 전문적으로 창작하는 시인들도 시조時調인지 시詩인지 쉽게 구분하기가 어렵다.

흰 구름 내려앉아 수채화 그리더니
봄볕의 시샘 속에 구름은 쫓겨 가고

봄바람
기지개 펴며
산봉우리 하품한다

어둠이 드리우니 별들이 속삭이고

수줍은 눈썹달은 별들과 숨바꼭질

온종일
분주했던 봄
꾸벅꾸벅 졸고 있다.

「오월 어느 봄날」 전문

김영기 시인의 장점은 작품을 쉽게 이끌어내어서 자신의 시로 만드는 작업이다. 어렵게 또는 억지로 꿰맨 자국이 없다는 것도 장점에 속한다. 위의 작품도 바로 그런 류의 작품이다. 자연스럽게 이끌어가는 것, 즉 물이 높은 데서 낮은 데로 흘러가듯이 자연스럽다.

2수 1편으로 된 작품인데 봄이 와서 모든 만물이 기지개를 펴고 있으며 봄바람 속에 산들이 졸고 있는 듯하다. 둘째 수에서는 밤이 오면 봄밤에 눈썹달과 별들은 속삭이고 있으며 봄밤에 모든 생물들은 점점 졸고 있다고 했다.

험난한 가시덤불
우리 엄니 같은 인생

한평생 찢긴 상처
얼마나 우셨겠나

새하얀
찔레꽃 향기
노을 속에 붉게 탄다.

「찔레꽃」 전문

작품 「찔레꽃」을 김영기 시인은 어려운 우리들의 삶 가운데 가장 어렵게 살아온 어머님의 일생에 비유해서 시를 풀고 있다.

온 가족의 뒷바라지며 우리 삶의 근간이 되는 어머니에 대한 평가는 항상 뒷전으로 밀려나가는 것이었는데 김영기 시인의 작품을 통해 어머님의 위상을 다시 보는 듯하다. 험난한 가시덤불 속에서 새하얗게 피어나는 찔레꽃의 그 향기처럼 어머님의 향기는 온 가정 곳곳에서 나타나고 있다.

그대여 당신은 한 떨기 들국화

깊은 가슴속 피는 흠 없는 사랑
저녁놀
타다 남은 빛깔
핑크빛 초연이다

그대여 저 멀리 석양에 물든 언덕
붉은 기다림 속 가을이 저무는데
태양열
외면한 채 피어난
그윽한 사랑의 화신

그대여 별빛이 부서지는 가을밤
저물어 가는 어둠 속에서 떠올린
당신은
고결한 아름다움
내 사랑을 위하여.

「들국화에게」 전문

김영기 시인이 사랑하는 그대를 들국화에 비유하고 있는 시이다. 우리가 살아가면서 무엇을 보고 사랑하고 느끼는 인물의 성질이나 성품을 무엇과 연결시켜서 생각할 수 있다.

사랑하는 그대는 흠 없고 티 없는 사랑을 주는 핑크빛 초연이다. 둘째 수에서 그대는 석양에 물든 언덕 저무는 가을 태양열을 외면한 채 피어나는 사랑의 화신이다. 마지막 수에서는 별빛이 부서지는 가을 밤 저물어 가는 어둠 속에서 피어나는 내 고결한 사랑이라고 했다. 들국화는 찬 서리가 내려도 거침없이 참아가며 외로움을 홀로 안으로 삭히면서 기다리고 기다리던 기다림의 화신이다.

서울 도심 한복판쯤
인도의 벽돌 틈새

끈질기게 밀어 올려
납작하니 엎드렸다

노란색
여린 꽃 하나
고결한 숨비소리

「민들레」 전문

민들레는 아무리 어렵고 척박한 곳에서도 목숨을 연명해 가며 번식을 하는 식물의 하나이다. 주로 우리 민족을 비유할 때 민들레에 비유를 하곤 한다.

김영기 시인은 서울의 도심 한복판에서 사람이 걸어 다니는 인도의 벽돌 틈 사이에서 자라나서 납작 엎드려 살면서 자기 자신의 씨를 퍼뜨리기 위하여 꽃을 피우면서 살아가는 민들레꽃을 시화시킨 작품이다.

이 작품 종장을 보면 그 얼마나 어렵게 살아 왔는가를 되새겨볼 수 있다. 노란색 여린 꽃 하나를 얻기 위해 고결한 숨비 소리를 내면서 살아왔음을 독자들은 느낄 것이다. 그 어려운 삶 속에서도 사랑이 있고 그리움이 쌋트고 눈물을 안겨주는 우리 인생을 비유할 수도 있는 것이다.

수많은 사람들이
밀물처럼 들어오고

온종일 왁자지껄
썰물처럼 나간다

한 많은
희로애락을
품고 산다 그 섬은

만국기 펄럭이고
이방인들 아수라장

얽히고설키어
부대끼고 뒤엉킨다

지구촌
축소판이다
조그마한 그 섬은.

「남이섬」 전문

언젠가 (사)대한노인회 영주시지부 노인대학에서 남이섬을 여행한 적이 있다. 그곳에 가면 늘 많은 사람들이 분비면서 살아가고 여행객들이 쉬지 않고 들어왔다가 빠져나가는 곳이기도 하다. 그곳은 외국인들이 많이 오는 곳이다.

조선 세조 때의 무신 남이장군의 묘가 있는데 강원도 춘천의 남이섬에 있는 남이 장군묘는 가묘로 알려져 있다. 실제의 묘는 경기도 화성시 비봉면 남전리에 있다.

김영기 시인은 그 수많은 사람들이 밀물로 들어왔다가 썰물로 빠져나가는 남이섬의 풍정을 잘 표현하고 있으며 얽히고 부대끼고 뒤엉키는 상황을 우리 지구촌의 축소판으로 그리고 있음을 볼 수 있다.

누가 술을 먹였나
산들이 만취했다

누가 불을 질렀나
산들이 활활 탄다

계절이
심술부리니

열병에 빠진 가을 산

저절로 취했겠나
긴 폭염 버티느라

혼자서 붉었겠나
모진 풍파 견디느라

중독된
단풍 사랑에
바람났다 가을 산.

「가을 산」 전문

김영기 시인은 가을 산을 보고 만취한 산, 누가 불을 질러서 활활 타는 산으로 비유하고 있다. 마지막 종장에 있어서는 심술부리는 계절로 인해 열병에 빠진 산으로 비유하고 있다.

둘째 수에서는 첫째 수에서 한 언어의 상황의식을 합리화하기 위하여 그것을 설명하는 형식을 취하고 있는 작품이다.

시인이 시를 쓰는 방법적 수법은 다양할 수 있다. 김영기 시인은 시작을 위하여 여러 가지 방법적인 시도를 잘하고 있는 것을 볼 수 있다. 그것이 어떤 수사법이든 독자들이 그 작품을 읽고 확연하게 받아들여지는 방법일 때는 작품으로 성공한 것이 될 것이다.

작품은 그 작가에게 있어서 살아 있는 영혼의 꽃이다. 그러므로 시인들은 자기 창작품에 대해서 발표하기 직전까지 퇴고와 번민을 함께 갖게 된다. 그 작품에 대해서는 항상 자신의 진실과 인격과 명예가 함께함을 생각하지 않을 수 없는 것이다.[21)]

21) 박영교, 『文學과 良心의 소리』(도서출판 대일. 1986) p. 182

서천 둑방 찬바람에 외로운 빈 의자

떨어지는 나뭇잎들 친구가 되는구나

웬일로
매운 컵라면
소주 한잔 생각난다

싸늘한 바람에 낙엽들은 나뒹굴고

벚나무도 덜덜 떨고 내 마음도 떨리고

오늘은
무슨 일일까
그 사람이 몹시 그립다

「겨울의 문턱에서」 전문

작품 「겨울의 문턱에서」는 영주시 한가운데를 가로지르는 서천을 김영기 시인이 걷다가 얻어진 작품으로 겨울문턱에 드는 계절의 쓸쓸함을 노래한 작품이다.

빈의자, 거기에 떨어지는 낙엽들, 그들도 서로 의지하면서 나뒹구는 푸석이는 낙엽소리에 왠지 얼굴이 확 달아오르는 매운 컵라면이 생각난다고 한다. 둘째 수에서는 바람 소리에 뒹구는 낙엽들, 앙상한 벚나무까지 바람에 덜덜 떨고, 내 마음까지 떨고 있을 때 언제 어떤 상황에 있는 친구이거나 연인이거나 잘 아는 사람 그 사람이 갑자기 그리워지는 것이다.

동짓달 기나긴 밤
살을 에는 눈보라

저 멀리 시골집 창
정겨운 두 그림자

어머니
다듬이 소리
사무치게 그립다

밤늦도록 돌아보고
다시 앉아 바느질

어머니 아픈 속을
이제 와서 느낀다

지금도
다 젖은 소매
허리 굽은
말씀
말씀.

「사모곡思母曲」 전문

김영기 시인의 「사모곡思母曲」은 누가 읽어봐도 눈물이 난다. 왜 그럴까? 그 당시의 우리들 어머니는 그렇게 어렵게 살아온 것을 우리는 알고 있으면서도 뒤돌아볼 새 없이 삶을 위해 달려왔으니 반추反芻해 볼 시간적 여유가 없었기 때문이다.

우리 어머니 시대는 너무나 불운한 시대에 살고 계셨기 때문이다. 왜냐하면 자식을 위해 모든 삶을 오롯이 바치고 시부모와 남편 그리고 자녀의 교육에 모든 것을 바쳐서 일했고 지금은 핵가족시대를 맞아서 며느리한테도 대접을 받지 못하는 시대에 계시는 불운한 분들이 우리들 부모님 시대의 사람들이다. 죽을 때까지 봉양, 봉사만 하다가 돌아가시는 세대들이다.

김영기 시인은 지금에 와서 돌아보고 어머님의 어려운 삶과 생활에 대해서 뒤돌아볼 수 있는 여유를 가져본다는 것은 효심을 가진 자식임을 독자들은 작품 「사모곡思母曲」을 통해 느끼게 될 것이다.

우리는 지금까지 발표된 김영기 시인의 작품들을 잘 읽어보았다.

시인의 마음속에는 큰 바다가 펼쳐져 있어야 하고 때로는 높은 산도 우뚝 솟아 있고, 푸른 평원과 골짜기, 모래바람 몰아치는 사막도 깔려 있어야 한다. 고난 속에서 얻어지는 삶의 애절함과 또 푸른 평원에서 하늘을 바라보는 희망 솟구치는 환희도 있어야 한다. 호락호락한 삶은 없다. 어떤 경우에 처하든 그 삶의 모습을 형상화한 작품의 편린이 독자의 온 마음을 후리치는 회오리바람이 되거나 깜깜한 밤바다의 등대이기를 바란다.

시인은 빛을 스스로 만들어내며 살다가, 죽어서는 광채를 발하는 별과 같은 존재이기 때문에 이름을 남기는 시인은 항상 절차탁마切磋琢磨하는 자세로 세상을 살아나가는 것이다.

세상이 어지러울 때 깨끗한 정신력을 발휘하여 시대를 평정해 나가는 동시에 질서와 자리를 정리 정돈할 수 있는 힘을 표출하고, 자생할 수 있는 능력을 만들어 나가는 지혜와 청렴, 정체성(Identity)을 펼칠 수 있는 인재 또한 시인이며 문인들이다.

김영기 시인의 첫 시집 상재上梓를 축하하며 앞으로 더욱 훌륭한 작품을 써서 우리나라 문단에 큰 공을 세울 것을 믿어 의심치 않는 바이다.

최마하연시집 「조금만 더 안길 것을」 해설—박영교 (시인 · 한국문인협회 이사)

一貫性 있는 사랑의 美學과 사랑의 세레나데

한 시인詩人이나 작가가 자신의 작품 또는 작품집을 출간했을 때 그 작품들은 그 시인이나 작가 자신의 체험적 소재가 바탕을 이루고 있으며 그 근거를 통해 정신적 산물인 작품을 형성하고 구성해 나가는 동시에 시어詩語도 그렇게 만들어나가는 것이므로 그 작품에 쓰인 시어나 구절句節이 들어가 만들어낸 작품을 읽어보면 그 시인의 삶이나 인생관 인생의 편력 등을 엿볼 수 있을 뿐만 아니라 때로는 그의 삶 전체를 유추할 수도 있다.

마하연 시인의 작품집 전편全篇에 흐르고 있는 시적 분위기는 연가戀歌풍의 시로서 사랑의 미학美學이라고 볼 수 있다. 그의 작품 전편을 놓고 '사랑'을 빼버리면 쓰러질 것이다. 그것은 그의 노랫말 속에서도 쉽게 발견할 수 있다. 짧은 틀로 구성된 시조의 현대적 표현 속에 너무나 넓은 서정적敍情的인 바운드 라인을 긋기란 어렵지만 오직 '그대'라는 한 사람에 대한, 그리고 그 일관一貫적인 사랑의 세레나데(serenade)를 듣고 있으면 정말 끈질긴 서정의 그늘이 짙어 보인다.

누구에게나 사랑은 있는 것이다. 그 첫사랑의 그늘은 항상 마음 깊은 곳에서 삶의 샘물처럼 생동하는 근원으로 솟아오르고 있으며 그것이 사막의 오아시스처럼 맑게 쉬어갈 수 있는 쉼터가 되는 것이다.

이제 마하연의 시집詩集 구성을 살펴보면 그의 작품 전편 94편을 전4부로 나누고 있다. 제1부 '나 그대 어깨 위에'는 21편으로 묶었으며, 제2부 '참 그립다 말은 말자'는 26편으로 제3부 '조금만 더 안길 것을'은 26편, 마지막 제4부 '사랑 하나 얻지 못한 나'는 21편으로 묶여 있다.

먼저 작품 '연꽃'을 읽어본다.

세속에 처했어도
물들지 아니하니
부처님 가르침에
합장한 임의 모습

한 송이
피어오르는
연꽃과도 같아라.

「연꽃」 전문

작품 '연꽃'은 다분히 종교적인 색채가 짙은 작품으로 시인의 삶의 모습 그 자체를 말해주고 있는 듯하다. 세상에 처해 있으면서도 세속에 물들지 않고(초장), 임의 삶의 모습이 부처님 가르침과 같이하는 그는 연꽃에 비유된다고 보겠다. 그리고 그것의 삶은 시인 자신의 품성인 것 같이 느껴진다.

다음은 작품 〈돌아서는 그대〉-①과 작품〈그리워도 마음뿐〉-②를 읽어 본다.

애타는 이 마음은
아는지 모르는지
아무렇지 않은 듯
돌아서는 그대여
언제쯤
나를 끌어다
힘껏 품에 안을까.

「돌아서는 그대」-①

그리워도 마음뿐

차마 가지 못하고
오실 날 기다려온
고운 임 처음 뵈면
달려가
안겨볼거나
수줍은 척할거나.

「그리워도 마음뿐」 -②

위의 작품 ①과 ②는 시적 화자가 바라는 행동이 서로 다른 사람으로서 서로 다른 행동을 기대하는 작품이다. ①은 화자話者가 아니라 상대편의 사람이 그렇게 해주기를 기다리는 그 날을 기다리는 마음이고, 작품 ②는 기다리는 임을 뵈오면 달려가 안길건가? 아니면 수줍은 척할까? 하는 화자가 생각하는 것을 작품화한 것이다.

또 작품 〈아름다운 내 사랑〉을 읽어보면 2수 1편으로 구성한 작품으로 그 첫째 수에서는 작가인 시인이 배필을 만나 느껴보지 못한 깊은 사랑을 알고 그 다행인 것을 토로하면서 그 든든하고 넓은 가슴에 자신의 인생을 맡기겠다고 했다. 둘째 수에서는 긴 세월 동안 오랜 기다림으로 시간을 보내면서 어렵게 얻어 낸 사랑의 소중함을 표출表出하고 있다. 둘째 수 종장을 보면

소중한/ 나의 사람아/ 아름다운 내 사랑아//
절절한 사랑의 세레나데라고 할 수 있다.
정말 어렵고 귀한 사랑을 획득 했으니 귀하게 평생을 잘 살기를 바랄 뿐이다.

왜 진작 몰랐을까/ 내 사랑이 그대인 줄// 이제라도 만났으니/ 그 아니 다행인가//
깊고도/ 너른 가슴에/ 내 인생을 맡기리//
얼마나 기다렸나/ 긴긴 세월 외로워하며//
그대를 만나기가/ 무척이나 힘들었네 //
소중한/ 나의 사람아/ 아름다운 내 사랑아 //

「아름다운 내 사랑아」 전문

작품 〈백리향百里香〉을 읽어 보았다.

가까이 가지 못해/ 애타는 이 심정을//
내 임의 가슴 속에/ 향으로 스며들어//
절절히/ 느끼게 하여/ 내게 오게 하리라//

「백리향百里香」 전문

백리향은 식물 허브의 일종으로 자신의 몸을 건드리기만 하면 그 향기가 백리를 간다 하여 붙여진 이름으로 울릉도에 그 군락지가 있다. 이 작품은 야심찬 작품으로 '안 되면 되게 하라'는 말이 생각나게 하는 작품이다. 즉 임 가까이 가지 못하는 마음을 그 가슴 속에 파고들어 절절히 자신을 느끼게 하여 나에게 오게 하겠다는 마음속 단단한 각오를 찾아볼 수 있다.

다음은 작품 〈나 그대 어깨 위에〉를 읽어본다.

나 그대 어깨 위에/ 얼굴 살짝 기대 봐도/ 그대 날 지금처럼/ 사랑해 주실는지/
혹시나 / 너무 놀라서/ 돌아서진 않을는지//
나 그대 무릎 베고 / 어린앤 양 웃어대면/ 가벼이 생각하고/ 실망하진 않을는지/
마음은 / 앞서 가는데 / 말은 못해 애만 타고//

「나 그대 어깨 위에」 전문

작품 〈나 그대 어깨 위에〉는 사랑하는 그대를 향한 마음이 너무나 간절하고 너무 고와서 비단결 같은 마음이 맑은 유리창처럼 겉으로 내 비치는 작품이다. 그대가 나를 사랑하는 것을 잘 알면서도 그대 날 사랑해 주실는지 혹시나 너무 놀라서 돌아서진 않을는지 라고 하였다. 마치 고려가요 중 〈가시리〉를 읽는 느낌을 독자에게 안겨다 준다.

『잡사와 두어리마라난 / 선하면 아니 올세라/』

이 대목과 일맥상통하는 작품이다. '마음은 앞서 가는데 말은 못해 애만 타고' 작품의 종장 처리도 일품이라고 말할 수 있다.

다음은 작품 〈이정표里程標〉를 읽어보자.

이 세상 사는 이유
그대가 있음이오
살아갈 이유마저
그대가 있음이니
그대의
심장소리는
내 운명의 이정표.

「이정표里程標〉 전문

작품 〈이정표里程標〉에서는 그대를 위해 내가 산다는 확실한 표현방법을 바꾸어 놓은 작품이다. 당신은 나의 이정표라는 오직 그대를 위한, 오직 하나의 푯말이 존재할 뿐이다. 그런데 이 작품에서는 시인이 너무 직접적으로 표출表出한 점이 옥玉에 티로 남는다.

작품 〈너와 나〉를 읽어 보자.

너와 나 멀리 있어
너와 나 닿을 수 없고
너와 나 나누지 못해
너와 나 이룰 수 없어도

너와 나
마음 서로 오가니
너와 나는 함께여라.

「너와 나」 전문

작품 〈 너와 나 〉를 읽어보면 그 작품 표현기법表現技法이 특이하다. 읽어보면 다 알 수 있는 일들을 '너와 나'라는 말을 꼭 넣어서 표현을 시도한 점이 인상적이다. 그런데 시조는 초·중·종장으로 45자字 내외, 12음보로 구성되어 있어야 하므로 똑같은 시어를 반복해서 쓸 때에는 그만한 상당한 이유가 있어야 한다. 그렇지 않으면 무용성이 나타나기 때문이다. 마하연 시인의 작품 속에서 '너와 나'는 강조를 나타내기 위한 것으로 독자들에게 충분히 보여 진다.

작품 〈지나는 바람〉도 앞의 작품과 같은 유형의 작품으로 넘겨 버릴 수 있는 작품이지만 그 언어의 수용 능력이 사뭇 다를 뿐만 아니라 언어를 다루는 솜씨가 후자(지나는 바람)는 아주 뛰어나다. 앞의 작품 〈너와 나〉는 반복적 활용 언어가 대명사인데 반하여 후자의 작품 〈지나는 바람〉은 의태부사를 반복적 활용 언어로 택해서 적재적소에서 잘 활용하고 있음을 볼 수 있다.

칭칭칭 감아볼까
꽁꽁꽁 동여맬까

버들가지 마다마다
축축축 늘어뜨려도

바람은
스리살짜기
그냥 스쳐 지날 뿐.

「지나는 바람」 전문

작품 〈지나는 바람〉에서는 언어의 감칠맛을 잘 살려서 작품을 대하는 독자들에게 맛깔스럽게 작품화하고 있다. 초장과 중장에 의태부사를 써서 작품의 감미로움을 한결 돋보이게 만들고 있다. '칭칭칭'이나 '꽁꽁꽁'이나 '축축축' 등의 의태부사를 넣어 작품에 있어 한결 작품을 돋보이게 만들뿐만 아니라 자연스러운 맛을 내도록 하는 역할을 하고 있다.

다음은 작품 〈국화차菊花茶〉이다.

투명한 유리잔에
담긴 널 바라보니

내 임의 마음처럼
맑고도 너무 고와

향기로
가슴 적시고
눈으로 널 마신다.

「국화차」 전문

작품 〈국화차菊花茶〉는 우리가 그림을 그리듯이 마음속에 떠올릴 수 있는 작품이다. 단형시조로 묶인 한 작품의 내용은 읽으면 그래도 술술 풀어낼 수 있는 내용으로 그 속에는 꼭 차지하고 앉아 있는 것이 바로 사랑하는 '임'이다.

다음 작품은 작품 〈신神이 날 버린다 해도〉를 읽어보자.

한마디 말에서도/ 거짓이 일절 없고/ 전하는 마음 또한 /언제나 하나여라
신이 날 / 버린다 해도/ 나는 그대 사랑하리//
해맑은 그 미소는/ 꾸밈이 전혀 없고/ 투명한 눈동자는/ 티 하나 볼 수 없네.
세상에 / 그대만한 이 / 두 번 다시 있을까//

「신이 날 버린다 해도」 전문

작품 〈신神이 날 버린다 해도〉는 사랑하는 이에게 빠져 있는 작자 자신의 마음을 그대에게 전하는 말 '신이 날/ 버린다 해도/ 나는 그대 사랑하리//' 종장에서 한 말 그대로이다.

사랑하는 사람을 향한 그의 말言語, 마음, 언제나 한결같은 미소, 눈동자 등에서 찾을 수 있는 진실성을 그대에게서만 찾을 수 있다는 것이다. 그런데, 이 작품을 풀어나가기는 잘 풀어 나갔는데 시조작품으로는 매듭이 없이 밋밋하게 느껴지는 것이 흠으로 남는다.

제1부 '나 그대 어깨 위에' 전 21편은 그 전작全作이 그대를 향한 사랑 이야기이다. 곁에 두고도 정말 그립도록, 보고 싶도록, 정을 주고 싶고,

함께 있으면서도 그리워하며 그대에게 가까이 가고 싶어 하는 시인의 마음이 작품 곳곳에서 찾아볼 수 있다.

제2부-'참 그립다 말은 말자'에서 작품 〈우츄프라카치아〉는 한없이 고독해도, 아무리 외로워도, 내 사랑은 처음 준 그대 하나뿐이라고 토로吐露하고 있으며, 그 마음만은 멈출 수 없다고 하였다. 다른 사람이 사랑을 요구하면 우츄프라카치아와 같이 당신의 사랑만 받고 싶고 다른 사람이 접근하면 죽어버리겠다는 내용이 작품 밑바탕에 깔려 있음을 볼 수 있다. 그리고 작품 〈독작獨酌〉도 초장의 발상법이 아주 인상적이다.〈술잔에/ 임을 채워 / 가슴에 담아 봐도 〉 또, 작품 〈환영幻影〉 연작을 통해 보면 임의 환영幻影으로 인해 그리움을 표현하고 있는 작품들이 많다. 시인이 작품을 통해 임, 또는 그대를 위해 자신의 전부를 쏟아 부어서 사랑하고 있음을 독자들은 알게 될 것이다.

다음은 작품 〈마하연摩訶衍〉이다. 이 작품은 이 시인의 필명과도 같은 작품으로 강원도 회양군 내금강면 장연리 금강산에 있는 절로서 유점사의 말사末寺로, 신라 문무왕 1년(661)에 의상이 창건하였다고 전한다. 한마디로 절 이름이다.

새벽녘 내린 이슬
풀잎을 적시우고
한낮이 다 되어도
마를 줄을 모르니
흰 구름
가득한 뜨락은
해만 종일 그리네.

「마하연摩訶衍」 전문

작품 〈마하연〉은 앞에서도 언급했지만 금강산 깊은 곳에 위치한 절 이름이면서 시인의 필명이기도 한 것이 특징이다. 금강산 속 깊은 곳에 자리잡은 이 절은 아침 햇볕이 나도 한낮 가까이까지 안개와 이슬이 걷히지 않는 산중의 귀한 절이다. 고려 공민왕 때의 문신 익제 이제현의 시 〈마하연摩訶衍〉에 대한 시 한 수를 소개한다. 山中日亭午(산중일정오)-산중에 해가 솟아 정오가 되었는데, 초로악망구草露渥芒屨- 풀 이슬이 집신을 흠뻑 적시는구나. 고사무고승古寺無居僧- 옛 절이라 스님도 살지 않는데, 백운만정호白雲滿庭戶- 흰 구름만 마당을 가득 채우는 구나.

작품 〈97번째 편지〉는 정말 사랑하는 이와 구십 일곱 번째 받은 그대 눈물로 엮어 나간 사연을 읽다 보니 그것에 동화되고 어느새 그대 가슴에 내 마음을 기대서고 말았다는 사랑하는 사람의 편지를 통해 사랑할 수밖에 없었다는 내용의 시편이다.

이상에서 마하연시인의 시집에 실린 작품들을 읽어 보았다.

우리가 살아가면서 한 사람을 이렇게도 사랑하며 그리워하며 젊음을 온전히 바쳐 사랑할 수 있는 사람이 있었겠는가? 하는 열린 마음으로 생각해 본다. 여간한 사람으로는 어렵다는 답아 나올 수도 있다는 것이다.

모두冒頭에서도 언급하였지만 마하연의 시는 시조時調로서 연가戀歌풍을 지니고 있으며 사랑하는 사람, 오직 그대 한 사람을 위한 사랑의 세레나데(serenade)인 것이다. 94편의 작품 중 몇몇 작품을 제외하고는 대부분의 작품들이 사랑을 테마로 한 작품들이며 절절한 마음으로 그대를 향한 그리움으로 싣고 있다. 대단한 사랑의 시를 쓴 마하연 시인에게 박수를 보낸다. 그리고 앞으로 더욱 훌륭한 시집을 상재上梓하여 우리 시단을 빛내 주기를 바라는 마음이다.

박영교朴永教 시인· 평론가 연보

1943년 경북 봉화 출생
1965년 安東高等學校 졸업
1970년 안동교육대학 졸업. 봉화군 봉성초등학교 재직
1971년 現代律 창립동인(동인지 1집)
1972년 詩 3회 추천완료(김요섭 님 추천)
1972년 영남대학교 약학대학 2학년 편입시험 합격.
1973년 중앙대학교 사범대학 3학년 편입시험 합격, 입학
1973-75년 『現代詩學』 時調 3회 추천완료(이영도 님 추천)
1975년 한국시조시인협회 회원
1975년 중앙대학교 사범대학 졸업. 영광여고 국어교사 재직
1976년 한국문인협회 영주지부 창립, 초대 사무국장 역임
1977년 한국문인협회 회원 인준
1977년 고려대학교 교육대학원 졸업(碩士)

1981년 풍기중학교 재직. 시조집 『가을寓話』上梓
1982년 제1회 中央時調大賞(新人部門) 受賞〈중앙일보제정〉
1982-4년 경북전문대학 유아교육과 강사
1984년 한국시인협회 회원. 영주문화원 理事.
1985년 국제PEN클럽 한국본부 회원
1986년 시조평론집 『文學과 良心의 소리』上梓
1986년 미래율 편집위원.
1986-90년 榮州中學校 재직
1988년 시집 『사랑이 슬픔에게』上梓
1988년 한국시조시인협회 여름세미나 주제발표〈光州〉
1989년 시조집 『겨울 허수아비』上梓
1989년 시조동인 『오늘』 창립
1989년 대구매일신문 칼럼〈매일춘추〉 집필.(1-2월, 2개월간)

1990년 시조동인『오늘』창간호 《우리 살고 있는가.》出刊
1990-91년 韓國文人協會 경북지회 監事
1991-3년 울릉중 태하분교장 재직
1991-1992년 한국문협 榮州支部長〈울릉도전출관계, 도중 사표〉
1992-3년 한국문인협회 경북지회 시조분과위원장
1994-7년 榮州工業高等學校 교무부장 재직.
1994년 시조집『숯을 굽는 마음』상재
1994년 제1회 慶尙北道文學賞 受賞
1994년 제4회 民族詩歌大賞 受賞
1995년 영남일보 칼럼〈문화산책〉2개월간 집필〈1-2월〉
1995년 제2회 경상북도문학상 심사위원.
1995년 모범공무원포장(제22825호.국무총리)
1996-7년 嶺南時調文學會 理事
1996-7년 韓國時調詩人協會 理事
1996년 제3회 경상북도문학상 심사위원
1997-8년 경북중등문예연구회 부회장
1997년 제2회 경상북도 여성백일장 심사위원(7/2.大邱大)
1998-9년 奉化 西壁中學校 校監 재직
1998-2003년 한국시조시인협회 理事
1998-9년 한국문인협회 경북지회 부지회장
1998-9년 嶺南時調文學會 會長
1998년 영남시조, 洛江·31輯 출간
1998년 제4회 경상북도문학상 심사위원
1998년 제3회 경상북도 여성백일장 심사위원(7/6.포항공대)
1999년 영남시조, 洛江·32輯 출간
1999-2000년 慶北 中等文藝 硏究會 제10대 會長 被選
1999년 시조 평론집『詩와 讀者 사이』上梓
1999-2000년 경북 영주시 榮州中學校 校監 재직
1999-2000년 韓國文人協會 榮州 支部長
1999년 제4회 경상북도 여성백일장 심사위원(7/6.영남대학)

1999년 榮州文學 23집 발간

2000-2001년 韓國文人協會 慶北支會長 被選
2000년 중등문예 제13집 발간
2000년 慶北文壇 11집 발간
2000년 榮州文學 24집 발간
2000년 시조시학 운영위원. 《오늘의 시조학회》 입회
2000년 제6회 慶尙北道文學賞 審査委員.
2000년 동인지 12집 『숲에 내리는 안개』上梓
2000년 제5회 경상북도 여성백일장 심사위원장(5/16.영남대학)
2000년 『영주주부독서회』 강사
2000년-2001년. 韓國時調詩人協會 理事 피선 〈김 준 회장〉
2000년 경상북도 여성문학회 창립총회〈6/24〉고문 추대
2000년『문예비전』(발행인: 김안기) 12월호〈인물포커스〉난 경북문인협회 지회장(당시:영주중학교 교감) 기사 취재차 김주안 편집국장이 직접 영주에 왔음.〈책 첫머리, 칼라판, 6쪽〉

2001년 제7회 경상북도문학상 심사위원
2001년 제29회 花郞文化祭 推進 委員長
2001년 慶北文壇 12집 발간
2001년 동인지 13집『맑게 씻긴 흔적들』上梓
2001년 제42회 慶尙北道 文化賞 〈文學部門〉受賞
2001년 제6회 경상북도여성백일장 심사위원장(5/16.경주문화엑스포장)
2001년 3월-2002년 8월.영양군 首比中高等學校 校長 재직
2002년 월간『문학세계』신인상 심사위원으로 위촉, 심사〈2월호 김복희 수필 당선〉.편집위원 위촉.
2002년 격월간『문예비전』시, 시조 신인상 심사위원으로 위촉, 심사. 〈5-6월호: 오숙화 시, 신인상 수상〉
2002년 제97회 月刊文學 新人賞(韓國文人協會發行)審査委員, 時調部門 〈황정희 시조시인, 당선-8월호〉

2002년1월-2003년12월. 慶尙北道 文化藝術振興基金 審議委員
2002년 시집『창(槍)』서울. 도서출판 책만드는집 上梓
2002년 제7회 경상북도 여성백일장 심사위원(7/5.경운대학)
2002년 9월1일자-경북 봉화군 春陽中·商業高等學校校長 취임
2002년 제30회 花郎文化祭 推進 委員長.〈安東地區〉
2002년 11월, 〈제1회 한국시조시학상〉 수상(수상시집『창』)
2002년 12월, 韓國文人協會 慶北支會 顧問으로 推戴.
2002년-2003년. 韓國時調詩人協會 理事 피선〈서 벌 회장〉
2003-4년 한국크리스천문학가협회(회장:김지원) 이사 피선
2003년10월 제31회 花郎文化祭 推進 委員長.〈安東地區〉
2003년 시조동인『오늘』제15집《이천삼년의 비》출간준비 중
2003년 월간『문학세계』신인상 심사위원으로 위촉, 심사〈8월호-시: 김옥구, 수필: 박성용〉
2003년 9월 月刊 文藝思潮(발행인:金昌稷) 編輯委員 위촉

2004년 2월 한국시조시인협회(회장 이은방) 총회. 이사로 피선
2004년 3월 한국문인협회(이사장: 신세훈) 제23대 이사로 피선
2004년 3월 우리시 대현대시조 100인선86. 시조집 (징鉦)〈태학사〉발간
2004년 4월 韓國文人協會(이사장: 신세훈) 理事會에서 理事 被選
2004년 5월 영주시민신문 논설위원 위촉
2004년 5월 경상북도 여성백일장 심사위원 위촉
2004년 6월『예술세계』(예총기관지) 신인상 심사위원, 심사〈시: 정옥희, 시조: 강영선〉
2004년 9월 월간『문예사조』(발행인:김창직) 신인상심사위원.〈시조:박석홍〉
2004년 10월 제20회 전국죽계백일장 심사위원장.〈소수서원〉
2004년 10월 제32회 花郎文化祭 推進 委員長.〈安東地區〉
2004년-2005년. 韓國時調詩人協會 理事 피선〈이은방 회장〉
2005년 2월『월간문학』제105회 신인문학상 심사위원(한국문협기관지)〈한국문인협회 사무실〉
2005년 2월 춘양중·상업고등학교 校長停年退任.(大韓民國 옥조근정훈장

제28684호)
2005년 2월 봉사장.(한국스카우트연맹: 총재 이원희)〈제7482〉
2005년 2월 공로장.(사단법인 대한상업교육회 이사장: 윤동섭)
2005년 3월 국립 삼척대학교 문예창작과 출강.〈박정애 교수〉
2005년 3월 도립 봉화도서관 주부문학회 출강.〈전미선 회장〉
2005년 5월 제28회 榮州青年會議所 主催, 白日場 審査委員長.
2005년 6월 예총기관지『예술세계』신인상 심사위원, 심사 〈시조:김복희〉
2005년 월간『문학세계』신인상 심사위원 〈8월, 김석진, 김점순, 김희선. 11월, 유영재〉
2005년 11월 9일, 제11회 경상북도 문학상 심사위원 위촉받음

2006년 2월 13일 제40회 한국크리스천문학가협회 이사·시조 분과회장 선임
2006년 2월 25일(토), (社)韓國時調詩人協會 首席副理事長으로 推戴.
2006년 4월 25일 제3회 서하(西河) 전국 백일장 심시위원(예천)
2006년 5월 28일 한국크리스천문학가협회 주최 해외학술세미나 참석(필리핀 바기오 City)
2006년 10월 14일 제22회 전국죽계백일장, 심사위원장
2006년 10월28일 한국문인협회 전국대표자회의 참석(안동국학진흥원)

2007년 1월 27일 심운 김점순 회장 시집출판기념회에서 시해설
2007년 4월 21일 제2회 추강시조문학상시상식 〈심사위원장·심사〉(수상자 : 이상룡 시인〈도서출판 크낙새 대표〉
2007년 2월 22일, (社)韓國文人協會(理事長:김년균)제24대 이사로 피선
2007년 5월 4일, 《제24회 한국 크리스천문학 본상》수상
2007년 5월5일, 제30회 청년회의소 백일장.《심사위원장》
2007년 5월 19일, 2007년 지훈 예술제(백일장) 《심사위원장》
2007년 10월 3일, 제23회 전국죽계백일장. 《심사위원장》

2008년 1월 7일 오후3시. 열린시학 신년하례식 및 행사 참석
2008년 1월 29일, 제42회 한국크리스천문학가협회 부회장 피선

2008년 4월23일, 사단법인한국문인협회 2차 회의참석-한국문인협회 서울시 지회 정관제정 및 각종규정보완
2008년 4월 26일, 제3회 추강시조문학상 〈심사위원장·심사평〉 시상식, (수상자:안동대학교 영어교육학과 김양수 교수)
2008년 4월28일, 현대 사설시조포럼 포항모임.(포항공대, 제갈태일)
2008년 4월29일, 아이꿈터 어린이집운영위원회 위원장으로 위촉받음
2008년 5월 9일, 행정안전부 장관으로부터 제11회 전국공무원문예대전 심사위원으로 위촉받음
2008년 5월 28일, 제11회 전국공무원문예대전 제2차 작품심사(장소:정부 중앙청사 1112호 회의실(11층) 10시-17시
2008년 7월 10일, 제11회 전국 공무원 문예대전 시상식 참석 (장소:정부중앙청사 별관 2층 강당)
2008년 10월 18일, 제24회 전국죽계백일장《심사위원장》
2008년 11월 6일, 대구검찰청 안동지청으로부터 범죄피해자 지원센터 전문위원으로 위촉받음
2008년 12월 21일, 시집『우리의 인연들이 잠들고 있을 즈음』이 한국문화예술위원회 우수문학도서로 선정됨

2009년 02월09일 사단법인 한국시조시인협회 제22대 선거관리위원장으로 추대
2009년 5월 30일, 제25회 전국죽계백일장《심사위원장》
2009년 5월 31일 제6회 서하(西河) 전국 백일장 심시위원장(예천)
2009년 9월~10월(2개월). 경북일보칼럼 〈아침시단〉 집필

2010년 1월부터~. 영주 시민신문 〈와남의 영주시단〉 집필 중
2010년 2월 경북 금빛평생교육 봉사단 단원
2010년 3월 9일 영주시립도서관 운영위원으로 위촉(영주시장)
2010년 4월 17일 제5회 추강시조문학상 수상
2010년 11월 5일 경상북도 문학상 심사위원 위촉
2010년 11월 26일 사)경상북도장애인재활협회 운영위원 위촉

2011년 1월 10일 경상북도문학상 심사위원 위촉
2011년 2월 17일 한국크리스천문학가협회 이사 피선
2011년 9월 16일 제1회독도문예대전심사위원위촉(주최:경상북도)(주관:영남일보)
2011년 12월 4일 한·중서화교류전중화민국서법학회 이사장상 수상

2012년 4월 6일 한국크리스천문학상 심사
2012년 7월 27일 전국 문학캠프 문학특강(영양문인협회 주최)
2012년 9월 17일 제2회 경북여성문학상 심사
2012년 9월 20일 제2회 전국독도문예대전 심사(주최 : 경상북도)
2012년 10월 2일 『월간문학』월평 집필(10월~12월)
2012년 10월12일 『현대시조』겨울호 계간평 집필

2013년 3월 13일 경북금빛평생교육봉사단원〈경북교육청〉
2013년 5월 11일 《한국현대사설시조포럼》총회참석 부회장 피선
2013년 5월 25일 평론집『시조작법과 시적 내용의 모호성』 시집『춤』출판기념회(남서울)
2013년 6월 20일 제10회 서하전국백일장 심사〈예천문인협회〉
2013년 9월 13일 제3회 대한민국독도문예대전 전국글짓기 심사
2013년 9월 14일 제3회 경북여성문학상 심사
2013년10월 24일 제54회 경상북도 문화상 심사위원(경북지사 김관용)

2014년 1월 5일 『현대시조』봄호 계간평 집필
2014년 1월 6일 경북도립영주공공도서관 운영위원장 취임
2014년 2월 4일 한·중교류전 초대작가 입회(서예)
2014년 2월 18일 영주시립도서관 이사 위촉(영주시장)
2014년 4월 7일 제1회 수안보온천시조문학상 심사(심사위원장)
2014년 6월 14일 제11회 서하전국백일장 심사〈예천문인협회〉
2014년 9월 1일 제일교회 늘푸른대학 특강(10시~11시)
2014년10월 6일 종합복지관 은빛대학 특강(10시~11시)

2014년10월 25일 영주문협 전국죽계백일장 심사

2015년 1월 8일 경북문인협회 선거관리위원회 참석〈김천〉
2015년 1월 11일 제29회 홍재미술대전 심사위원〈한문〉
2015년 4월 5일 제2회 수안보온천시조문학상 심사(심사위원장)제6회 역동 시조문학상 심사(심사위원장)
2015년 5월 3일 제12회 서하전국백일장 심사 〈예천문인협회〉
2015년 5월 23일 영주문협 전국죽계백일장 심사 5월 23일 제3회 안향휘호 대회 입상(행서)
2015년 7월 30일 경북도립 영주공공도서관 운영위원회 위원장.
2015년 8월 15일 영주문예대학 문학기행(안성, 원주)
2015년 9월 7일 한국문협 전통문학분과위원회의(서울)

2016년 1월 23일 현대사설시조포럼회의 참석(대구. 인터불고호텔)
2016년 4월 27일 사)대한노인회 영주시지회 부설 노인대학장 취임
2016년 4월 29일 사)대한노인회 부설노인대학장세미나(군위군부계)
2016년 5월 7일 영주문협 전국죽계백일장 심사
2016년 5월 27일 풍기 백동 김순한 시인 별세. 문상
2016년 6월 23일 영주문예대학 개강(후학기)
2016년 7월 9일 영주문예대학 이효석문학관 문학기행
2016년 7월 30일 삼척문인협회 해변시낭송회 참석
2016년 9월 1 일 제일교회 늘푸른대학 특강(10~11:30)
2016년 10월 6일 종합복지관 은빛대학 특강 (10~11시)
2016년 11월31일 제29회 홍재미술대전 심사위원〈한문〉
2016년 11월 24일 영주문예대학 9기 졸업식
2016년 12월 1일 영주문예대학 동인지 5집 출판기념회
2016년 12월 7일 영주문협 영주문학 출판기념회(대화)
2016년 12월 29일 사)대한노인회 영주시지회 직원송년회

2017년 01월 03일 영주시 신년교례회(시청 3층강당)

2017년 01월 18일 영주시지회 노인대학 신입생 면접
2017년 03월 8일 영주시지회 노인대학 입학식
2017년 03월 9일 영주문예대학 추수지도
2017년 03월 25일 정선남 작가 출판기념회(대화예식장 6시)
2017년 5월 13일 예천서하백일장 개최 참석
2017년 5월 31일 조영일 시인 시비건립(안동 오후5시)
2017년 7월 20일 최교일 국회의원 간담회(10:30~11:30)
2017년 9월 14일 영풍장애인주간보호센타 운영위원〈영주시장〉
2017년 9월 28일 한계순 시인자택 별빛축제(영주문예대)
2017년 10월 14일 제2회 문향경북문인 시낭송 올림피아드심사위원(부위원장)으로 위촉
2017년 10월 16일 제21회 영주시민대상 수상(시민회관)
2017년 11월 11일 제4회 영남시조문학상 수상(대구)
2017년 11월 19일 제23회 대한민국미술전람회.특선,입선〈국전.서예〉
2017년 12월 22일 사)노인이사회 영주시지회(1박 2일 단산댐)
2017년 12월 20일 구곡문학회 시낭송회(대화 후6시)
2017년 12월 27일 사)노인대학장 서울 세미나)
2017년 12월 28일 영주문인협회 총회(우정면옥)

2018년 1월 18일 평창 동계올림픽참관(노인회)
2018년 3월 6일 한국크리스천문학가협회 중앙위원추대
2018년 4월 5일 영주문예대학 개강
2018년 4월 25일 박영교 구안와사 시작.
2018년 4월 27일 제26회 대한민국서예전람회〈국전. 입선〉
2018년 5월 23일 계간『현대시조』사로부터 감사패 받음
〈계간『현대시조』2003년(통권80호)부터 지금까지 계간평집필중〉
2018년 7월 30일 영주시장 간담회(영주노인대학 2층강당)
2018년 8월 28일 경북 노인대학 학장회의(영천)
2018년 9월 5일 영주시지회 노인대학 개강(2학기)
2018년 9월 6일 영주문예대학 개강(2학기)

2018년 11월 5일 한국크리스천문학 신인상시상식(박찬숙.김명신)
2018년 11월 17일 『좋은시조』신인문학상시상식 심사총평
2018년 11월 18일 월간 『문학세계』신인상시상식 참석〈축사〉
〈이명자. 한병태, 김영기, 조정화, 권태화〉 김점순처장
2018년 12월 5일 사)대한노인회 영주시지회 노인대학졸업식
2018년 12월 6일 영주문예대학 총회 〈한병태 회장선임〉
2018년 12월 5일 김원길 시인 문인편지글전시 참석(안동)
2018년 12월 10일 영주문인협회 시낭송회(안정농협3층)

2019년 01월 03일 영주시기관장 신년교례회 (상공회의소)
2019년 01월 24일 영주문인협회 월례회
2019년 01월 27일한국문인협회제27대이사회.이사취임(이광복이사장)
2019년 01월 30일 경북문협임시총회.회장이·취임식(구미고,대강당)
2019년 02월 16일 경북문인협회총회〈구미 박태환회장 피선〉
2019년 3월 21일 제10기 문학아카데미 개강(영주문인협회)
2019년 3월 29일 경북문인협회 총회(구미)
2019년 4월 04일 제10기 문학아카데미 강의(영주문인협회)
2019년 4월 13일 오후5~8시 차녀 박시영 결혼식 피로연(남서울)
2019년 4월 20일 12시차녀 박시영,사위 김재진 결혼식(안동리첼호텔)
2019년 5월 17일 사)대한노인회. 경북지회 노인대학장회의(성주군)
2019년 5월 29일 계간 『현대시조』제24회 현대시조문학상 심사평(서울, 출판 문화회관4층 강당)
2019년 6월 8일 영주문인협회 문학기행(소나기마을)
2019년 6월 10일 이희호 사망(김대중 대통령 부인)
2019년 6월 11일 시조동인 〈오늘〉 회의(풍기.11시)
2019년 6월 15일 영주문예대학문학기행(충북.정지용문학관.육영수친가)
2019년 7월 24일 한국문인협회 2차 이사회
2019년 8월 8일 크리스천 문학가협회〈김봉균.박영교.박종구.김지원)
2019년 8월 16일 영주문예대학 임원회의(운현궁)
2019년 8월 29일 문예대학 별빛축제(한계순)

2019년 8월 5일 황병직. 임무석 도의원 초청간담회(노인회)

2019년 9월 7일 변현상시인 초청 문학특강(시립도서관강당.영주문협)

2019년 9월 25일 제3차 한국문협이사회 참석(안문현 소설분과입회)

2019년 11월 4일 제25회 대한민국미술전람회(국전)출품하여서 〈 초서-특선, 해서-입선〉

2019년 11월 11일 한국문인협회 표중식 사무총장님께서 전화연락. 시집『우리가 산다는 것은』이 제56회 한국문학상 수상축하 전화 받음.

2019년 11월 20일 제33회경북문학상 제5회경북작가상 제5회경북작품상 심사위원장으로 위촉받음, 심사.(제2019-11-01)

2019년 11월 20일 제33회 경북문학상 제5회 경북작가상 제5회 경북 작품상 심사위원장으로 위촉받음, 심사(제2019-11-01)

2020년 1월 21일~12월 31일: 사)대한노인회 경상북도 노인지도자대학 학장에 위촉받음. 취임(제2020-1호)

2020년 4월 1일 사)대한노인회 영주시지회 부설노인대학 학장으로 위촉받음. 취임 (기간: 2020.4.1.~2022.3.31.)〈제2020-01호〉

2020년 5월 15일 : 박영교 시인 제5회 曺雲文學賞 수상.

2020년 10월 29일 : 박영교 시인 제3회 탄리문학상 수상(경기도문인협회)

2021년 2월 1일 : 경북문인협회 고문, 선거관리위원으로 위촉,

2021년 4월 8일 : 영주문예대학 개강 첫 강의함.

2021년 봄 호 : 〈나래시조〉 권두언

현대 시조·시 평과 감상

2021년 6월 20일 1판 1쇄 인쇄
2021년 6월 25일 1판 1쇄 발행

저 자 박영교
발행자 심혁창
마케팅 정기영

펴낸곳 도서출판 한글
우편 04116
서울특별시 마포구 신촌로270(아현동)
수창빌딩 903호
☎ 02-363-0301 / FAX 362-8635
E-mail : simsazang@daum.net
창 업 1980. 2. 20.
이전신고 제2018-000182

* 파본은 교환해 드립니다
* 정가 20,000원
*

ISBN 97889-7073-593-1-03130